王炳照口述史

王炳照 口述　周慧梅 整理

（修订版）

北京师范大学出版集团
BEIJING NORMAL UNIVERSITY PUBLISHING GROUP
北京师范大学出版社

图书在版编目(CIP) 数据

王炳照口述史(修订版)/王炳照口述，周慧梅整理.—北京:
北京师范大学出版社，2010.9（2012.3 重印）
ISBN 978-7-303-11501-3

Ⅰ. ①王… Ⅱ. ①王… Ⅲ. ①王炳照（1934-）-生平事迹
Ⅳ.① K825.46

中国版本图书馆 CIP 数据核字（2010）第 172601 号

营 销 中 心 电 话　010-58802181 58805532
北师大出版社高等教育分社网　http://gaojiao.bnup.com.cn
电 子 信 箱　beishida168@126.com

WANG BING ZHAO KOU SHU SHI

出版发行：北京师范大学出版社 www.bnup.com.cn
　　　　　北京新街口外大街 19 号
　　　　　邮政编码：100875
印　　刷：北京盛通印刷股份有限公司
经　　销：全国新华书店
开　　本：170 mm × 260 mm
印　　张：20
字　　数：227 千字
版　　次：2012 年 3 月第 2 版
印　　次：2012 年 3 月第 1 次印刷
定　　价：70.00 元

策划编辑：郭兴举　　　责任编辑：陈红艳　郭兴举
美术编辑：毛　佳　　　装帧设计：郭　宇
责任校对：李　菡　　　责任印制：李　啸

王炳照

前 言

　　我本来是一个农家子弟，偶然有机会读了大学，留校做了老师一直工作至今。五十多年来，教书，写文章，编过一些书，也主持过一些课题，都是一个普通的教育工作者分内之事，没有什么丰功伟绩可以立传的。早在几年前，便有几个毕业了的学生张罗要我做口述史，也有出版社来邀，我都谢绝了。我觉得一个人能做什么事情，老老实实地把这个事情做好了，做得自己觉得可以了，这个事就算了了，不希望张扬。去年年底，学校宣传部找到我的学生周慧梅，希望她来帮我整理口述史，准备在校报《讲述》栏目连载，看到他们很热情地张罗这个事情，加上是组织安排，我也不好拒绝；后来北京师范大学出版社的同志建议在此基础上整理我的口述史，我想这也是我这七十多年人生的一个反思，以便日后更好地进步，也是一件挺好的事情，就答应了。

　　对于口述史这个形式，我一直是很有兴趣，也是我比较关注的。中国教育史学科的研究方式、范式相对简单、薄弱。近些年来，我希望能借鉴相关学科的研究方法，比如人类学的、历史学的、社会学的，引入到中国教育史的相关研究中。我总觉得，口述史不应仅仅是个体的自传人生，更应该是在大的历史背景下，体现的是个体生命所承载的时代要求和学术追求。对于"话语分析"和"叙事"两种倾向的著文方式，我更倾向于明了易懂、饶有趣味的"叙事"，于是"讲故事"成为本书风格；在学生整理口述史的过程中，我要求一定要结合档案资料相互印证，这也算是对口述史这种记录历史方式的一种探索吧！

　　感谢北京师范大学教育学部领导对这件事情的支持，也感谢学生周慧梅的辛苦，还要感谢北京师范大学出版社的同志为出版此书所付出的努力。

王炳照

2009年暑假于英东楼417

目 录

四、在北师大的八年时光

五、混乱岁月

六、学报编辑十七年

七、重回教育系

后记

附录

一、我的出身

我是一个农家子弟，1934年12月出生在河北景县一个小村庄，村名叫前双庙，是家中长子，父亲排行第二，长房大伯膝下无子，按照家乡习俗，我便被过继给大伯，成为长房长子。

我的家乡

我的家乡在河北省东南部，冀、鲁、豫三省交界之处，属于"三不管"、"拉锯战"的区域。我们县基本上是河北省最穷的县，而我们村又是县里数得着的穷村，我们家差不多是村里最穷的家了。

在北方农村，对于农家来讲，大车、牲畜和柴草为其生产不可或缺之物，尤其是车辆、牲畜，在春耕和秋收中，拉肥料、深耕细作全靠牲畜来发挥作用。但在我记忆中，除去地主家，好像村里没有什么大型牲口，大车、耕地的牛、拉车的马、骡驴都很少见，很简单地在土里刨食，靠天吃饭。现在想来有两个原因：一是我们处于"三不管"地界，从我记事起，便开始跟随大人"跑游击"，日本人来了，跑到相邻省份，等他们走了，就回家继续种地、过日子，在这种情况下，普通老百姓家很少购置不大容易转移的物件；二是老乡有惨痛的记忆，"九·一八"事变后30万东北军全数入关，就食于河北一带，临时就地征发给养，摊派现款，农户拥有的大车和骡马经常被征用，多未发还，这种情形对农户影响深刻，即便偶有富余，也不会轻易购买大型牲口。

20世纪30年代中期的冀东农村，土地兼并的并不如想象中的严重，村里人大多有几亩薄田，多种植玉米、高粱等，普通的农具大多未能配备齐全，整个农忙季节在相互借还中进行。不少壮劳力农闲时到天津（当时说法是"天津卫"）去"讨生活"，家里走不开的就在附近打长工或短工，养家活口。房前屋后种上一点洋芋，这种植物不挑土壤丰肥贫瘠，到了秋天根部累累硕果，从土里刨出来，用海盐（味苦涩，价廉）一层层腌上，便是一年三季的下饭菜。只要老天爷照顾，一年到头大多能混饱肚子。如果家里孩子多或有病人，生活自然就比较难过了。

遇上天灾，这一年基本上就白忙活了。1936年河北省发大水，汪洋一片，好多村庄被淹。很奇怪，当时我还不到两岁，不知道是后来老人讲得较多，还是过于惊恐，居然会记得很清楚，半夜醒来，水已经进村子了，大人都在慌忙拿一切可以堵水的东西在加高门槛，试图把水挡在院子外面，我感觉到处都是水，放在床前的鞋已经在水里漂起来了，庄稼都被水淹死了。听老人讲，当年我们县就发生饿死人的惨相。

我的家庭

我父亲弟兄三个，爷爷奶奶去世得早，"长兄如父"，大伯早早就承担起家里的责任，他和父亲在村里地主家做长工"扛活"，三叔年龄尚幼，给地主家放羊。

父亲是一个普通农民，叫王之进（私塾先生取的），没有读过一天书，也没有什么手艺。因父母早亡，家境贫寒，23岁才结婚（这已属于很晚了，当时农村殷实人家的孩子大多是十几岁就婚嫁了），随着儿子一个一个出世，生活压力很大，一个大炕上5个男孩子一溜儿排开，夏天一领凉席（当地蒲苇编成），冬天只有一条棉被。记忆中，父亲总是沉默的，不大说话。父亲吃晚饭时总是蹲在门口大街上吃，一边吃，一边听其他蹲在大街上吃饭的男人聊天，好像这是他一天中最开心的时刻，饭碗往往还得由孩子们端回去。他38岁患了肺结核，农村人称为"肺痨子"，整夜咳嗽。按照镇上医生的说法，当时有一种叫"红霉素"的针剂，一天打两针，长期坚持就能将体内的结核病菌全部杀死。父亲说他不信这邪，实际上是舍不得也没有能力支付那么多的钱。当时，一针的价格是两斗麦子，一亩地的产量也就是五六石，家里吃饭的多，能干活的少，收成也少，很难从牙缝中节余出粮食。实在挨不住，父亲才会打一针。就这样拖了两年，时好时坏，父亲便去世了，不满40岁，留下了从高到低像"阶梯一样"的五个男孩子，我当时15岁，最小的弟弟还不满两岁。

母亲姓车，是车家庄人，名字叫立香，但是从没有听人喊过她的名字。过去的女人，一般在娘家时偶尔有人称呼名字，婚后，就随丈夫的排行，被呼为某某嫂，别人往往以自家孩子对她的称呼，称为他嫂子、他婶子或大娘、他奶奶等。我父亲排行老二，依照惯例，母亲被称为二嫂子。母亲比父亲小6岁，17岁嫁给父亲，34岁就守了寡，抚养我们弟兄五个成人，其中经历了无数艰辛。我母亲为人善良，不识字，是个典型的中国家庭妇女，任劳任怨，操持家务，抚养孩子。母亲人很乐观，在父亲去世之后，生活压力更大，但她从不怨天尤人。"三年自然灾害"期间，由于母亲支持三弟、四弟偷偷跑出村逃命，被村里认定为"逃属"，断了她的口粮，连续三个月，母亲就靠野菜为生，到后来浑身浮肿难以行走，就垫着一个蒲团，一步一挪到离家二里地的村外挖野菜，也不向村子头头屈服。男孩子比较淘气一点，每当我们弟兄五个中有人做错事，即便气急的时候，母亲更多的是低头流泪，她却从来没有打过我们。后来，在我教育自己孩子的过程中，也就从来没有打过孩子，[①]孩子们反而很自律。

尽管母亲不识字，但她对识字读书有着一种近乎神圣的虔诚。父亲去世后，家里更加贫困，但母亲还是坚持让四个弟弟都读了一点书，对于我后来能到北京读大学，母亲更是自豪万分，总爱给弟弟家的孩子们讲，要向北京的大伯学习、要立下考上大学的志气，总讲她对读书人是要伸大拇哥的。后来我把她接到北京后，孩子们散落在地上的废作业本、带字的纸张，总是被她一张张的小心翼翼收拾起来，"敬惜字纸"在她身上有很清晰的体现。孩

---

① 每当我讲起这个事情，大女儿总是反驳，说"爸爸打过我一筷子"，起因是让她捡起撒在饭桌上的米粒，因为奶奶在旁边坐着，她磨磨蹭蹭，百般不愿意，我便举起手中的筷子，在她脑袋上敲了一下，她很委屈地将饭粒捡起放进嘴里。女儿长大后才告诉我，这一筷子记了好多年。

子们在写作业时，她走路都是蹑手蹑脚，做饭也尽可能压低声音，唯恐打扰了孩子们的学习。孩子们都很尊敬她。

值得说的还有大伯，他叫王之良，和父亲一样，也是一个普通农民，不过他读过几年私塾，识得一些字，在家里说话是很有分量的。对于我这个过继儿子特别重视，在此后我的数次求学选择中，大伯扮演了举足轻重的作用。

弟兄们陆续成家，但还是一大家里生活在一起，没有分家，大伯主事，大娘和母亲在家操持家务，家里穷，孩子多，她们妯娌俩每天缝补衣服，晾晒野菜，腌制咸菜，常年在一起忙碌，但每天笑眯眯的，很乐观。家里一年到头吃粗粮，基本上以红薯、玉蜀黍还有高粱等为主。特别是红薯，可能是产量高、易储存的原因，差不多有半年时间靠它过活，尽管大人们发明了蒸、煮，还有提炼芡面再制成"漏鱼"①等多种吃法，但吃多了，就会肚子发胀，很难受。直到现在，我看到或听到"红薯"，胃里马上就泛酸水，实在是吃怕了。过年可以吃顿白面饺子，年成好的时候基本可以维持温饱。

"穷人的孩子早当家"，在三四岁时，我便和堂姐挎着小篮子，和几个小伙伴一起漫山遍野挖野菜（混在糊糊里，熬成菜粥，使得糊糊稠一点），我认识的野菜有十几种之多，有水萝卜稞（音似字，家乡的人都这么称呼，一种初春常见野菜，有点像苋菜的样子，但入口有点涩）、野蒜、马齿苋、灰灰菜、苋菜、碱嘟苏（近似音，是在盐碱地里长的一种野菜）等。烂漫春光中，几个小伙伴一边挖野菜，一边唱着有关野菜的童谣，印象最深的"水萝卜稞，熬菜多，客来了，盖住锅，客走了，掀开锅，吸溜吸溜一大锅……"现在想来场景很是温馨。但在当时心情好像不大轻松，好多孩子都在挖，野菜生长的速度赶不上挖菜人的频率，大家都在田野里寻觅，看到野菜要眼疾手快，是没有心思欣赏春光的。靠近河边的向阳坡上野菜多，但比

---

① 一种类似小鱼形状的北方小吃，用辣椒、醋和大蒜等调料凉拌，夏天吃起来很爽口，但成本高，数十斤红薯才能制成一斤芡面，工序复杂，要把芡面弄成糊状、煮熟，再用漏勺等工具弄成粗细不一的小鱼状，很少吃到。

较危险，我胆子比较大，每次都由我头前探路，没有出过什么危险，小伙伴们都喜欢跟着我走。

稍大一点，大概五六岁时我便成了爬树的高手，春天的榆钱，还有初夏的槐花等，都是农家饭菜中应季的好东西，但都需要有爬树的本领。村里农家房前屋后栽有不少榆树、槐树，榆钱出来得早，暖暖的春风一吹，不几天工夫，嫩嫩的榆钱一嘟噜一嘟噜挂在枝头，很是喜人。和挖野菜一样，榆树低处的榆钱早被捋光了，我能爬到村里老榆树的最高处，腰里系个绳子，把篮子也带上树来，很麻利地将榆钱捋在篮子里，还不时放到嘴里一把，黏黏的，甜甜的，有股清香。等我将满满一篮子榆钱用绳子顺下来，等在树下的堂姐总是特别开心。槐花绽放的季节，空气中充满了甜甜香香的味道，给贫瘠的乡村增添一种别样的感觉，因为花香浓郁，吸引了不少野蜜蜂前来采蜜，捋槐花就有点危险，要小心避开蜂蜇。带回家的榆钱或槐花，大多会拌在玉米面里以便能节省一点粮食。

我还负责给家里的4只鸡寻找食物。3只母鸡是大功臣，是家里油盐酱醋的主要经济来源；气宇轩昂的大公鸡负责报时，很厉害，常和邻居家的鸡干架，斗得鸡毛乱飞，是个常胜将军，我们小孩子都很喜欢它。我根据季节给它们带来各种美食，它们一看到我，就会跑过来。

春天油菜花开的时候，临近傍晚，一种有着金色盔甲的小昆虫（家乡俗称为"斑鸠"）就成群结队飞到油菜花上，嗡嗡作响。鸡很爱吃这种小昆虫，我就带着瓶子，一只只捉来给鸡做大餐。运气好的话，还会抓到体形更大、穿着油绿色的盔甲的"斑鸠"，我们小孩子将其叫做"大王"。"大王"很少到油菜花中去，它大多傍晚时分出来活动，在临近村边的草丛里盘旋，飞得不是很快，但擅长急转弯，抓它需要费些力气。小孩子们力气小，被它折腾几趟便气喘吁吁，望"大王"兴叹。小伙伴中有个叫"二狗子"的很有办法，他把衣服脱下来，一边追一边挥舞，捉到"大王"的几率升高了不少，但衣服很容易弄脏。我做了进一步改进，用树枝代替，居然很有效。

暮春的傍晚，一群孩子挥舞着各样树枝，笑着、跑着追逐"大王"，此时更多的便是游戏了。

蝌蚪也是鸡的食物来源之一。那时候村子周围水很多，小河、池塘，还有大一点的水坑里面，都有蟾蜍（我们称为癞蛤蟆，不是青蛙），繁殖季节就会有大量蝌蚪的出现。好像大人没有阻止过我们，也没有人讲它们是益虫，我们小孩子带着自制的捕捞工具，下到水里，把蝌蚪赶到一处浅水处，"拦水造坝"，将蝌蚪打捞上来，带回家成了鸡的食物。可能是蝌蚪太多，还是有不少逃过了我们的"荼毒"得以成为癞蛤蟆，因为第二年水里照例还是有大量的蝌蚪存在，小孩子还是照捞不误。十多年前我回过村里，因为农药的大量使用，河里基本没有什么蟾蜍了，小孩子对捕捞蝌蚪也不再感兴趣，童年的场景永远留在记忆中了。

家里贫困，很少有吃肉的时候，很奇怪的是，但关于童年为数不多的美好回忆中，醇香的肉味却常穿越岁月，时常萦绕脑际，经久不散。

盐肉在记忆中是好东西。按照北方习俗，不管年成好坏，"有钱没钱，吃顿饺子就是过年"，过年时，大人总会设法买点肉，包顿猪肉白菜（或萝卜）饺子，给孩子们一种过年的欢乐气氛。往往是腊月二十七八，大伯买来三五斤猪肉，有时也用粮食和屠户交换。将买的猪肉分出一小部分包饺子，大部分用粗盐一层层埋起来，腌好，等收麦子或有客人来时，切下薄薄几片，放在一大锅熬菜里，泛出几滴油花。除去过年，就属有肉熬菜的日子开心了。每当这种时候，我们小孩子总是十分雀跃，特别偶尔有片盐肉盛在自己碗里，自然宝贝万分，把这片肉放在一碗菜的最上面，眼睛盯着，嘴里扒拉了白菜、萝卜，直到一碗饭菜到底，才轻轻将这肉挑起，慢慢放进嘴里，眯着眼睛，一点点将肉咽到肚子里，一副心满意足的模样。

童年的记忆中还有百米飘香的牛肉，准确地讲应该是牛肉汤，那是去姥姥家的最大乐事。车家庄距离我家有七八里，舅舅是个木匠，属于手艺人，家里日子比我们过得滋润一点，村里有个杀牛的屠户，在村西头常支着一口大锅，"咕嘟咕嘟"翻滚煮着牛肉，整个村落都是香味四溢。姥姥没那么多钱给我买肉吃，却总能设法挤出三个铜子打一瓦罐牛肉汤，给我解馋。但不是我每次来就能喝上牛肉汤，因为屠户需要"特殊加工"牛肉的日子太多。①如果有足够运气，在姥姥打来的牛肉汤中，还会有小块牛肚之类的杂碎被舀进汤里，姥姥总是小心地用一个生了锈的排刀细细切碎，再将这些放到牛肉汤里，笑眯眯地看着我大快朵颐，将那罐浓香的肉汤喝完。在童年，牛肉汤和姥姥的形象是重叠在一起的。

清蒸河蟹的香味是记忆中的珍宝。村东头是一片低洼地，"十年九淹"，农民便在此处种上高粱，到了初秋，高粱逐渐成熟，雨水也多了起来，有一年居然和小河的水域连成一片，高粱青翠的秆有大半截都被泡在水里，红彤彤、沉甸甸的高粱穗垂着头，倒映在水里，在高粱秆周围有游来游去的小鱼虾，吸引了我们一群五六岁的男孩子，总想找个机会去捉小鱼虾上来。农户们最关心收成，每家专门抽出人来"看青"，不允许一群孩子到田里胡闹。有一天，"看青人"突然发现地里的高粱穗有动物噬咬的痕迹，高粱米被偷吃去不少，这绝不是小孩子恶作剧。大家就相约晚上到地里整夜蹲守，发现"盗贼"居然是青色的、挥舞着大钳子的螃蟹，寂静的夜里，蟹噬咬高粱米的声音被风吹叶子的沙沙声遮蔽去了不少。听到有人的声音，它们就停止动作。夜色朦胧，青色的蟹借着高粱叶子的掩映，不仔细听、不认真看还真发现不了。村边小河里也有螃蟹，但没有这么大个，估计是顺水从别处游来的。大家一下子兴奋起来，纷纷跑回家拿家伙，布口袋、瓦瓮等，调亮马灯，"扑通扑通"在高粱地里折腾，一身泥水，但收获颇丰。第二天一早村里就热闹起来，大家都听说昨晚"过螃蟹了"，家家户户桶里、缸里都有奋力挣扎的螃蟹，我们小孩子兴奋得不得了，仿佛过年一样，成群结队到

---

① 农户家的耕牛老了，耕不动地了，屠户便将这些老牛买来，杀掉卖肉。由于这些牛过于老，不易煮熟，屠户就采用一个民间偏方，朝煮锅中撒尿，这样牛肉就好熟一些，这在村里已经成了"公开的秘密"。每当这个时候，屠户便会告诉村里人，这次牛肉不要买，大家便在一阵笑骂中走散开去，好像也没有人和他认真计较。中国农民有这种出奇的"乡亲情结"，只要"兔子不吃窝边草"，杀牛的混口饭吃也不容易，大家都乡里乡亲的，睁一只闭一只眼罢了。

各户人家查看，评选"蟹王"。大人们却为如何吃这些玩意儿犯了愁，大娘还到邻居家打听做法。村西的老孙头在天津卫给大厨打过下手，他说螃蟹清蒸最好吃，不用耗烹油炸，好多有钱人都这么吃。大家半信半疑，家里也没有多余的油，回家将螃蟹上了笼。我们小哥几个就围在灶台边，不大一会，笼上的螃蟹渐渐没有了抓挠铁锅的声音，一顿饭工夫，等大娘掀开锅盖，一股浓浓的蟹香扑鼻而来，原本青色的螃蟹竟然遍体通红，一个个很规矩地趴在那里。我们很是小心翼翼地对付着碗里的螃蟹，不知从何下口，记不清到底怎样吃了，反正感觉是特别麻烦，吃到的肉也不多，但那种蟹香一直在脑子里盘旋。

母亲和弟弟、弟妹（三弟妹、三弟、四弟、五弟）的合影

我是长子，下面有4个弟弟，他们没有我求学路上的那么多巧合，大多在村里上完小学就跟着大人"讨生活"了。老二炳滢13岁就到天津，在舅舅私人开设的木器小作坊中当了学徒，熬过了很苦的8年学徒期，成为一个

手艺很精巧的木匠。1956年公私合营后他进入了天津市105厂工作，支援"三线生产"期间，随工厂迁到了陕西兴平县，20世纪80年代工厂"军改民"后，他成为工程师；老三炳熙和老四炳荣在1960年从家乡逃出，先后到内蒙古、东北等地干活。老三1962年到了湖北十堰第二汽车制造厂。老三虽上学不多，但他模仿力很强，后来成为了技师；老四到了包头钢铁公司当上了电焊工，后来还"以工代干"做过管理工作，现在石家庄随儿子一起生活。他们三个均已退休，在家里含饴弄孙、颐养天年。老五炳章没有出去，初中毕业时赶上了"三年自然灾害"，报名参军所有的手续都合格了，但母亲希望有个儿子能"在家守祖坟"，不希望他出去，老五是孝子，就留了下来。多年来，母亲一直都很后悔自己当年的决定，说"对不住老五"。五弟人很踏实肯干，脑子又灵活，在村里当了多年的村长。我们弟兄分散在各地，除去1992年母亲去世，很少能聚在一起，但彼此之间很亲，他们有大事小情也都愿意和我这个大哥商量一下，侄子、侄女们也很信任我这个大伯。父亲去世时，很担心几个年幼的弟弟，恐怕家穷难以将他们养大成人，更遑论成家立业了。现在全家三代加起来超过了五十口，如果父亲泉下有知，应该是很欣慰了。

二、我的少年时代

依照我家的条件，我的求学之路应该和同龄的大多孩子一样，在村子读几年书，识几个字，然后务农；要是心灵手巧的话，也可以学个手艺，我的几个弟弟就是这样发展的。但对于我来讲，却有太多的巧合，我不仅上了中学，还读了中技，短暂工作后考取了大学，读了研究生。从小学到1955年中技毕业工作，我的第一阶段读书生活，一定程度上是新中国成立前后广大农村基础教育发展历程的一个缩影：新老教育模式的交替、中国农村家长的心态、学校供给制、国家大力发展中技等，造就了我的种种"偶然"前提。

有了正式的大号

我的名字是7岁启蒙入学之时才有的，是村中小学的老师（私塾先生，村里男孩的大号都是他起的，包括我的父亲和大伯）起的，也就是说，之前是没有"大号"的，家人和亲戚、邻居含糊称为"大小儿""大秃子"（农村风俗，名越贱越好养，同龄的小伙伴有的叫骡子、马、狗剩的，比比皆是），弟弟们相应成为"二小儿""三小儿"等；堂姐等女孩子因为不上学，倒是早早有了名字，大多以"花、草、叶、梅、兰"等，父母随口起个名字，这种情况在北方农村是很常见的。

启蒙之前，父亲和大伯带着微薄"束脩"，拉上我，恭恭敬敬地去拜见先生，请先生取名。之所以这样隆重，和我是王家的长房长子有很大关系。先生说我的生辰八字不好，命中缺火缺水，所以一定要在名字中补足。据说先生取名是煞费脑筋，用了好几天才想出"炳照"两字，专门用金色在大红纸上写下这两个字，并再三对父亲讲，这个名字可保孩子将来大富大贵，逢凶化吉。父亲很是神圣地接过先生写在红纸上的名字。据母亲后来讲，父亲当时心中有几分嘀咕，一个农民的孩子能有多大出息，更何况像我们这么贫困的家庭？一定是先生自我吹嘘罢了，不过"逢凶化吉"这几个字，却是深深烙在大人们心里，很是欢欣鼓舞，伯父还专门给先生送去两盒点心表示感谢。先生很得意这个名字，等弟弟们一个个"启蒙"入学，不管命中是否缺火，统统以"炳"取名，依次为炳澄、炳熙、炳荣、炳章。我今年74岁，到现在还没有大富大贵，估计以后也没有多大可能突然间"大富大贵"，不过逢凶化吉倒有几次，算是应了先生的"预言"吧。

半私塾的启蒙

在大伯的主张下，我进入村里小学开始读书。实际上，这是一个半私塾性质的小学，是由私塾改良而来的，设在村公所，是由老祠堂改建的，光线不大好。老师是一个落魄的老秀才，五六十岁的样子，本村人，算是我们比较远的同族同宗，曾参加过几次科举考试，后来到县简易师范学校学习了两个月，混了个"出身"，回来后就成了小学的唯一教师，我们依然称之为先生。学费是用实物来充当的，入学时是两筐土肥，父亲直接挑到了先生的田里；过年时还须送一包猪肉或其他点心来孝敬先生，和私塾差别不大。老师对新式教学法、体育一知半解，糊里糊涂，"以其昏昏，使人昭昭"，基本采用的还是原本私塾的教学方法，所以，我前两年的读书生活便是在"之乎者也""赵钱孙李、周吴郑王"的摇头晃脑中读书、描红度过的，对于自然、科学，是一窍不通。家长们却没有什么意见。

我学习比较认真、刻苦，倒不是有什么远大的志向，只是很喜欢读书，总感觉书里面有一个不同于我当时的世界存在。放学后要帮家里打猪草、帮大人照顾弟弟，到了晚上才能在一盏昏暗的油灯下写作业。先生布置写三行，我大多写十行，深得先生喜欢。先生认为我是个读书的坯子，对我寄予厚望，要求很严格。我是左撇子，入学后习惯性地用左手写字，先生发现后，用长长的戒尺狠狠教训了我，手心被打得肿得很高。先生还讲了"君子求中庸，不可离经叛道"等语重心长的一席话，在他看来，用左手写字便是不好的，是异类，是不能有大出息的，必须改掉。当时我是听不大懂这些话的，但对于先生第一次打我却记忆深刻，深以为耻。我很快学会了用右手写字，但远不如左手写得快、写得好，先生再也没有打过我。

此时已经有了柴油，大多是日本产的，称作"洋油"，我家穷，根本买不起，油灯大多用豆油或棉籽油，就是从家里炒菜用的油中直接舀来一点，就权当了灯油。而且，为了省油，将用棉花捻成的灯芯分得尽可能细，用"一豆灯光"形容很是贴切，而且大多时候，父母都会催促早点睡觉，主要原因也是从节省灯油考虑。在我当时幼小的心灵里，总盼望能有一天，能有满满一桶灯油，再也不用为油灯担心，我可以好好读书写字，那该有多好啊。

接受新式教育

进入小学第三年，从县里派来的新式师范学堂毕业的师范生代替了老秀才，废除了读经、描红。老师用白灰重新粉刷了老祠堂，把糊在窗棂上的旧纸全部撕去，装上了毛边玻璃，教室里光线好了不少，上午阳光一束束射进来，能看到好多微尘在阳光下翻舞、滚动，伸出手却什么都抓不到，感觉很新奇。

鉴于我们的学校原来"半私塾"性质，老师便从小学一年级课程教起，开始学习"小猫叫，小狗跳"，体育、音乐课程也像模像样地开设起来，此时尚处于抗日战争当中，我老家的地区属于那种叫做拉锯战的地区，白天是日本鬼子和伪军的天下，晚上就是八路军和抗日游击队的天下。我上的小学就是"两面小学"。日本人、伪军来扫荡了，我们就拿出那种日本人发的书应付一下；他们走了，我们仍旧念的是八路军、游击队发的书。

学校不要学费，只用交课本钱。家长对他们到来以及新的课程、教法很摇头，但不要钱的教育也没什么可追究的。我们小孩子却喜欢得很，特别是音乐课。

教我们音乐的，是一个戴眼镜的女老师，二十多岁的样子，穿着棉布裙子，据说是城里最流行的装扮，外县人，为人很严肃，同学们都很怕她。刚开始，我很喜欢音乐课，可我没有乐感，常常跟不上节奏，属于那种爱"冒泡"的；我嗓门又特别大，偶尔跟上大家了吧，一出声就能把全班同学都带跑调了，所以女老师对我很头疼。上课时我刚一张口，她就喊："王炳照，小点声。不会唱还那么大声？"随着女老师的呵斥，全班同学的目光便集中在我的身上，下课后小伙伴就阴阳怪气地模仿，笑成一团。这样，几次下来，我再也不敢张嘴了。我常常对我的学生开玩笑讲起这件事，笑言"音乐老师是我一辈子五音不全的罪魁祸首"；也每每借这件事告诫自己，做老师要时刻严格要求自己，对于正在成长的孩子，老师的话语何等重要。

先生被城里来的师范生接替之后，"失了馆"，便在家里开了个药草铺子，做起了郎中，村里人有个头疼脑热都去找他，居然有不少医好的，好像医不好也没人责怪他，"生死由命"嘛，中国农民朴实得可爱。私塾先生能做郎中一点也不奇怪，传统知识分子大多会开几味中草药，对一些常见病有个一知半解，自古儒释道不分家嘛，外国谚语有形象地描述，说中国的知识分子"头戴儒帽，身穿道袍，脚穿僧鞋"，在"出世"与"入世"之间游走，游刃有余。我初小毕业后遵父母命要学干农活，先生听说后轻叹一口气，"唉，这孩子是个读书的材料"，父亲知道后很不安，他和其他村民一样，一直都很尊敬先生。随后我继续读高小，父亲还专门跑去告诉先生。我考取北京俄语专修学校时曾回家一趟，先生快80岁了，行走不大利索，听说我要到北京读大学，依然由儿孙搀扶着赶来向母亲道贺，说她养了个好儿子，说这个孩子从小就是个读书的料，"从小看大，三岁看老"，一副"识英雄于草莽"中的自豪。

当时，我们县遵循的是"六三三"学制，即小学阶段分为初小四年和高小两年，实际上我在初小待了六年。初小毕业后，我开始面临第一次人生选择，当时，村里初小的二十多个孩子，有五个孩子考上了高小，我是其中之一。此时，我已经十二三岁了，虽然精瘦，但个头不小，同年龄相同家境的孩子已开始随大人下地干活了。大人们的意思是认识几个字就行了，庄户人家的孩子读那么多书干吗。第二天我便开始下地干活，但一天下来，风吹日晒，脸上、胳膊上长满了水疱，我咬牙坚持，第三天、第四天……一周后，浑身上下长满了水疱，一层层地蜕皮，痛苦不堪，村里的郎中（就是先前的私塾先生）说是对日头晒过敏，吃药也没用。干农活，哪里有遮风蔽日的地方？无奈之下，父亲和大伯商量，"这孩子不是干活的料，让他再进几年学，多认几斗字，将来也好混口饭吃"。就这样，我得以到邻村读完高小。

邻村高小

高小设在一个邻近比较大的自然村里，离我家有四五里路，附近好几个村庄的孩子都集中到这里，一起读书。到了高小，有了早自习和晚自修，老师大多住在学校里。学校没有什么正规食堂，是几个老师起了伙，请了一个老头专门做饭，家境好的学生开始住校，从家背来粮食和蔬菜入伙，在学校里吃。我家里没有多余的被褥，也没有条件备出余粮让我背到学校，在学校吃上热菜热饭，所以我就每天"两头黑"往返家和学校之间，自带干粮，用"起早贪黑""披星戴月"形容很是形象。

凌晨出门前，带上母亲头天蒸的窝窝头（有时候是煮红薯）、咸菜，学校伙房大缸里有的是凉水，一天的吃吃喝喝就这样解决了。夏天天亮得早还好说，冬天就比较惨，不但路不好走，黎明前那段时间天上的星星很暗淡，常常看不清路况，经常滚到沟里摔得鼻青脸肿，而且吃饭就成了大问题，放在布包里的窝窝头等干粮冻得硬邦邦的，一口下去，常常只能啃下一丁点碎末，还把牙硌得生疼，大缸的水早已结了厚厚的冰，偶尔喝一口，就马上拉肚子。后来，我终于想出了一个办法，从早读开始，就将干粮揣在怀里，用棉袄捂住，这招还真灵，中午和晚上吃的时候，拿出来时还温和，水也如法炮制，吃饭的问题就这样轻松解决了，靠着用体温暖窝窝头和凉水，就这样一直坚持到高小毕业。

洪水帮了忙

高小毕业前，因为县城没有初中，我和同学投考了冀县和南宫县两所县级初级中学。母亲给我蒸了十多个棒子面窝头，带上几根指头粗细的腌萝卜，装在一个布口袋里，和几个同学一起就上路了。

当时初中考试分两榜，先考语文、数学，两天后公榜，称作预考榜，榜上有名者继续考政治和史地，两榜都中才算考取。当时冀县和南宫县中学招生时间错开了三天，我们在冀县考完第一榜，再连夜赶往南宫县，去参加那里的预考；然后再返回冀县，看是否上榜，考完再赶回南宫，接着考第二榜。两县相距约60里，我们靠徒步走，基本一夜可以走到，五天折腾了两个来回。饿了，就啃几口干粮和咸菜，渴了，就到临路的农户家讨口水喝。等全部考完回家，窝窝头都馊了，出了长长的绿毛，在衣服上蹭蹭，就着凉水吞下去，也没有生病。

我的运气不错，两所学校都上榜了。但当两张录取通知书真正送到家里的时候，大伯却坚决反对。到外县去上学，且不说要预备单独的铺盖，单说离家越来越远，考上学就再也不会回来了；假设考不上学，那白读几年就是瞎耽搁工夫，回来也毁了，读的那些书在农村完全派不上用场，还不如早点长点本领。这种情形，毛泽东在1927年的《湖南农民运动考察报告》中就进行了描述，认为农民宁喜欢旧私塾、不喜欢洋学堂的重要原因，是在农民看来，洋学堂里讲的都是城里的事，在农村的实际生活中没有用武之地，还不如旧私塾教人学识字、教记账、写对联、看书信更管用。这个思想在农村影响至深。父母觉得我比较灵巧，便决定让我跟从舅舅学习木匠活。

正当我为木匠学徒作准备的时候，一场洪水却成全了我继续读书的梦想。8月份连绵不断的雨水，使得整个空气都湿漉漉的，家里不少东西都发霉长毛了，正当人们在盼望老天放晴的时候，突如其来的洪水将地里的庄稼冲个精光，家里粮食顿时紧张起来。这时候，每个月有60斤小米供应的初级中学待遇，就有了相当的吸引力。家里人一合计，大伯最后拍板决定，"吃你那60斤小米去吧"。

我选择了冀县初中，原因只有一个，就是离家相对较近，因为冀县比南宫县离我家近70华里，当时没有交通工具，距离远近是至关重要的。

冀县中学

冀县中学不是完全中学，只有初中部。我是1949年9月份入学的，河北省解放得早，不少学校都是按照老解放区模式，采取配给制，冀县中学每月60斤小米一半用作膳食，一半作为服装、文具和日常用品开支，家里不用出钱。就这样，从初中开始，我便开始在国家资助的情况下读书，不再花费家里一分钱，实际上家里也没有那"闲钱"供我读书。在旧中国，对于一个"一贫如洗"的农家孩子来讲，没有钱而能进一步读书绝对是"连想都不敢想的"。所以，我常常半开玩笑讲，我求学经历本身就是新中国教育事业发展的一个缩影，是各级政府严格贯彻"教育向工农大众开门"方针的受益者。[1]

---

[1] 背景衔接：第一次全国教育工作会议指出，共和国的教育工作必须为工农服务，应该从文化科学与政治上不断提高工农的水平，以利于巩固工农联盟增加其建设和创造的力量。随着中华人民共和国的成立，广大工农群众在政治上翻了身，但是在文化教育上还被置于学校大门之外。当时，全国人口的80%以上是文盲，其中绝大部分是工农及其子女，中等以上学校中工农子女占的比例更小。因此，1950年9月特别召开了第一次全国工农教育会议，在会上，党和政府进一步指出，"我们应该特别着重于工农大众的文化教育、政治教育和技术教育"，"大量地培养工农出身的新型知识分子"，一致认为加强工农教育就是"巩固和发展人民民主专政、建立强大的国防和强大的经济力量的必要条件"，"没有工农文化教育的普及与提高，也就没有文化建设的高潮"。（资料来源：何东昌主编：《中华人民共和国重要教育文献》，海南出版社，1998年版，第67页。）

各级政府积极响应政府号召，采取了种种措施，取得了不错的效果，各级各类学校学生的成分发生了明显的变化。据统计，1952年在全国中小学中，工农成分的学生人数已占总人数的80%；1953年，全国普通中学生中，工农子女及其他劳动人民的子女占学生总数的71%，工农家庭出身和本人是工农成分的高等学校新生已占新生总数的27.39%。"教育为工农大众开门"措施的实施，深刻地改变了旧学校的性质和功能，为新教育的建设和发展开辟了广阔的道路。（资料来源：王炳照主编：《简明中国教育史》，北京师范大学出版社，1994年版，第475页。）

冀县中学的师资力量很是雄厚，老师不少是名牌大学的毕业生。我记得教我们英语的是冷复光先生，复旦大学外文系毕业的，当时没有手表，全靠一个校工敲钟来作为上下课的凭借。冷先生有一招特别神奇的本领，上下课几乎和敲钟同步进行，每当他合上课本，挺直身躯，肃立在讲台前，下课的钟声就"铛铛"响起。偶尔有一次，他站立了一会儿还没有下课，便肯定地说是敲钟人的错。大家便起哄似的奔去问敲钟的老头，果然是他弄错时间了。一时间，冷先生声名鹊起，我们佩服得五体投地。教我们语文的刘黎明先生是老燕京大学的，原来是学法律的，听说发表过不少作品，后来调到河北师范大学中文系教书，到现在我只要到石家庄出差，必找机会去看望他；教历史的刘德馨先生是北京大学历史系毕业的，上课从来不带教材，讲故事一样，我们听得津津有味。还有不少厉害的老师，我记不大清楚了。老师们也是半军事管理，穿着土黄色的制服，住在学校里。

学校离家约160里，每学期放假才能回家一次，父母也从来没有去看过。当时觉得很正常，15岁已经是大人了，不需要父母当小孩子看待。当时没有什么交通工具，"战士双脚走天下"，就是徒步走，放假回家都是日夜兼程，可能也是夜行军的传统，也可能是暑假晚上凉快，抑或是夜路走得快，说不大清原因，反正是走一天一夜。从清早出发，中午会停下来，讨点水喝，吃点干粮，晚上就一直走，不再停下休息。一到放假那天，同方向的同学便结成一队人马，浩浩荡荡。走夜路时，离家最近的同学在前面，后一个牵着前一个人的衣服，一边走，一边睡觉。陆续有到家的同学离队，紧挨着那一个就补上，继续领着走，不耽误后边的人睡觉。夏天走夜路挺凉爽，但冬天就惨了。那时候冬天的雪特别大，常常难以分辨哪里是路，哪里是沟，常常迷迷糊糊跟着就跟到了沟里。还有，在雪中行路，对脚下的棉鞋是个很大的挑战，穿了长长一个冬天，棉鞋早已布开花绽，难以抵挡冰雪的严寒。寒假回家，因为棉鞋底子已经磨得很薄，我便找来几块硬纸板，弄成相当大小，垫在鞋里，然后用麻绳紧紧将鞋和脚绑在一起，信心十足地跟着大部队就出发了，心想这次就不会那么挨冻了。刚开始，还不错，感觉脚暖暖和和的，但好景不长，雪水很快就将鞋底还有纸片浸透了，黏黏的、冰凉冰凉，很难受；我只好咬牙挺着，脚由刺痛逐渐转向麻木，渐渐没有知觉了；到了晚上更是深一脚浅一脚在雪里走着，感觉脚越来越重。到家后，双脚都结了很大一团冰坨子，鞋脱不下来，父亲就抱来一捆玉米秸，生了一堆火。随着冰坨的融化，脚底开始像针扎一样疼，等脱下鞋后才发现两只鞋的鞋底早已不知去向。

学校伙食平常很好，早饭和晚饭都是小米粥和咸菜，中午是大锅水煮菜，主食是混合面馒头，晚饭是高粱米饭，比我在家里吃的好多了。开饭时，每个年级派代表用木桶打来饭菜，大家排好队，自己动手打饭菜，然后分散地蹲在地上吃，吃完一碗可以再去添加。一开始，我第一碗吃完后，再去添加时常常是"两桶空空"，总是吃不饱。后来我发现打饭是有技巧的，第一碗不能装得太满，最好是半碗，快速吃完，再去盛第二碗，这次要尽可能装得满一些，可以不用着急，从容吃饱了。

最让人神往的是星期天，学校按照解放区的传统改善伙食，中午是肉包子或红烧肉，每周轮换，不限量供应，这对于肚子里少见油水的学生们，无异于是天下最美味的佳肴。每到星期天，早饭肯定不能吃，要留着肚子，中午吃撑得几乎走不动，晚饭就免谈了。大包子我能一口气吃5个，同学中最高纪录是9个；红烧肉专门挑肥的，眼睛都不眨一下，满满一大碗红烧肉就进肚子里了。每周大餐后，同学们三三两两地，夏天找稠密树荫，冬天找向阳的麦秸垛，艰难地躺下，双手摊着，一动不动，一直躺到满天星斗。前几年有一次无意间听几个学生在讲笑话，说吃自助餐的最高境界是"扶着墙进，扶着墙出"，不禁哈哈大笑，多像我的初中生活的情境啊。初中三年时间，就这么一周一次死命地撑一回，我居然蹿高了很多，身高差不多有一米八了，但很瘦，像麻秆一样。

20世纪80年代中期，我利用开会之际曾专程到过冀县中学"访旧"，当年的校门居然还在，不过被砖砌起来，成了一个杂货店的后墙，学校另外建了气派的大门；我们当年住宿的一排旧房子也在，成了学校放杂物的地方。学校里没有人认识我，当年的故人一个都找不到了。

三十年后重返冀县中学的照片

报考财经学校

1952年5月份，临近毕业时学校接上边通知，我们这些供给制学校的毕业生，只允许报考中等技术学校，早日为国贡献毕生的聪明才智。[①]此时父亲已去世，身为家中长子，从情感和责任上讲，我都希望自己能早点挣钱养家，我选择了河北省建设学院财经部（后改称河北省保定财经学校，以下简称财经学校），学习会计专业。

---

① 新中国成立后，国家急于进行现代化的生产和建设事业，中等职业技术人才相当匮乏。劳动部专门指出技工学校应积极贯彻生产实习为主的方针，其基本任务是培养中级技术人才，国家先后举办了一大批技工学校，招收了大批中农子弟。

财经学校位于保定市，是两年半的中等技术学校，不收学费，每个月还有生活补助，具体多少钱记不清了，反正够吃饭，一年下来节省一点，还可以买双袜子、买包牙粉等日用品。学生来源不一，大部分来自农村，冀县中学和南宫县中学毕业生占很大一部分，少部分是从工厂等单位选送过来的，大小年龄不等，有的甚至已经结婚生子，如韩大哥的儿子已经8岁了，我的年龄在班里属于中等，同学们之间相处很融洽。我很认真地学习了《财会原理》、《统计学概论》、《成本核算》等系列课程，特别希望自己能早日成为一名合格的会计人员，早日能养家糊口，为家里分担困难。

教我们专业课的不少老师都是名牌大学毕业生，印象中教统计学的是北京大学数学系毕业的，还有几个老师是中国人民大学毕业的。学校开设了外语课，最开始半学期好像是英语，学到一半，改为俄语了，王云坤先生是北京大学外语系毕业的，做我们的俄文教员。他原先在国民政府中做过高级翻译，和"飞虎将军"陈纳德等很熟悉，到财经学院来做教员有点下放的意思。学校更多强调专业课的学习，外语课没有多少人重视，俄语课好像也就是学过几个字母就结束了。王先生博闻强记，我特别喜欢听他讲以前的事情，结下了深厚的师生情谊。我后来到北京读书，他也调回中国社会科学院工作，多年来一直保持着密切的联系。

在财经学校期间，发生过几件很有趣的事情，至今记忆深刻。一是电灯，我住的大宿舍中用的是电灯，同学们用手在灯上一摸，灯就亮了、灭了。我以前从没有见过电灯，更不要说用了，好长时间没有搞清楚电灯是怎么开关的。也不大好意思问，只好每次跟了同学们来去宿舍，不敢落单，就这样稀里糊涂地过到了学期末，我终于找了个时间，一个人仔细观察了电灯，才明白开关竟然就在灯口上，是一个便捷式推按开关。多年后，我讲给孩子们和我的学生们听时，他们对我这土得掉渣的行为，每每笑得前俯后仰。

还有骑自行车，学校有个老师是老燕京的，有辆旧的28型自行车，美国货，对我们来讲可是个稀罕物件。老师很和善，同学们便纷纷借来练习，一人练需要好几个同学在后面扶着，轮番上阵，还是有不少人摔得龇牙咧嘴，吃了苦头。我在旁边看了好久，发现扶得人越多、越久，就越容易摔倒。轮到我练习时，我说大家不用给我扶着，凭借个头优势，用一只脚支地，居然能骑上就走，停下来就用一只脚先着地。同学们谁也不相信我从来没有学过自行车，我属于"速成"生。大家学会骑车后特别兴奋，好像有了自行车就像长了翅膀一样，任何距离都不是问题，我和几个同学还利用星期天，骑自行车到石家庄去游玩了一天。不过我始终没有学会上下自行车正确姿势，到现在还是这样骑车。

1952年和部分同学合影

和在冀县中学读书时一样，我照样是学期放假回家，其他时间都待在学校里。第一学年，每到周末就三五成群，逛逛保定城。那时保定城区还比较小，我们大多是半下午时分从学校出来，走走看看，逛完后回学校，基本能赶得上晚饭。街上也没有什么繁华可看，有零星几个小摊位，卖烤红薯等小吃，我对这个没有兴趣，在家里有半年时间以红薯为主食，看到或听到红薯胃里就会不由自主地冒酸水。最吸引我的是被称为保定一绝的驴肉火烧。当时，街上有好几家都卖驴肉火烧，最出名的是街西头的老韩家，摊主是个老头，夕阳的余光中，他很熟练地将成团的面分成好多小团，碾成一个一个椭圆形的饼，然后贴在一个半月形的高炉内壁上烘烤，高炉里装有木炭，大概一袋烟的工夫，韩师傅用一个铁铲子，一个一个铲下来，面饼的焦香味道飘出好远。他家的驴肉火烧不仅选肉上乘，肥瘦相当，还带些透明的筋，用火候正当、烘烤得喷喷香的烧饼夹上卤好的驴肉，咬上一口，那个香味当真是"绕梁三日"。因囊中羞涩，大多是站在街头看的时候多，能吃到嘴里的时候少，那种香味更是印象深刻。多年后，我数次故地重游，朋友都特地买来驴肉火烧，却再也吃不出来当年的味道。

短暂的出纳工作

财校毕业时我以全优的成绩被分配到石家庄地方国营棉织厂（国棉四厂），1955年2月，即寒假后，正式报到上班，在财务室做出纳工作，负责给全厂工人发工资。刚开始工作的两个月，没有定级，用粮食来计酬，我每月是90斤小米；随后，国家改用工资制计酬，每个月35元，位于行政管理人员的最后一级。工资分作两种用途，留下15元作伙食费，剩下的全部邮寄回去，贴补家用。对于家乡的母亲来讲，每月收到我的汇款单是母亲最开心的日子。村里的村委会在我家后街上，可是母亲每次去取钱总是绕到前街，逢人便主动和人家搭话，把手里的汇款单扬起来，特别自豪、骄傲，可惜我9月份就去读大学了，没有了工资。后来我在北师大读研究班，每月寄20元回家，母亲总是扬着汇款单大声笑着讲"儿子从北京寄钱了"。1980年我回村接母亲到北京同住，听到村里好几个老人津津有味对我讲着母亲这个坚持多年的习惯。

在工作中，有件事印象特别深刻，让我明白会计工作"锱铢必较"的工作性质。当时厂里实行的是计件工资，工资要计算到角、分，算好后，装在写有每人名字的工资袋里，工资袋是由油纸信封做的，工人拿到钱后，再将工资袋还回来，反复使用。上班后第三个月，先天晚上加班到深夜，我清楚记得将每个工资袋都装好。第二天，各车间主任刚领走不大一会，就有一个工人师傅跑到财务室当场嚷起来，说少发他8分钱。我赶紧清点了一遍，是和他工资袋上的数额有出入，但昨晚我是一遍遍核对过的啊，不知道是哪个环节出了错误。工资已经发下去了，再重新核查一遍要费很大工夫，我就没有多想，从自己工资里拿出8分钱补给了他，随后就将这件事忘得一干二净。过了几天，下班后科长专门把我留下，和我谈这件事的严肃性，我颇不服气，不就是8分钱吗？科长说，这件事说大不大，说小不小，不是从你工资补给别人就算了事，有人少了，就有人多了，肯定是分配环节出了差错，这是工作态度问题。这个工作要干一辈子的，要从心底热爱这个事业，才能做好。回去后，辗转反侧，很晚难以入睡，科长的话总在耳边回响，对我触动很大。

石家庄繁华地段集中在市中心，其他地方大多是农田。我们国棉厂离市里不算太远，刚上班时也比较新鲜，和几个新分来的同事一起，星期天步行到市内逛逛。因为大家都没有什么多余的钱，也就是只看不买，看个热闹。一段时间下来，感觉也没有意思了。很羡慕厂里分来的大学生，人家就不像我们这么无所事事，总是一副胸有成竹的样子，我总梦想有机会能读个大学，那该有多好啊。

又一次偶然

1955年5月，厂里要扩建生产线，一时间难以招到足够数量的青工，准备进行内部精简机构，将一些科室的人员充实到车间中去，我和另外科室的4个年轻人，据说都属于下放范围，说是等7月份机器调试一结束，就把我们下到车间。对于我们来讲，缺乏先期的技术培训，哪里会穿线、下锭、纺纱等活计，到车间干活肯定是外行，车间是计件工资，我们肯定要吃苦头，心里很是恐慌。此时，厂里一个毕业于上海纺织学院的老工程师给我们几个说，你们与其晃荡，不如考大学去。恰在1954年至1955年，因合格高中毕业生生源明显不足，国家鼓励广大社会青年以同等学力报考大学。在老工程师的鼓励下，我们几个去和人事科长商量报考大学的事情。在我们的软磨硬泡下，科长终于答复，他不反对我们参加高考，但也不会给专门复习时间，考不上就乖乖地到车间干活。在不影响正常工作的情况下，领导默许我们几个在业余时间复习、备考。

距离考试还有两个多月的时间，白天还要上班，我们当中只有一人读过两年高中，而且手边没有系统的复习资料，辗转借来一本高考复习指南，大家轮流看、抄写，有不懂的地方就集中讨论，讨论解决不了便只好跳过去。由于白天还要工作，不能声张，我们便在偷偷摸摸、囫囵吞枣状态下复习功课，那本高考指南被翻得卷了边。那段时间，大家见我们几个小青年业余时间神神秘秘，闪闪烁烁的，谣言就开始在厂里蔓延，说我们走歪道了，还传得有鼻子有眼的。等我们5个人的录取通知书①寄到厂里的时候，厂里顿时炸了营，我们一下子从"问题青工"跃入"有志青年"行列。我拿到录取通知书的时候，尽管不大喜欢学外语，但有个大学上，圆了自己的大学梦，还是特别开心的。消息传到村子里，大家都说老王家的祖坟上冒青烟了，儿子中了状元，到皇城去

1955年上大学前的合影留念

---

① 我们五个人报考了同一所学校，即北京俄文专修学校，这是我们厂的翻译建议的，他有同学在该校教书，说国家需要大量的俄语人才，相对其他高校比较好考一些。结果证明他的判断是正确的，我们五个全部被录取。

了，母亲笑出了眼泪。财专毕业的同学们听到这个消息，几个要好的还专门跑来石家庄，为我送别，合影留念。好多年过去了，还有陌生的青年人来拜访我，说是当时我同事的孩子、孙子，是听着我们的故事长大的。

三、 俄语学院求学

1955年9月，我背上简单的行李，几件日常的换洗衣服，二弟送我的半旧中山装式灰色棉衣和母亲熬夜赶制的两双布鞋，到北京俄文专修学校（北京外国语大学的前身）报到。

天安门转了向

我买的是从景县到北京的火车票，这是我第一次坐火车，攥着兜里仅有的18元3角钱，坐上"哐当哐当"绿皮车，意气风发地奔向北京。我正憧憬着大学时光，突然感觉头晕、胃里翻江倒海，吐得一塌糊涂，心想糟了，还没到北京就生病了，身上就这么点钱，还不知道到学校怎么样呢，就靠在座位上硬撑着。乘务员很细心，问了情况，给我端来水和一粒药片，服下去不久症状便缓和了不少，我这才第一次知道自己"晕车"。

到北京后已是傍晚时分，当时俄文学院学生宿舍在宣武门内石驸马大街，我一放下行李，就兴致勃勃和一个老乡直奔天安门。天已全黑了，天安门广场上人不多，显得特别宽广，那时候也没有那么多路灯，模模糊糊的看不大清楚，印象最深的是，天安门城楼怎么向北啊，不是传说中的坐北朝南。老乡也迷得晕头转向，我们满腹疑问地走回学校，一路上很是纳闷。后来讲给同学听，他们都笑了，原来大家都有程度不一、长短不等的转向经历。直到现在，我一到天安门广场，还是转方向，50多年过去了，还没有转过向来。

1959年二弟随工程队来京，修建北京饭店，抽空到北师大看我，我们一起到天安门游玩，我还特意问了他，他也和我一样转向。看来，我这转向是先天性的。二弟将他的手表留给了我，他是从一个苏联专家手里买来的，德国表，机能很好，我戴了十多年，后来五弟结婚要盖新房子，我忍痛把它拿到西四旧货市场卖掉了，二弟听说了也没有说什么。

初识俄院

报到后，才知道北京俄语专修学校已于6月份升格，改名为北京俄语学院（以下简称俄院），俄院的前身是1941年成立于延安的中国抗日军政大学三分校俄文大队，在此基础上创办了延安外国语学校。学校隶属于中共中央编译局，由正副局长师哲、张锡俦兼任正副校长，校址开始在北京西城区南宽街13号，后迁至鲍家街，将原醇亲王府作为俄院的教学区。

实际上，从1951年8月起，为了更好地学习苏联教育经验，国家开始向苏联派遣留学人员，每年派往苏联的留学人员，少则两百人，多时达两千人，在实际运行过程中，发现没有俄语基础的留学生在学习中遭遇到很多困难。为了加强留学人员出国前的俄语训练，从1952年起，国家建立了留苏预备制度，北京俄文专科学校便是当时著名的留苏预备学校；随着高等和中等学校俄文运动的开展，俄文取代英文成为学校的必修课，迫切需要培养大量俄语师资；在这个时代背景下，北京俄文专修学校获得了大发展。

俄院当时设有两个部分，即一部和二部。一部是培养国内紧缺的俄语教师和翻译专门人才；二部即为留苏预备部，专为准备留苏和留东欧的本科生和研究生准备，进行一年的俄语和政治学习。上半学年两个部分挤在一个校舍里。宿舍借用在宣武门内石驸马大街（现新文化街）原北京女子师范学院里，这里一进大门便可看到耸立在天井里的刘和珍烈士纪念碑①。原女子师范学院的校园很小，校内只有一个篮球场，我们跑步只好绕着教学楼跑。教学大楼是在离宿舍大约一站路的石驸马大街西面尽头处的鲍家街的醇亲王府，一个有着雕梁画栋的美丽校园，不过当时大家都不大敢讲，认为那些都是封建王朝的历史残渣，是应该扫进历史的垃圾堆的。下半年即1955年的寒假后，二部便陆陆续续搬入西直门外的魏公村新校址，我们

---

① 1957年等我转学到北京师范大学，刘和珍士纪念碑此时已迁入新街口外大街19号的北师大新址，我进入学校，又看到了该纪念碑。我时常给学生们开玩笑讲起这件事，冥冥中自有天定，老天早就决定了我要在北师大干一辈子教师。

搬过去比他们晚一点。

我进入的是一部，四年制师范翻译系三班。实际上，该系是7月份刚刚成立的，中国人民大学俄文系师生约400人全体并入，成立了师范翻译系，赵辉任系主任，所以我们班虽是俄院招的第一批学生，但上面却有二年级、三年级和四年级。

学校聘请了一部分教学经验丰富的苏联语言专家担任我们的教师，苏联专家鲍米诺娃、马蒙诺夫、毕丽金斯卡娅等人先后到校任教，我们也或多或少听过他们的课。后来由于人员不足，又从当时在北京工作的苏联技术专家的家属中聘请了一部分人来讲课。

学习俄语

学习生活是十分紧张的，核心是外国语言的学习，也就是俄语。学习俄语，对于我这个仅有几个俄语字母基础的社会青年是个大的挑战，第一节上课我愣是一个单词都没有听懂。对于外国语的学习，我比较熟悉的是初中三年的英语经历，但这种经历却成为俄语学习的障碍。由于习惯了英语的发音和拼音，学了好几个月俄语还是别不过来，两种语音总在脑袋里打架，好不容易想清楚了，说出口却是另一回事，几次惹得全班哄堂大笑。我就暗下决心，要下更大的工夫去赶上班上同学。这种努力犹如一场长跑比赛，差不多半年后才有了明显的效果。

对于"零起点"俄语基础的我来讲，要想在尽可能短的时间初步掌握俄语语法，掌握基本单词量，除了死记硬背，我想不出还有怎么更好的办法了。每天凌晨4：30起床，背一个半小时单词；同学们大多都很用功，上自习时，教室里声浪滚滚，不少同学在高声朗读，各学各的，居然互不影响；晚上十点钟，学校准时熄灯，为了不影响别人休息，我便待在走廊或厕所门口，就着昏黄的灯光继续背单词。

我从俄语第一个字母开始学，给自己布置了每天背诵几十个单词的任务，想了各种各样的方式来帮助记忆，用汉字谐音标注最为有效，如"星期天"、"回家"、"毛巾"被标注为"袜子搁在鞋子"、"打毛衣"和"拨拉芹菜"……就这样，在母语的帮助下，许多生拗的单词慢慢被攻克了。一次无意看同学的书，才发现也有密密麻麻的汉字标注，这才知道，班上约有一半左右的同学也是这种方法学习。直到现在，每当看到电视里相声演员很夸张地讲着"洋泾浜"，不由哑然失笑，总让我想起那段学俄语的经历。

在学习语言的过程中，我充分体味到同学之间"相观而善""如切如磋"的意义。俄语中有一个发音近似于"勒"的颤舌音，需要用口腔中的气流持续冲击卷起的舌尖。这对于很少发卷舌音的北方人来讲，是个不小的困难。苦练了好久，舌头都肿痛了，还是发不出来。但发不出来还真不行，有些词就是这一个字母的区别，发音不准确有时会造成词义的曲解。有同学推荐了一个方法，练发音的时候在口中含一口水，一试，这招还真灵，这个高难度的"勒"颤舌音就这样被众人的智慧攻克了。

严格的班级内部规定也为俄语的学习提供了一个好的氛围。为了制造一种强化俄语交流的环境，班级规定第一条，便是在教室内，师生之间、同学之间交往、生活往来，从早到晚都必须用俄语，违者以打扫卫生为惩戒。刚开始，除少数几个有俄语基础的，大部分同学都三缄其口，班级气氛很是沉闷。随着大家日渐熟悉，俄语水平逐渐提高，才发现这种"可恶的强制规定"对学习语言的益处所在。

入学三个月后，我可以基本听懂老师讲的内容，跟上课堂进度了；一学期下来，我竟然成了班上学习不错的学生，有不少同学开始向我请教了，期末考试居然成绩考到第三名，我一直都很认同"勤能补拙"，我一辈子也是这样坚持的。

礼仪实践课

尽管我们是师范翻译系，按照学校的培养目标，将来大部分要去做俄语教师，优秀毕业生要到驻外机构工作，不管做教师还是驻外工作，礼仪实践课都必不可少，一点也不含糊，每周一次，三个学时，学习如何打领带、穿西服，品红酒、吃西餐，还有外交礼仪。

衬衣、领带和西服都是学校公用的，上课前按照自己尺寸向教务处服装室借出来，我从来没有穿过西服，不知道竟然有这么多讲究，第一次穿戴整齐后，看着镜子里的人很神气的样子，不大敢相信自己的眼睛，同学们也都很兴奋。教务处服装室要求很严格，下课后必须马上归还，以便消毒、清洗，也是怕学生弄坏。有一次，我们班一个同学禁不住西服的诱惑，穿着去会女朋友，服装晚还了3个小时，给了个警告处分。

教我们如何穿衣戴帽的老师是个苏联老太太，记不清叫什么名字了，有着苏联人固有的严谨和浪漫，一年四季都是长裙飘飘，衣着考究。老太太很认真，上课有板有眼，一一亲手教我们如何整理衬衣，打领带，穿马甲，再如何套上西服，大衣；到房间后如何摘帽子、取手套，如何将大衣轻轻脱下，如何斜搭在椅背上，落座时要解开西服的第几个扣子……事无巨细，讲得清晰、认真，她总讲，你们要不停地在心中温习，将其化在心里，将来你们外派出去时就可以做得比较自然、自如，要记住你们是代表有悠久传统的礼仪之邦，是中国文明的化身。大概类似于我们中国常讲的"习惯成自然"，"习与智长，化与心成"。针对我们大多数同学破衣烂衫的现状，她给大家提出建议，哪怕裤子只有一条，也要干干净净，每天晚上脱下将其抚平、折叠整齐，放在枕下，第二天裤线就会笔直，照样可以穿得很精神；衬衣也是如此。我觉得老太太是个很精致的人，很认同她的这种主张，就照着她说的去做，并一直坚持下来。不曾想这种习惯后来竟为自己招来了一场批判，那已经是转入北师大以后的事情了。

红酒和西餐无处可借，平常上课全是虚拟的，只有在最后一次课才进行具体实践，然后就是考试。如品红酒，平时上课就是举个空杯子，想象着里面装有浓香醇厚的高档红酒，跟着老师在那瞎比画，如何倒酒、倒多少、如何转动酒杯，如何加冰块、如何敬酒、如何干杯等，"空对空"的讲。我们班大部分同学来自农村，哪里见过这种阵势，任凭老师怎样讲，也很难进入状态，后来，我灵机一动，凉水我们不缺乏啊，马上将这个"重大发现"告诉给同学们，大家都说这个主意好。等下一次上课，老师看到我们都举着三分之一杯的凉水，先是一愣，说我们胡闹，凉水如何能模拟出浓醇红酒的挂杯情景、如何能旋转出红酒瑰丽的色彩；但限于资源，聊胜于无，老师也就不再说什么了。就这样，在凉水的帮助下，到期末真正用上红酒时，我们居然不慌不忙，动作完成得有模有样。

练习吃西餐就不那么好糊弄了，由于难以找到合适的替代物，尽管我们反复演练，熟练掌握铺餐巾、摆弄刀叉等一套程序，但当真的西餐一道道端上来，我们还是手忙脚乱，不是用错了刀叉，就是弄乱了顺序，还有不少同学将餐具碰到了地上。经过短暂的慌乱，我们及时总结了经验，加强了演练，还算比较顺利地通过了考试。

舞盲

每周二下午的舞蹈课和晚上的舞会，对于我来讲却是巨大的煎熬。从学校培养目标上讲，我们是俄语高级师资的后备军，要"一专多能"，要学会和外国人打交道，舞蹈是很好的沟通渠道。对于我们，舞蹈课是必修课，重点是学交谊舞。但对于没有乐感的我来讲，每次上课踩在舞伴脚上次数远远多于踩对乐点，而且越跟不上音乐，就越容易踩同伴的脚。而且更为糟糕的是，我和舞伴几乎每次都被老师拉出来，作为"反面教材"，给同学们作"错误动作示范"，我也搞不清楚，为什么那么多错误动作全出在我身上，越是小心担心出错，精力越难以集中，出错的机会越多。几次课下来，没有人敢做我的舞伴了，我也对交谊舞彻底丧失了信心，便开始挖空心思地逃课，发展到后来，我只要一听到"慢三"、"快四"的音乐响起，腿肚子就会抽筋，根本不用装病了。在老师眼中，我一向是个喜欢学习的好学生，他根本没有想到我对舞蹈产生了严重的"心理障碍"，他说我动作协调能力挺灵活，应该很快能掌握交谊舞的技巧啊。看我痛苦的样子，就索性睁一只闭一只眼，放任我"自行修习"，最后考试是在老师的照顾下过的。

我常常在想，我不会跳舞，是因为没有乐感，总是合不上音乐的拍子，而没有乐感，最基本的原因是我不会唱歌。从这点来看，当年音乐老师的呵斥，扼杀的绝不仅仅是歌声啊。

政治学习

进入俄院，受当时的大的社会氛围影响，政治学习比较频繁，记得在入学第一年，除去既有的团组织生活外，我和同学们先后参加了中央关于"胡风反革命集团"和"高饶反党集团"文件的学习活动。

对于我这个贫困的农村孩子来讲，"没有共产党就没有新中国"这种体会，是根植于灵魂深处的，如果在旧社会，我是不可能有机会进入大学读书的，有了新中国，才有我的全新生活，对共产党充满很深的感情，"听党的话，紧跟党走"，这种观念是烙在骨头里的。对于政治学习，是很认真地学习文件，做了很厚的笔记，希望自己能从新的政治高度去认识胡风、高饶反革命、反党集团的罪行，和党中央保持高度一致。

在俄院学习的第二年，"反右派"运动开始了，学校的政治空气变得十分紧张。由于我出身好，团干部就动员我要争当"反右积极分子"，我觉得大家都是同学，不论是挨整的、还是整人的，都和我关系不错，我也没有觉得他们有哪些东西可以"上纲上线"，我就借口身体原因，"躲进小楼成一统"，所以在这场"反右派"斗争中，我既不是积极分子，也没有挨过整。我在俄院只读书两年就转学到北师大了，但多年来我们俄院的同学常会聚聚，大家感觉很亲切。我结婚后，有十多个特别说得来的同学，或中秋或春节，每年都会聚会，大多在我家，尽管物质不是很丰富，但每次都能变出七八个菜，大家吃得很可口，都夸我的手艺不错。大家一起谈天说地，聊得很开心。有的同学到了晚上还不肯离去，又蹭一顿晚饭，继续海阔天空地聊，好像有说不完的话题。近年来，大多同学已退休在家，平常很少出门，更珍惜每年相聚的机会，聚在一起还有很多说不完的话题，依然感觉很亲切。

俄院伙食

我们是俄语师范生，不仅免缴所有学杂费，有不同等级的助学金，还有等级不等的临时困难补助①。我入学之初，享受的是甲等助学金，每月补助12.5元，扣除每月8元标准的伙食费后，还有些许节余。这个钱用途可大了，牙刷、牙膏（还用过一段时间牙粉）、脸盆、学习用品，还有鞋、袜等日常生活用品都靠它来解决，节省点的花，一年下来还可以添一件衣服。第二学年，我在解决生活基本装备后，主动申请三等补助，4元变为2元，感觉生活还能维持下去。

1955年国家改供给制为工薪制，高校也实行了粮食限量供应，食堂凭票，每碗饭4两。由于和二部混合在一起，他们伙食费是每人每月20元，比较西化，早上有热气腾腾的豆浆、稀饭，除去六必居酱菜佐饭，还有油炸花生和酱牛肉片；午饭和晚饭都是四菜一汤，且至少有一个菜是纯肉的，主食有馒头、花卷和大米，不限量供应。我们一部当然比不上他们，但也跟着沾了

---

① 困难补助分为4元、3元、2元三个等级，个人根据家庭情况申请相应等级，由系里评议决定。不同学校、不同专业规定有所差异，受资助人数也不一样。

光，伙食和营养都特别的好，一学期下来，多数同学身体比入学时都强壮了不少。

二部统一置装

二部的统一置装的阵势给我留下了深刻印象。大概是放暑假前，二部准备出国的同学，突然有一天每人领回两只崭新的帆布衣箱，看我们一副很惊奇的样子，他们颇神气地讲统一置装用的。接下来，各种新闻每天都在更新，服装店的师傅来给他们量西服、裙子的尺寸了，帽子店的师傅来给每个人量了单帽和皮帽子的尺寸，皮鞋厂的师傅也来了，师傅们在他们那里"走马灯"一样。看二部置装成了我们班"一大要事"，稍有点风吹草动便能成为"特大新闻"。不知道为什么，大家好像着了魔，我们和二部一起沉浸在统一着装的兴奋中。

大概有一个多月的时间，贴有每人名字的统一置装便陆陆续续送来了，男生的服装有西服、中山装和大衣各两套，分为春秋季和冬季穿用，衬衣12件，睡衣一套，毛衣、毛裤一套，皮帽子一顶，领带5条，皮鞋5双；还有实习的工作服；据我们班女生讲，女生有好几条"布拉吉"（连衣裙），有专门的西服毛呢套装、套裙，有六双皮鞋，春夏秋冬使用；有长长薄呢风衣，还有长筒袜、纯毛的长围巾；还专门配了小挎包，内装有一瓶香水和面油，说比"新嫁娘"的嫁妆都全、都多，把我班的女生羡慕得不得了。不论男女，每人发了皮拖鞋、梳子、牙刷、牙膏、香皂，还有一把毛刷，用来刷呢料上的灰尘。此外每人有一床中等厚度的羊毛毯和一件雨衣，还有一个上课时装书本的书包。那些衣服都是由高级裁缝量身定制的，他们穿在身上特别合体，特别精神。

对于我们这些从乡间来的农家子弟来讲，只有过年时才可能穿件新衣服，哪里见过这种大阵势？看看他们装满两大箱子，当时真有种瞠目结舌、眼花缭乱的感觉。

"亚疗"岁月

大二新学期开学后，我总是咳嗽，感觉胸口有点闷、痛，下午有点低烧，四肢乏力，开始我以为是营养不良，就悄悄减少活动量，保存体力，并到校医院开了一些维生素片来吃，但没有什么根本好转。一天下午，我正和同学们在操场打篮球，突然晕倒，大口吐血，同学们赶快把我抬到校医院，经过详细检查，确诊为肺结核，病情较严重，必须转院治疗。我当时第一反应是千万不能让母亲知道，因为父亲死于肺结核，她对这个病特别敏感。

校医院医疗条件有限，我们班主任吕老师和班干部紧急商量，并向系里汇报，寻求帮助。当时有个"亚洲学生疗养院"，属于团中央主管的结核病专门治疗、康复中心，品学兼优、家庭贫困的患病学生可以申请去治疗。同学们对我患病都很心焦，在班主任的指挥下，团支部很快写好材料，上报了系团委，然后逐级上报给校团委、北京团市委，然后就到了团中央。很快，10月初我就被转入"亚洲学生疗养院"治疗。

"亚洲学生疗养院"（后改称"亚非学生疗养院"，以下简称"亚疗"）是国际学联援建的。"亚疗"位于北京风景优美的西山，拥有300张病床。"亚疗"接待了许多来自亚洲国家的青年学生（包括少量非洲学生），治疗期间医疗费、生活费用均由团中央负责，学校补助每月9.5元，用于购买牛奶等营养品。疗养院的医疗条件、医生水平都挺不错，按照病情轻重，四人间、三人间和两人间居多。每位病人都有专门的负责医生和专门护士，不同病房之间不允许串门，聊天，防止交叉感染。病房每天要消毒两次，床单、被罩每周更换，每人有两套固定的病号服，一套深棕色的浴袍式样的睡衣，可以套在病号服外，是出去散步时保暖用的，每周被护士拿去清洗消毒；病人的饭菜由专人负责，营养搭配很有针对性，送到病房单独进餐。

入院后医生对我进行了系统、仔细的检查，判定为肺结核Ⅲ期，肺部已经有了很大的空洞，病情严重，需要绝对卧床静养，我被分配到两人间的病房。进"亚疗"的头三个月，医生不允许我下床，身上插了管子，禁止看书，连翻身都不允许，就这么直挺挺仰面躺着，实在是度日如年。"亚疗"的医护人员很负责任，对我这个穷孩子的照顾格外细心。小刘护士每天给我洗脸、照顾我，给我讲医院发生的趣事，还夸我是"最听话的病号"，驱走了我不少寂寞。我也很配合医生的治疗。三个月后，出乎医生们的意料，病情有了很大好转，他们以为我至少需要躺半年以上。慢慢地，我每天下床活动时间逐渐增加，后来还可以看个把小时的书，但活动范围基本是在室内，从1956年10月到1957年5月，我基本上是在病房度过的，7月份出院①。在这将近一年的时间里，我和医护人员建立了深厚的友谊，我出院后，还回去看望过他们几次，保持了好长一段时间联系。我常常想，如果没有国家给我提供免费治疗，如果没有"亚疗"的及时救治，不难想象我的身体乃至生命会出现怎样的状况。所以，我常常讲，我的读书机会、第二次生命都是国家给予的，我愿意将我的毕生精力奉献给国家、党，这不仅仅是一句豪言壮语，而是发自内心深处的。

转学

1957年，中苏两国关系渐趋冷淡，不仅留苏预备部的辉煌不再（当年在留苏预备部学习、准备出国攻读大学本科的学员，全部没有派出），我们一部也受到了牵连，培养大量俄语人才已不再成为国内急需，当然也就不再需要那么多的师资力量，当时我们那一届有600人左右，按照上级指

---

① 按照主治医生陈大夫的意思，希望我能在"亚疗"再多待一段，调养好身体再出院。我很渴望早日回到校园，继续学习；当然也盼望早日毕业，早一天挣钱，帮母亲分忧解难。医生很同情我，同意我出院。出院时，医生尽管开了"可以坚持正常学习"的证明，但还是叮嘱我要多多休养，最好是"半日学习"，并专门写在了医嘱显眼位置。

示，要对一部进行紧急"瘦身"。学校就动员我们转学，到更广阔的天地贡献我们的力量。

当时，我们可以选择北京大学、中国人民大学、北京师范大学等在京高校文科专业，不用考试，直接转学就行。经过比较，我发现北师大的教育系是个好去处，一是院系调整后，教育系大师云集，可以见识到更多的大师的风采，得到很多的教益；二是，我琢磨了好几遍课程表，感觉不少课可以自学，我当时肺结核病还未痊愈，没有那么大精力选那么多的课程，这样的课程安排比较适合我。抱着这种心理，我选择了教育系，办好了转学手续，9月份，我和北师大1957年新入学的学生一起，成为教育系学校教育专业的一年级新生。

可能是我的选择影响了其他同学，我们班同时转入北师大的还有陈维章、王周强和邵海风等同学，他们也选择了教育系的学校教育专业，而不是像其他班转到北师大的同学那样，选择外语系。

四、在北师大的八年时光

由于政策调整和政治原因，我中断了已经进行两年的俄语专业学习，转学进入到北师大教育系，重新开始了大学生活，1961年毕业服从分配，进入研究班继续学习，作为学生，在北师大一待就是八年。

我常常讲，是一系列带有偶然性的巧合促成了我的求学生涯，从7岁进入半私塾启蒙开始，到1965年我从北京师范大学研究生班毕业，断断续续，我的求学生涯长达23年之久。在这个过程中，无论高小，还是冀县中学，还有我的六年大学生活，四年的研究生班学习等，好多事情都是自己没有办法把握的，没有多少选择的余地。我常常对我的学生讲，面对这些，我们能做到的，就是以坦然的心态，接受不能改变的，然后将事情尽可能做好。

师大印象

北师大原址在和平门外石驸马大街（俗称"南校"）和定阜大街（俗称"北校"），1953年选定了德胜门外北太平庄铁狮子坟，9月开始奠基，新校区基地为长方形，据说当时是"东到德胜门，西到元大都土城，南到新街口豁口，北到北太平庄"，占地面积很大。从1953年到1956年年底，新校区的建设渐次完成，迁校工作也是分批进行，1954年暑假，中文、物理和数学三系率先从和平门南校和定阜大街北校分别迁入新校址，1957年暑假，除化学系还留在北校外，其他各系均已迁入新校址。

我1957年9月入校时，学校附近都是农田，没有什么成规模的建筑，校园四周只有一圈特别矮的土围子，学生一抬脚就能跨过去，没有人把它当做院墙。校园里也有农田，现在的励耘、励泽等楼群所在地属于塔院公社，据说是农民要求进学校当占地工的要求没有得到满足，所以他们照样在校园里种地、种菜。校园内的建筑相当集中，当时主管学校基建的副校长是个统计学专家，他认为，宿舍、食堂和教室之间的距离，步行不能超过5分钟，这样有利于学生学习、生活的需要。这样就形成了校园里中间地带集中建筑，一个四合院套着一个四合院的布局。现在幼儿园的位置是个人工湖，湖水涟漪，绿波荡漾，杨柳依依，农户家的鹅、鸭徜徉其中，一幅诗情画意的景象。学校的东大门外屹立着两个大铁狮子，北边公狮，南边母狮，高两米许，铸铁的，乌黑油亮，工艺水平很高，不生锈。[①] 可惜的是，1958年"全民大炼钢铁"之时，铁狮子"在劫难逃"，被拉走炼了钢铁。

学校图书馆是苏式建筑，很有特色，而且里面采光很好，地板采取了很好的消音处理，走动起来声音很小，不会影响其他看书的同学。师大向来重视图书资料的建设，辅仁大学的并入，大量外文原版书同时拨入图书馆，馆藏量相当惊人，仅次于北京图书馆和北京大学图书馆。据我们入校时资料介绍，1956年馆藏图书近100万册。图书馆学习苏联先进管理办法，书籍排架目录编造合理，借阅图书很是方便。学校还建有教育科学分馆，我们入学时已正式开放[②]。教育分馆设在教育楼（现在的教二楼）一层东部，阅览室很宽敞，学生和教员的阅览室是分设的，学生阅览室有80个座位，教员阅览室座位不到20个，设在书库里面，比较安静，出进要经过学生阅览室，我在阅览室看书时，时常可以看到教育系大名鼎鼎的教授们来阅览室看书、查阅资料。

在图书馆前面，有一个很宽敞的广场，广场上伫立着10多米高的毛主席汉白玉全身像。广场四周植了很多树，还有几处花坛，是同学们晨读的好去处，被大家称为"师大最美的地方"。可惜，毛主席像在1980年年底拆掉了，而我们经常去的图书馆（因后来建了新图书馆，被称为旧馆），在2004年被爆破了。主楼是1959年建的，是利用人民大会堂的下脚料、边角料建成的，建成后还是比较有气势的，有两部电梯，解决了不少院系的办公用房，建成后教育系办公室就从教二楼搬到了主楼的七层，一直到"文革"结束。

---

① 铁狮子坟一带原是清初编入满洲正黄旗的博尔济吉特氏、敕封一等公额尔克戴青的家庭墓地，因墓地入口处立有一对铁狮子而得名（据说铁狮子为明代旧物，相传很灵验，被高价买来镇守家墓）。

② 教育科学分馆于1956年筹建，程舜英先生等曾参与到库里选书，1957年3月4日正式对全校开放。

师大百年校庆前，老主楼也被炸掉了，在原址上拔地而起、取而代之的是新主楼，校庆期间，返校的老同学们都说师大变化太大了，找不到当年的一点踪影。

"驻外大使"

进入北师大学习时，我的肺结核尚未痊愈，该病属于传染病，因此，一入学我就被安排在学生病号隔离区，我住在二层楼梯左手的第二个房间里。因为是病号，不仅免了体育课，一切体力劳动也一概免除；而且为了更好更快恢复身体健康，学校特许我可以有选择地不去听一些课程，只要考试通过就行。我们有专门的病号食堂，不到学生大食堂用餐。

相对来讲，我们的食宿条件要好一点，如住宿，普通学生宿舍是六七人一个房间，上下铺；而病号隔离区却是4人一个房间，为了更好地通风，都是单人床，物品放在床下，室内还有一个共用的长桌，两个方凳；饭菜也比大食堂精细一些。除去必要的政治学习，我很少和同班同学在一起，但大家关系很不错。雷克啸代表同学们到我的住处考察后，就将我命名为"驻外大使"。原因有二，一是当时外交部驻波兰大使叫王炳南，和我是一字之差；其二是我住在外边的病号隔离区，相当于是我们班"外派"代表，就这样，我便成了"大使"。从此以后，班上同学统统称我为"大使"，再没人喊我的名字了，还发展到同一年级的学前教育班，甚至后来研究班的同学也这样喊我。

学习班长

1957年的高考，正是"反右派"后期，在录取新生时，政治表现和家庭出身是很重要的，北师大当年入学新生中，工农成分的占到了36.5%。我们班计划录取57人，实际入学时51人，成分好的比较多，来源多样，大概有四个部分组成，一类是应届高中毕业生；一类是调干生，朱开云、彭勃等是调干生。但调干生的来源、待遇也不一样，朱开云来自学校，没有调干助学金，彭勃是部队调干生，每月享受20元的调干助学金。一类是工农速成中学推荐的。还有一类就是从外校转入的，像我和陈维章等4人。除去我们转学的，其他各类都经过了相当严格的入学考试，不同于1956年对待调干生和工农速成中学的"推荐为主，考试为辅"的模式。

入学之初，学校教育专业分为两个小班，我在一班，刘乐群是班长，安美玉是团支部书记，胡秀英是组织委员，雷克啸是宣传委员；二班的班长是谁记不清了，团支部书记是张福才，毕业时留校到教育史教研室。我们班有两大特色，一是调干生多，9人；一是党员多，7人；所以一入学我们班很快就成立了党小组，朱开云担任党小组组长。二班加上学前教育班，组成了一个党支部，党支部书记由学前教育的李宗珍担任。不知道什么原因，不到一

1959年团支部颁发团徽合影

年时间，在一年级下学期期末一班、二班又合在了一起，林志渥担任我们班的班主任，我当选为学习班长。

入学后分给我们班的第一个政治任务便是看守"右派"，在四合院东楼的三楼，关着教育系"右派"的教师和学生，我们班负责看学生，"监视"他们的一举一动，主要的任务是"防止他们自绝于人民"，就是盯着不要让他们找机会自杀。北师大的学生右派比例是相当大，据统计，在"反右"期间，全校有385人被定为右派，其中学生312人。这些右派学生大多二十一二岁，正是风华正茂、血气方刚之年，世界观、人生观还处于正在形成之中，被打成右派后，被称做"右派分子"，精神压力很大，有的被留校察看，有的是毕业分配"在工作中考察"，短则一年，最长的是三年；还有的被遣返原籍，这种打击可以说是致命的，尽管后来大多得到平反，但韶华已逝，"反右"扩大化的不良影响，对个人、家庭以及国家造成了很大的损失，长久难以消弭。

一年级时，由于身体原因，我处于"半日休养"状态，拥有"三允许"特权[①]，这种看守右派的政治任务，我参与得比较少。班里学生党员较多，不少同学积极追求上进，要求入党的积极分子也不少，班级组织生活、活动搞得特别多，他们对很多事情都很热情、主动，连我这个"驻外大使"也经常有积极分子去关照、看望，他们认为我出身好，学习也好，极力动员我写入党申请书。我觉得当时那些积极分子每天都忙于"政治"，不大读书，从我心里讲上大学就是要读点书，不愿意当他们的入党积极分子，我便借口身体原因为由，避开了班级的火热政治氛围，静心读书，后来，这成为批判我的一大罪证，说"王炳照一贯不关心政治"，便援引我当年本科时的表现来讲。

---

① 刚入学时，鉴于我的身体情况，系里给了我两个允许：一是允许请假，自己认为不听就可以考过去的课，允许不听，直接参加考试；二是允许不参加重体力劳动和体育课。晚上的政治学习以及看守"右派分子"还是要参加的，在第二次政治学习时突然晕倒，大口吐血，他们都吓坏了，就此免了我的政治学习。

1959年年初，我们还参与了"除四害"运动，同学们结伙到紫竹院、左安门一带去打麻雀；到近郊区去挖老鼠洞，常常挖了一天，无功而返，偶有斩获，挖出的粮食也很有限，大家开玩笑讲，"困难时期老鼠也不富裕啊"。

师大食宿

尽管从民国时期开始，就有"北大老，师大穷"的说法，但就学生食宿来讲，北师大在北京高校中还算名列前茅的，有不少老校友津津有味地回忆过民国时期的师大食宿。就我们来讲，大家都是师范生，免住宿费，每人每月12.5元伙食费，家庭贫困的学生还有2元到4元的生活补助费，基本可以养活自己了。

我当时住学生隔离区，是4人一间；我们班男生17人，住在西西楼，女生比较多，和政教系、历史系的混合，分散住在中北楼、中南楼，都是7个人一间，4张上下铺，其中一张床用作放行李，中间有一个狭长的桌子，水房、卫生间是公用的，衣服晾在走廊里，和现在差不太多，宿舍里装有水暖，冬天还算暖和。女生宿舍收拾得比较整齐，加上入学不久就有两个女生先后休学，所以开组织生活会常常是在女生宿舍，大家自由出入，还没有"男生免进"的规定。

学生食堂有4个，2个大的学生食堂，即北饭厅（科文厅）和西饭厅，还有两个小点的，回民食堂和病号食堂。北饭厅和西饭厅内有长条桌子，每张桌子两边配有长条椅子，不过同学们大部分都是站着吃饭，很少有坐下吃的。在食堂里有一排排柜子，按照各系各年级排序，专门供学生们放碗筷，这样大家吃饭时就不用来回带餐具了，实际上也给各系分了"定点食堂"，教育系的各年级在北饭厅，我去看过几次，但不在那里吃。我吃的是病号饭，在西西楼一层的病号食堂，即营养灶，学校规定患有肺病或其他重度慢性病等需加强营养的学生到此就餐，比大食堂的稍微精致一点，每月伙食费是14.5元，比普通学生多出2元，由学校按就餐人数统一拨给营养灶。就大学四年的伙食标准来看，经历了"三个阶段"，每况愈下。

我们入学后到1958年9月底，第一年的时间内师大的伙食相当丰富，被大家称为"黄金时期"，我们每月生活费中的12.5元直接拨给食堂，由学校统一办理伙食，食堂供应四菜一汤，两荤两素，每人可以任选两个菜，汤是免费的，随便喝。主食很丰富，包子、花卷、馒头，有时候还有烙饼；为了照顾南方学生的生活习惯，中午还有大米饭；菜的种类也比较多，夏天时令蔬菜大部分都有，冬天以大白菜、萝卜和土豆为主，冬天各个食堂门口都会挂上厚厚的棉帘子，一进食堂，一股热腾腾炖菜的香味就往鼻子里钻，驱散了寒气，戴眼镜的同学马上就"视线模糊"，需要向饭菜"脱镜致敬"。粥一般有棒子面粥、小米粥、大米粥，棒子面粥居多。馒头、米饭随便吃，不限量供应，好多同学都胖了。这时候，开始出现了一些浪费现象，馒头剥皮、饭菜不合口味就倒掉，食堂的泔水桶满满的，还曾经发现过半个或整个馒头。食堂门口开始出现各种"小字报"，批评这种浪费现象，校学生委员会也加强了巡逻，浪费现象有所好转。

1958年10月份，全国各行各业响应号召，开始了"大跃进"，我们的劳动增多，饭量增大，伙食质量却开始下降。四菜一汤还保持着，但质和量大不如前，粥变得很稀，"临粥照影"不是玩笑话，但吃饱是不成问题的。随之社会上大兴公共食堂，吃"不要钱的共产主义饭"，学校里也试行了一段无人售饭制度，学生自己按需取用，享受了一段"共产主义社会"时光。好景不长，三年自然灾害的来临，学校开始了限量供应，公共食堂昙花一现，便销声匿迹了。

1959年到1961年的"三年自然灾害"期间，是伙食最差的时期，不仅质不行，而且量上减到最低限度，同学们开始了"勒紧腰带"过日子。按照男生30斤、女生28.5斤的定量，我们开始计算每日、每顿的饭票用量，"吃饭计划"至关重要。此时，食堂菜的花色单一，我们只能买一个菜，菜里没有什么油水，基本上是白水煮的。当时的价格是一个馒头要二两粮票和三分钱，米饭差不多；菜从五分到四角不等；粥只要粮票，二两一大碗。大家都是二十来岁正当年，正处于能吃的年龄，这些限量供应对大多数同学来讲是不够的，经常处于"饥饿"状态。劳动量增大而油水不足，同学们的饭量大得出奇，同学之间打赌，一个男生居然一口气灌下六碗粥，依旧是面不改色、气定神闲。

我们的课程

我们班1957年入学，处于"反右派"运动末期，算是比较幸运的，比较踏实地上了一年多的课，领略到师大名师的风采。我们的课程有三大块组成，公共必选课涵盖外语、政治、体育等，外语课程可以从英语和俄语中选择其一；专业课和教育实习。按照我们入学时的教学大纲，我们开设主要专业课程有：教育学、教育史、心理学、逻辑学、辩证唯物论、人体解剖生理学、普通心理学、实验心理学、中等教育研究、小学教材教法、教育统计、学校卫生、群众教育研究、教育行政、社会主义思想政治、团队工作等。1958年教育大革命中的"教学改革"，把劳动列入了正式的课程之中，教育史、教育实习等课程被"精简"去，将政治思想课程的时间、比重作了很大提升，全校各个院系大多调整到占总课时量的25%，教育系占到了30%。

教育系的课程，对于我来讲比较轻松，因为我专门学习过俄语，外语课轻松过关，其他公共课在俄院基本都学过了，加上我属于病号，体育免去，一些可以自学的课程亦可免听，只要参加考试就行。在开设的课程中，我最喜欢的有三门课，一门是马特教授讲的"形式逻辑学"；其二是张厚粲先生的"普通心理学"；第三门课是"教育史文选"，是由邱椿、瞿菊农和董渭川3位先生分段上的。

"形式逻辑学"由政教系的知名教授马特主讲。马特教授是全国逻辑界的"三马"之一，参加了毛泽东同志组织的七人中央逻辑小组，毛主席称之为"形式逻辑的第一把交椅"，马特先生知识渊博，出口成章，口才特别棒，循循善诱地将同学们引入逻辑学的殿堂。最让我佩服的，他在课堂上用很通俗的语言给我们讲清一个又一个深奥的哲学问题，主张"浅入浅出"，他常讲："我反对那些虚张声势的语言，哲学问题原本是很朴素、很本质的东西，直白易懂不等于浅显、浅薄。"他的这席话我一直牢记，不管讲课，还是写文章，我都要求自己，不故作高深莫测，要用最通俗易懂的语言去讲明白一个事情。逻辑学是两个学期的课程，因为马特先生应组织安排应邀到国外出访，第二学期换成了林汐老师。

1958年"教育大跃进"时心理学首先受到冲击，当时《儿童心理学》课程一半是在批判中学完的，脑袋里对心理学基本没有什么概念。1960年，在"调整、巩固、充实、提高"方针指导下，学校的教学秩序有所恢复，我们差不多又安心上了半年的课。"普通心理学"就是这个时间开的，计划是彭飞和张厚粲先生共同承担的，彭飞是系主任，事情比较多，只给我们上过几节课，大部分是由张厚粲先生上的。张先生毕业于辅仁大学，师从著名心理学家林传鼎先生，接受了德国正统的实验心理学训练，具有实验心理学和统计学的深厚功底。当时女教员不大多，特别是像张先生这样有家学渊源、优雅的女教员更少，我们都很期待。果然，张先生人很漂亮，口齿伶俐清晰，记忆力又好，讲起课来生动有趣，同学们都很喜欢。但张先生脾气很大，第一节课让同学们印象特别深刻：张先生站在讲台前，三言两语简要介绍后，就拿出一沓卷子发给大家，说要进行一次小测验，对我们的基础知识进行一次摸底。题量不大，30个题目（20个填空10个选择），题目也不算难，都是有关心理学最基础的问题，大家在学习心理学时主要精力用在批判上，对心理学是一知半解，面对卷子都犯了愁。尽管我有"心理学大批判"时打下的底子，也只能回答大半的问题，结果出来，我竟然考了第一名。张先生特别高兴，在上课期间，张先生说我脑子很清晰，心理统计数据做得很规范，我只有苦笑，张先生哪里知道我原本是学会计出身的。张先生一直很喜欢我，等我毕业时进入教育史研究班学习时，她坚持认为我更适合学心理学，过了好久看到我总讲："你底子不错，不学心理学太可惜了。"当时为了培养青年教师，每门课大多设有助教，冯忠良担任"普通心理学"的助教，跟随我们一起听课，他还当过我们一段时间班主任。

"教育史文选"课程授课教师可谓是豪华阵容，邱椿先生是二级教授，学问非常了得，与华东师范大学的孟宪承先生并称为"南孟北邱"；董渭川、瞿菊农先生为三级教授，董先生做过多年山东省立民众教育馆馆长，对民众教育很有研究，是个传奇性的人物[1]；瞿先生32岁时已出版了34本著作，英语特别好。[2]对于这些新中国成立前就赫赫有名的先生，来教我们这些本科生，我们是怀着很敬佩的心情来听课的。我觉得他们学识功底厚重，讲课风格引人入胜，听他们的课简直是一种享受，我非常佩服这些先生，"爱屋及乌"，也特别喜欢这门课，这大概也和我后来选择教育史作为自己一生的事业有很大关系。

此外，教育经济学也印象深刻，一是对任课教师邰爽秋教授传奇人生的好奇；二是我原本学过会计专业，教育经济学课程对我来讲很简单，成绩也比较好，邰先生很喜欢我。

邰先生是南方人（江苏东台），东南大学毕业，1924年获美国芝加哥大学教育硕士学位，1927年获美国哥伦比亚大学教育博士学位。学成归国后先

---

[1]　董先生名淮，当时是副教务长，感觉他总是很忙。董先生1925年毕业于北高师（北师大前身）国文系；青年时期曾担任山东省教育厅督学、山东省立民众教育馆馆长、四川省立南充民众教育馆主任、国立社会教育学院教授等，在社会教育、民众教育方面有丰富的理论和实践经验。在入校之初，就听到了董先生"带着子弹的委任状"的故事，据说是董先生在战时重庆，经常宣传人人要受教育，要进行教育革命、社会革命，并支持参加"反饥饿、反内战、反迫害"运动的学生们，引起当局的不满，在蒋经国1947年5月10日的"随时监视"密电名单上，赫然在列，是属于"如发现有破坏治安等情事，即可权宜处置"的"随时监视"人物。1948年年底，蒋介石开始将部分知名学者分批转移到台湾，董先生收到了附带子弹的飞机票，同时送达的还有由当时国民政府签发的"国立西北师范学院院长、国立北平师范学院训导长"的委任状。

[2]　1956年职称级别评定，全校共评出一级教授6名，分别为陈垣、黎锦熙、黄药眠、钟敬文、傅种孙、武兆发；二级教授16人，教育系的郭一岑、邱椿先生在列；三级教授43人，董渭川、毛礼锐、陈友松、王焕勋、邰爽秋、邵鹤亭、朱智贤、陈景磐、瞿菊农等教育系教授在列。马特也是三级教授。

后任南京中学校长，中央大学、辅仁大学、北师大教授，暨南大学教育系主任，大夏大学（私立）教育学院院长、江苏省立教育学院（培养社会教育、民众教育专门人才的第一所高校）教授、中国民生建设实验院院长、国民政府教育部战时教育委员会委员等职务，1931年曾同教育界人士共同发起"教师节"的倡议，倡议以每年6月6日孔子的诞辰日，作为全国教师的共同节日。邰先生是"廿二运动"的主要倡导人，对民生、民运等问题有特别深刻的体会，为民生教育思潮代表人物，主张民生教育"以发展人民生计的经济活动为脊干，来改进民众生活，扶植社会生存，保障群众生命而达到民族复兴的教育"，在新中国成立前享有盛名。著述有《民生教育》、《教育经费问题》、《教师节与教师幸福问题》、《地方教育行政之理论与实际》、《普及教育问题》等。邰先生英文很好，曾出版了英文版《教育行政测量法》一书。1952年院系调整时，他当时在辅仁大学任教，随同辅仁一起并入北师大教育系，一直工作到他1976年去世。

邰先生人很傲气，属于那种善于演讲之人，讲起课来总是眉飞色舞。他还亲手制作了一辆"文化车"，是利用一个橡胶轮子的手推车改装的，四周有八把小凳子，是伸缩性的，平时可以折叠在车子四周，用的时候可以放下来，车帮便成了桌子；车被装饰成一个小型的流动图书馆，分门别类装有两百本左右书籍，还有幕布，车厢里装有投影仪。这个文化车在学校礼堂"新教具展览会"上展出很长时间，他每天下午三点后都会站在车旁给大家讲解、演示，吸引了校内外好多人前来参观。1958年"反右派"中，因为历史"不够清白"，邰爽秋先生自然被打成了"右派"，"靠边站"了。

"教育大革命"到来前夕，我们的上课方式在逐渐变化，1958年四五月份，我们的《儿童心理学》课刚上了一半左右，"批判"就初露端倪了，《儿童心理学》课堂教学便开始在"批判中行进"。教我们的朱智贤先生是"重点监视对象"，按照上边的说法便是允许他们上课是为了让青年学子更好地认识、批判资产阶级教育思想的，是"戴罪立功"。在我们看来，朱先生新中国成立前就已成名，是大教授，人却很朴实，平易近人，深得同学们尊敬。实际上，最开始批判的氛围并不像后来有些人讲的那样充满火药味，是"敌我矛盾"。我们采取"内外有别"，对外写了好多批判"大字报"，在课堂上对朱先生却是毕恭毕敬，请朱先生来上课，他讲了一段后，同学们上来批判；然后再请朱先生讲，朱先生很幽默，同学们有表达不清楚或表达不上来的地方，朱先生还在下面提示；他还夸奖雷克啸写的批判文章《三昧迷魂汤》的文采不错。我们的批判是在"温和地提出不同意见"（朱先生语）氛围中进行的。

随着"教育大革命"如火如荼的形势，学校教学秩序受到很大的冲击，原来的教育系课程的教学变得不太规范，主要课程陆续受到批判。就北师大来讲，在"教育大革命"中，教育系的课程改革成了"热点"，成了重灾区。从1958年开始，教育系的一些主要课程陆陆续续地遭到批判，心理学首当其冲，朱智贤、张厚粲先生也随之遭殃；1959年，结合批判苏联的修正主义，心理学批判又升级到了修正主义心理学，"殃及池鱼"，教育学受到了牵连，以凯洛夫为代表的苏联教育学是修正主义教育学；教学法被冠以"少差慢费"；教育史更是离奇，没有上课就直接遭到批判①，认为中国教育史和外国教育史合在一起是"封、资、修的大杂烩"。学有所长的教授、专家普遍受到冲击，教育系的老先生们基本都在列，特别有留学背景、新中国成立前为国民政府工作的都被"打入另册"，邵鹤亭先生被定为第四类，不能教书，"奉令"搞资料；陈友松先生由3级降至8级，被认定为"历史反动的极右分子"，分配在教育系资料室工作，还负责管理系里的劳动工具，并不时要写"悔过书"，被迫作"自我批判"。

当时在教育领域内的大批判，一个劲儿就是扣大帽子，全盘否定，是要"打倒，批臭"，这种趋势在"文革"中发展到了极端，几乎没有什么理性

---

① 按照教学计划，中外教育史课程在三年级下学期开设，1958年的"教育大革命"中各个学科搞了一段时间改革，中外教育史被认为问题严重，就暂停了。所以，我们本科阶段没有上过中外教育史的课程。

可讲，学风、文风遭到严重践踏。教育大批判的严重后果是众所周知的，发展到了"否认知识、取消教育"的严重境地。这些在政治上被定性为修正主义代表的课程，批判式上课的模式，没有理论的分析，也没有学理上的论证，这种状况持续到我们本科毕业，上课基本等于批判，"上完一门，批完一门"，基本上学一门，批一门，学完了，也就批没了，没有学到系统的学科知识，荒废了不少时光。

蹭课

我有大量时间蹭课的前提必须要逃教育系的课，当时"逃课"之所以能那么容易"得逞"，不是学校疏于教学管理，和我个人特殊情况有关系。一是我是从俄院转学而来的，已经读了两年大学，公共课我大多修完，到师大来就轻松了不少；二是我身体原因，教育系的一些课程、劳动和一些政治运动可以免除的；三是我住在病号隔离区，各个系的学生都有，有不少"内部消息"。当时不知道是什么原因，据医生推测是长期营养不良加上过于劳累，患肺结核的学生挺多，我的病友中几乎囊括了各个系的学生。如我同宿舍的三位室友，两个是中文系的，一个是历史系的，平日里，总能听到他们对自己系里老师的评价。当时好多老先生还在，他们各具风格的"上课传奇"对我形成了很大诱惑。我便乘机"钻了这个空子"，到中文系、历史系去"蹭课"，偶尔也到哲学系。和他们系同学的熟悉程度不亚于我们教育系的，当时和中文系的"四大才子"和历史系的"六大金刚"都有所交流，中文系毕业的许嘉璐、柳斌；还有历史系的瞿林东等，上学时已经很熟悉了。

旁听的课程，以语言文学和历史文献的基础课为主，《文字音韵与训诂》、《前秦文学选》、《中国通史》、《历史文献学》等，还有《哲学史》、《西方哲学》等，都比较系统地"偷听"过，还听过一段时间《经济史》，钟敬文、白寿彝、陆宗达、陶大镛、黄药眠、郭预衡等先生都是在那个时候认识的。钟先生的民间文学讲得很有意思，更让我佩服的是，他能从一个民间故事背后找到蕴涵的民族信仰，让我真切体会到"微言大义"；白先生的通史课穿插了很多历史故事，这种"寓论断于叙事"的本领的确高超；听陆先生讲《孟子》，有点余音绕梁的感觉。

黄先生人很谦和，听他一学期课下来，我们成了忘年交，他特许我随时可以到家里找他。我到黄先生家里去过好几次，向他请教宋代文选及古汉语的知识，每次都热情接待我们，不仅耐心解答，还饶有兴趣地问我"你们学的《教育文选》都选了哪些，你们的先生怎么讲的"，很平等地跟我进行讨论。想想那时候自己胆子真的很大，不仅在课堂上公然蹭课，还敢在课下去叨扰这些先生。当时，他们已是名气很大的教授，我只是一个小本科生，还不是学中文的，这种"厚待后生小子"态度让我很感动。毕业后一直和黄先生保持着联系，后来我到文科学报工作后，因为约稿等工作联系得更多了，1987年夏天，我去他家拿稿子，他还主动给我写了幅字，我至今珍藏。

郭预衡先生也是我时常请教的老师。郭先生当时还是助教，年轻教师，对我这个"蹭课"很是友好，讲有问题可以随时找他询问，教学相长嘛，他说很欢迎我这个教育系的学生来旁听他的课，说这对他的教学也是一个鼓励。郭先生知道我喜欢毛笔字，挥毫给我写了幅字，还称我为"炳照先生"，实在是"不敢当"，他是我的老师啊。

印象最深的是蹭历史系侯外庐先生的课。老先生的课讲得有点深奥，课外需要查阅大量辅助资料，最初选课的学生有20多个人，到了最后，坚持下来的只有3个，偶尔一次，侯先生和我聊天，才发现每次课都特别认真的学生居然是旁听生，他望着我哈哈大笑。后来上课居然屡屡关照我，问我是否能赶上进度，对一些历史事件的看法，先生的这种平易近人的态度和宽容，让我受宠若惊。等我自己做了老师，对于旁听的学生，总是格外宽容，对于他们在课间问这样那样的问题，我总是不厌其烦、耐心作答。有些青年教师很不解，我总是笑笑，这里面蕴涵一种情结，我能做的，只是将它传递下去而已。

由于没和我们班的同学住在一起，所以我偷听外系课程的事情也得以隐瞒，大多数同学并不知道，他们一直很奇怪，王炳照是从俄院转来的，怎么会对中文和历史的知识了解得那么多，毕业后大家陆续知道，才解开了心中的疑团。我常常想，古人讲"塞翁失马，焉知非福"，有着一种朴素的睿智和豁达，就我本人来讲，我是因病得福，病号隔离区简直是个"世外桃源"，在那么一个纷乱的政治运动时期，给了我一个安静读书、接触大师的机会，这段"蹭课"为我打下了比较扎实的中文、历史的底子，对我后来研究中国教育史有很大帮助。

学习中国教育史，我一直强调要有宽厚的知识背景，我认为，中国教育史的研究生最好有过中文系或历史系的学科背景，特别是历史系，有一套严格的学术训练系统，经过这样的训练，再来学习、研究中国教育史，视野就会宽广很多，查找资料的办法、思考问题的角度都会有提升。这么多年，历史系每年都会送几本研究生毕业论文给我评审，或应邀参加他们的论文答辩，这种感觉更加强烈，感觉他们的学生寻找、甄选资料的本领、特别是档案资料、方志资料的运用很值得我们学习。我的研究生中，有不少是中文系或历史系学习背景的，如施克灿、郑国民等是学中文的，宋大川、徐勇、汪光华等是历史系的，我建议周慧梅到历史学院的博士后流动站待了两年，我希望他们都接受一点历史学科的学术训练，这是我这么多年来的一点心得体会。

教育大跃进

从1958年到1960年，我们将近四分之三的大学时光，就是在"教育革命"中度过的，中央的各种指示、要求迅速在学校得到贯彻执行，我们的学习生活随之发生了很大的变化，我常常开玩笑讲，我们通通被绑上了"时代战车"，和祖国母亲的忧患"同呼吸，共命运"了。

"大跃进"最初给我们的感觉，是和大字报、大辩论联系在一起的。在

3月初，中共中央发出《关于开展反浪费反保守运动的指示》，要求各地必须放手发动群众，采用大鸣、大放、大字报、大辩论，以及开现场会和展览会等多种形式，揭露和批判浪费、保守的现象和它的危害性，形成一个反浪费、反保守的"双反运动"高潮。这个指示具体到学校，就是要以"两反、两比"（反浪费、反保守，比多快好省、比先进）促进思想革命，以提高师生的政治思想觉悟，推动教育的改革和发展。为了推动"双反"运动的深入开展，使全校师生在运动中得到更深刻的教育，杜绝浪费根源，校工会和总务处举办了全校性的"反浪费展览会"，披露师大的积压浪费现象。学校还制定了"三勤方针"（勤俭办学、勤俭生产和勤工俭学），将原先的"体力劳动办公室"更名为"生产办公室"，由校党委副书记黄彦平担任主任，确保"三勤方针"的贯彻执行。3月初，学校在北饭厅召开全校师生大会，校党委书记刘墉如作了大会动员，他讲，就北师大来讲，这次整改就是要此来促进教学改革，使北师大成为真正的社会主义大学，在短期内培养又红又专的人才。在运动中，学校响应号召，鼓励学生大鸣、大放，贴大字报，会后，学校掀起了"大字报"的高潮，不到一周的时间，据说贴出了17万张之多，北饭厅的墙上是一层又一层。当时，不只是北师大，各个高校都是这样，清华大学尤为突出。我的毛笔字比较好，和班里其他几个同学一起，专门负责写大字报。

　　对学校领导、各个部处机关干部进行"揭三风"（主观主义、官僚主义和宗派主义）、"打五气"（官气、暮气、阔气、骄气、娇气）。对于这些政治任务，我们学生参与得比较少。这段时间，班级多次组织政治学习，学习文件、领会指示精神，从报纸上找出典型例子，写大字报，搞一些大辩论，实际上，那时候大家觉悟都很高，谈不上什么大辩论，基本上是表决心而已。后来，有同学在北饭厅泔水桶里发现馒头，针对这个事件，铺天盖地的大字报、小字报"万炮齐轰"。我们班还成立了专门的反浪费监督小组，严厉督察同学们的浪费现象。但大家大多"一穷二白"，想浪费也没有那个条件啊。有一天，有同学检举陈汉才买了条新床单[1]，陈汉才马上被列为"浪费典型"，还被勒令在团小组会上了作了深刻检讨。

"反浪费"的批判还延伸到教师队伍中，数学系的王世强（当时还是讲师，在模糊数学方面颇有建树，他是系主任傅仲孙"钦点"留校的，对模糊数学很有研究，被称为数学系的"五大金刚"之一）被列为了"浪费"代表，证据很确凿。他在课外组织的数学兴趣班有10个学生，其中7个被打成"右派学生"，王世强被列为"反浪费"的重点打击对象，遭到大批判。后来我在临汾分校干活时，他被下放到此地放羊，慢慢熟悉起来，我还专门和他聊起这个事情，他呵呵笑着，说70%的概率太高了，绝对属于"教育浪费"典型代表，批就批吧，没有什么怨言。[2]前几年，我在校园里偶尔遇到王世强教授（他已80多岁的高龄，但依然头脑清晰、语言风趣，还在网上经常写一些打油诗，号称"王打水"），他得知我正在主编师大的《百年校史》，还饶有兴趣和我聊这段往事，说他的那7个"右派学生"中，后来有4位成了大学教授，怎么说他浪费呢？应该给他平反，他现在最爱写打油诗，自娱也娱人。

在"双反"的运动中，还掀起了"思想大跃进"的高潮，以"兴无产阶级思想，灭资产阶级思想"、"开展教学工作中的两条路线斗争"为主导思想，发动全校师生开展整风运动，"引火烧身，向党交心"，动员大家主动向党说出自己思想中的"阴暗面"，批判与自我批判相结合，进行思想自我改造。在"向党交心"期间，学校还专门请来老红军吴运铎在北饭厅作大会报告，和同学们一起谈交心。

根据学校指示，全班同学都被发动起来，展开了漫谈与讨论会，"个个

---

① 他和我的情况差不多，家在农村，全靠国家补助得以读书，他拿的是一等助学金，当时在人们的观念中，对于这等贫困学生，除去买笔、毛巾、牙粉、牙膏等必需品之外，买其他东西都被视为浪费现象。

② "文革"中，王世强也很是逍遥自在，反正也干不了什么正事，就常常背个破麻袋，里面装着工资、日常品、衣服等全部家当，利用火车不要票的机会，天南地北周游了好多地方。据说有一次，在广州火车站大厅地上睡觉，小偷将他的麻袋偷走，打开发现有好多钱，吓坏了，就跑到公安局去自首，说可能遇到了一个"潜伏在大陆的特务"。公安局赶来时，他还在地上睡大觉，根本不知道麻袋丢失，折腾好半天，才弄明白他原来是大学教师。

要学习文件，批判反省”，坚定自我革命的决心，“认真革自己的命，把自己身上的缺点和错误彻底烧掉”，“提高自己”。在活动中，除本人自我批判、引火烧身外，同学之间也展开了揭发和批判。不少教师、同学贴出了相互交心的大字报，以求互相帮助，共同进步，“兴无灭资”。4月下旬，学校要求每个同学写出个人思想总结，不仅要总结自己在思想上和立场上暴露和存在的主要问题，对这些问题进行系统分析批判，而且还要订出自己的努力方向，订出“红专计划”。6月份，学校展开了大辩论并进行教学大整改，“引火烧身，向党交心”的群众运动结束。

在“教育革命”中，我们还被动员起来，积极参加北京近郊附近的扫盲运动，在门头沟附近农村，白天义务劳动，晚上办夜校，教附近农民识字。我们班的朱开云、顾延蕃等人在高等教育司帮忙，随同高教司的工作人员，办起了脱产班，积极参加扫盲运动。

班里摆满劳动工具

“教育大跃进”之初，我们的劳动还不是特别多的时候，劳动工具是由系里统一保管的，仓库就在教育楼一层东头最后一间，一段时间好像是陈友松先生给我们派发工具，负责保管。每次接到劳动任务后，班上会派几名同学，到系里去领工具，结束后再还回去。

“教育大跃进”首先要解决的是“教育与生产劳动相结合”的问题，对于这一点，我作为一个农家子弟，是有切身体会的。新中国成立以来，党和国家的教育方针非常重视学生的劳动教育，随着“教育向工农子弟开门”的政策的深入，高校学生中工农子弟的比例有不少提高。由于“万般皆下品，唯有读书高”传统思想的影响，人们轻视劳动、轻视劳动人民的思想一时还难以完全清除，学生不愿意参加体力劳动的现象还比较普遍，城里的中学毕业生不愿意到农村劳动，进城读几年书的农家子弟也不愿意再回乡，城里劳动就业压力很大。针对这种情况，1958年的"教育大跃进"对"教劳结合"问题非常重视，当做一场对旧教育制度的革命来看待。"教育大跃进"开始之初，师生们参加的主要还是公益性劳动，劳动的时间和强度还是有限度的。但随着康生视察部分省、视察北师大发表谈话之后，学校掀起了办厂办学的高潮。从1958年5月到9月，仅仅4个月的时间，全校各系师生办起了60多个工厂、车间，有化肥厂、化工厂、造纸厂、耐火砖厂、硫酸厂、教具厂，

我们班办了玻璃丝厂，学前教育班办了玩具厂。我们班还专门请了师傅，实行两班倒，玻璃丝厂夜晚也生产，销路却不理想。

1958年6月初，师大实验小学教学楼破土动工，在年级学生干部的争取下，我们年级（我们班和学前教育班）获得了"帮助修建教学楼"的光荣任务。整整三个月的时间，一下课我们就直奔工地，搬砖、提灰兜、和泥……当时正值

实验小学工地劳动

炎夏，在大太阳下面干活，大汗淋漓、挥汗如雨，一通活干下来，大家都像是从水里捞出来的"水鸭子"一样。与正式的建筑工人相比，我们的工具自然因陋就简，如灰兜就是我们自己用装水泥的袋子改修的，最有趣的是同学们脑袋上的各式"帽子"，印象中最初说每个同学都有一个安全帽，实际上到工地后，不知是安全帽不够还是大家戴上嫌热，没有几个同学戴那个玩意儿，而是戴着通过各种渠道弄来破草帽，还有旧毛巾（沾湿搭在脑袋上，起到降温避暑的功效），爱美的女生用花手绢顶在头上。我每天提个大水壶，负责给同学们送热水。每天工地劳动下来都是灰头土脸，但大家情绪很高，有着一股"我们是共产主义接班人"的主人翁精神和自豪感。毕业后，我们

班的尤素湘分配到实验小学工作，每次大家聚会，她总是说看到教学楼就能想起我们班当时劳动时的火热场面。

1958年后，随着国家的大力提倡，我们劳动任务开始制度化、日常化，劳动工具就变成了和我们的"纸、笔"一样，需要随用随有。再采取以前的方式，不仅借还比较麻烦，还可能耽误工夫。系里就给每班拨了一些工具，让同学们自己保管。最开始，大家还把工具放在宿舍里，但发现用时还得去宿舍去取，比较麻烦还耽误工夫，就索性将工具带到教室，放在教室后面，下课后直接进菜地或工地劳动。逐渐的，教室后面堆满了各式各样的劳动工具，有铁锹、锄头，有装土、捡粪的箩筐，有挑重物用的扁担，还有大扫帚、灰斗、挑粪的大桶……一应俱全。刚开始，一进教室感觉怪怪的，有点不习惯，后来班班如此，大家也就慢慢接受了，现在回想起来，还觉得不可思议，我们的大学课堂居然可以是这个模样。

布娃娃送给毛主席

同年级的学前教育班的"儿童玩具厂"，她们生产的布娃娃还送给了中央领导人，送给了毛主席，得到全校表彰，享誉全国。学前教育班女生很多，她们便按照专业特色，办起了儿童玩具厂，厂长是四年级的胡笔军（她参加过抗美援朝，是战场归来的调干生，做事很积极）。"儿童玩具厂"最开始也没有什么影响，和我们众多的"班级工厂"差不多，但自从1958年10月8日受到毛主席接见后，声名大振。主席听说是北师大学生自己办的工厂生产的布娃娃，很是高兴，不仅愉快地收下布娃娃，还和她们一起合影留念，她们送布娃娃给毛主席的那张照片在全国流传很广。

据说，能得到毛主席接见是因为北师大班级工厂办得好，办得出色，走在全国高校的前列，当时报纸也称其为"教劳结合"的典范。实际上，前期还是下了不小的工夫，据说当时校党委副书记浦安修和教育系党支部书记于

照片说明：毛主席手中拿的便是玩具厂的献礼，主席右侧的是胡笔军；留着乌黑大辫子的女生是叶挺元帅的女儿叶剑眉

陆琳起到了关键作用，于陆琳是陈云夫人于若木的妹妹，事先打听到国家领导人都在人民大会堂开会，期间会在一个小会议室休息十分钟。她们通过有关工作人员，利用这个间隙向毛主席献礼。经过仔细斟酌，系领导挑选了胡笔军和叶剑眉，和当时团总支书记杨之岭一起，学校特地用专用小轿车把她们送到了中南海，在会议室旁边等待。据她们回来讲，当时很有名的年轻女记者侯波同志接待了她们，用桌上茶壶、茶杯摆成队形，告诉她们主席从哪边来，应该如何迎上去的细节，还主动提出给她们多拍几张照片，让她们带回学校给同学们看看。等毛主席向会议室走的时候，在侯波记者的暗示下，她们便上前将布娃娃献给了毛主席。朱老总和周总理都认识剑眉同学，笑着对主席讲，"大娃娃来送小娃娃了"。毛主席听取了北师大办工厂的汇报，并接收了献礼——两个布娃娃。毛主席边听边点头，肯定和赞扬她们的热情

和成绩，连连说："好同志！"毛主席还关切地询问了叶剑眉的生活情况及家庭其他成员的现状，鼓励她要弘扬父亲的坚定勇敢的精神，好好学习，献身人民的教育事业。

当时有不少国家领导人的孩子在师大读书、工作，如毛泽东的女儿在数学系读书，朱德的女儿在外语系工作，陈云的女儿在历史系学习等，好像学校也没有对她们有什么特殊照顾；她们也很自律，和普通人家的孩子一样上课、学习和工作，没有什么特殊的要求。"文革"时期，有人叫嚣"师范大学迫害主席的女儿"，起因是李敏身体不大好，落下了一些功课，错过了一些考试，按照规定，数学系要求李敏重修、补考。有关部门很是重视，火速到师大来调查、整理材料，学校很是紧张一阵，但后来却是"雷声大，雨点小"，听说是毛主席听了汇报，淡然一笑，"学生还是要学习的嘛"，这件事也就不了了之了。

《窝窝头歌》

在修十三陵水库时，北京市的大、中专院校的学生都被动员起来，协助工人师傅们干体力活，北师大积极响应政府号召，学校专门召开了"北京师范大学支援修建十三陵水库指战员誓师大会"，动员3500余名师生，组成了劳动大军，参加修建十三陵水库的义务劳动。以军事编制，组成了李大钊战斗团、方志敏战斗团等，下分排、班。我们班属于李大钊团第三排保尔班，主要任务是挑土方，沿着长长的舢板，将土方从库底挑到上面去，那时候的女孩子特别能干，她们和男生一样，挑了两大筐土，一咬牙，屏着气就走上晃晃悠悠的舢板，一百多米高，很是了得。我和另外两个同学一组，做后勤保障工作，负责送水送饭。白天劳动一天，有时候还会有挑灯夜战。"白天人海一片，晚上灯海一片"，白天黑夜，到处红旗招展。政治总结会放在收工后开。

在修建水库期间，每班每天都有固定的土方数，有时还要进行劳动竞赛，尘土飞扬，劳动量很大，每天特别辛苦，吃的是窝窝头就咸菜，喝的是白开水，为了补充大量出汗流失的盐分，不少同学将咸菜节省下来，泡在水里，充作盐水，条件很艰苦，但同学们始终斗志昂扬，精神很饱满，班上的文艺骨干组成了"临时宣传队"，自编自演，休息时表演给大家看，鼓舞干劲，李汉珍的快板、雷克啸的"活报剧"总能赢得大家的喝彩；我最擅长给大家讲冷笑话，从头至尾，我都能保持不笑，结果每次他们都笑得前俯后仰；郑欣春、尤素湘、刘秋梅、李汉珍等还专门编写了"窝窝头歌"，并谱了曲，教给大家唱，全班同学都学会了。每当我和另外两个"火头军"挑着两大筐窝窝头来工地开饭，大家不由就会唱起《窝窝头歌》，一片欢声笑语。

窝窝头歌

6 <u>61</u> 2 2！<u>32</u> <u>35</u> 2 － ！<u>56</u> <u>53</u> <u>23</u> 5！

1) 窝窝头呀，窝窝头，过去我见了你就发愁，

2) 自从来到工地上，我和窝窝头交了朋友，

3) 窝窝头呀，窝窝头，吃饱了窝头干劲足，

4) 一边吃来一边想，劳动能够改造思想，

(结束段) 自从来到工地上，我和窝窝头交了朋友，

<u>11</u> <u>61</u> 2！6 <u>61</u> 2 2！5 <u>66</u> <u>55</u>！<u>66</u>
<u>6</u> 1 <u>56</u> <u>53</u>！2 <u>21</u> 2 － ！！

医生说你营养小呀，我说他是瞎研究，瞎研究；

吃到嘴里香又甜啊，三个五个吃不够，吃不够；

干起活来赛猛虎呀，我和窝头情谊厚，情谊厚。

不是窝头没营养呀，原来是我思想有故障，有故障。

吃到嘴里香又甜呀，三个五个吃不够，吃不够。

2007年9月，我们班入学50周年聚会，来了30多名老同学。好多同学已是多年未见，早已是"青丝换白发"，回忆起往日的峥嵘岁月，大家对那段"挑窝窝头（筐里的土装得尖尖的，看起来像窝窝头的样子），吃窝窝头，唱窝窝头"的岁月记忆尤深，情有独钟，不知道是谁的提议，大家一起唱起了《窝窝头歌》，在歌声中，我们仿佛穿越岁月，又回到了那段火热的青春时代。

我班的"大炼钢铁"

"工业大跃进"主要是"以钢为纲"，提出要"全民动员，大炼钢铁，为年产一千零七十万吨钢而奋斗"，我们也被卷入这场"全民动员"中。师大校门口的突出标志——两个黝黑锃亮的大铁狮子也遭遇了灭顶之灾，被拉走"大炼了钢铁"。我们以年级为单位，在风雨操场（北操场）砌起了土高炉，开始大炼钢铁，为国家钢铁年产一千零七十万吨 "添砖加瓦"。 说来好笑，炼钢需要的原料、燃料和技术统统由同学们自己负责。1958年当年石景山钢铁厂（首钢前身）才建起侧吹转炉，结束了有铁无钢的历史，而那些废弃的钢渣就成了我们"炼钢"的原材料。石景山钢铁厂离学校有十几里，所以拉钢渣的事情由男生承担，我也曾跟着去了两次。一组3~4人，一辆平板车，带上馒头和咸菜，还有两根香肠（这是系里专门发的，平时吃不上），大家轮流拉车，不拉车的同学就坐在车上，以便节省体力。到了钢厂，可能是遍地都设土高炉的原因，拉钢渣的人特别多，通常要排队小半天，返程大多是半下午了，到校基本上天已经黑了。尽管大家激情很高，还到处收集铁锅、铁铲，甚至连老百姓家的铁门锁都聚拢来了，专门就提高炉温请教过钢厂的师傅，但限于条件，最后只炼出了几个半生不熟的大铁疙瘩，加上又有新的运动"鸣场开锣"，大炼钢铁便草草收场。其他班级的情况也大体如此，好像都未达到"预期目标"。

红专大辩论

1957年2月27日，毛泽东在最高国务会议上作了题为《关于正确处理人民内部矛盾的问题》讲话，提出了"我们的教育方针，应该使教育者在德育、智育、体育几个方面都得到发展，成为有社会主义觉悟的有文化的劳动者"。在"教育大革命"中，学校的大辩论主要围绕毛主席提出的教育方针而展开的，大家从"教育与生产劳动"的关系自然就发展到了"红专大辩论"。

在讨论"教育和生活劳动相结合"过程中，对教育如何与生产劳动相结合、劳动究竟该排第几位、参加体力劳动是不是知识分子改造的必由之路，文科学生每年劳动四到六个月是否必要，等等，在讨论中，红和专被作为教育和生产劳动的对等概念，纠结在一起。大家就什么是"红"、什么是"专"、"红和专"的辩证关系、先后顺序等方面展开了激烈的辩论。在这场辩论中，把政治与业务作为两极对立起来，将勤奋学习、业务精深，说成是"白专道理"，提出要"拔白旗，插红旗"，大造"只专不红危险"、"只红不专保险"的怪论，批判的焦点集中在个人主义、名利思想以及"中游"思想。

在"红专辩论"中，我被列入"变质"之列，确切罪证是我的一席言论。我在一次班级生活会上，讨论上课和劳动关系时，我说过"上学就是学习知识文化，早知道有这么多劳动，我还不如在家做农民呢"。实际上，这也怪不得那些私下记"小账"的人，在后来核实这句话时，我还是原封不动地表述了我的观点，坐实了我的"资产阶级言论"；加上我专业学得比较好，喜欢到图书馆看书，他们便认定我有追求资产阶级"白专"道路的倾向，被列为"拔白旗，插红旗"运动中不点名的批判对象。

伴随着"教育革命"大辩论，按照中央的《学术批判是自我革命》的号召，①学校开始了"拔白旗，插红旗"学术领域大批判，一些学科和师生被当做了"白旗"来批判，心理学学科首先遭到批判。

心理学大批判

心理学大批判最早是从北师大开始的。"教育大跃进"中，对教师们的思想教育改造，不同于学生，是结合学科领域的大批判进行的，教育学科中最先受到冲击的是心理学，"拔白旗、插红旗"运动首先在心理学领域进行。有人说数年来，公共必修课——心理学的教学，走的是一条白色的资产阶级的道路，不但没有为社会主义建设服务，反而在青年学生中散布了许多毒素，为右派分子向党进攻、为落后分子拒绝思想改造提供了思想依据，所以，当务之急，是批判心理学教学中的资产阶级方向，要在心理学领域率先"拔白旗，插红旗"。8月上旬，在系党总书记于陆琳的主持下，教育系师生连日召开大会，批判心理学教学中的资产阶级方向，在此基础上还出版了《心理学批判集》，一度曾作为教学参考资料使用。8月14日，学校党委邀请了京津地区有关高校和科研机关的心理学教师、研究人员，就心理学领域内的两条道路斗争问题进行了座谈。经过激烈讨论，这样的观点占了上风：心理学教学的资产阶级方向主要表现在三个方面，一是以心理分析代替阶级分析；二是排除阶级社会对人的心理影响，极力从生物学的观点说明人的心理现象；三是宣扬了许多资产阶级观点和庸俗趣味的东西。校党委书记刘墉如在会上作了总结发言，提出要分"两步走"，第一步是通过大鸣大放、大破大立、先破后立，揭露出问题；第二步把揭露批判的材料加以分析整理，从而建立起唯物的、辩证的、用阶级分析的马克思主义心理学。次日，《光明

---

① 1958年8月30日，《人民日报》社论文章。

日报》大幅报道了座谈会情况，并专门发了《拔掉资产阶级教育学科中的一面白旗》的社论文章。此后，各地师范院校及综合性大学中的心理学专业相继开展了对心理学的批判，批判范围由北师大扩展到全国，形成了波及全国范围内的"心理学批判"运动。

1958年下学期，系里专门组织学生参与心理学批判中，我作为"笔杆子"被编入批判小组，每天写大字报、批判稿。为了完成任务，我不仅需要熟悉"心理学大批判"各派的文章，还需要去查找、阅读相关的心理学书籍。对于我来讲，这段时间是一个不错的读书机会。

在"心理学批判"中，心理学成为了"伪科学"，朱智贤、彭飞、张厚粲、章志光、孙昌龄等老师受到了批判，被当做"拔白旗"的对象。对"心理学教学中的资产阶级方向"的大批判，使心理学的研究和教学长期受到冷落，造成了严重的不良后果。

我的思想改造

我们1957年入学，当时很强调学生的政治表现，班里调干生、党员多，班里的党小组、团支部的活动很积极。随着1958年"教育革命"的深入，师大成为北京市教育大革命试点单位，陆定一、康生、杨秀峰、程今吾等被学校聘请为教授，特别是康生，经常到学校来视察工作。在这次运动中，师大是属于比较"左"的，教育系的"左"的倾向在学校各系排名中比较靠前，系里分为两派，斗争比较激烈。在这种情况下，我们班里的政治氛围可以想象，日常性的政治生活有两块组成，一是频繁的政治学习，经常三更半夜地去游行，敲锣打鼓地欢呼新的"最高指示"；一是班级批判会，随着政治运动的进展，不断有同学被"对号入座"、"上纲上线"，以不同的名目遭到批判。我出身贫农，受到"不点名批判"的优待，"只批具体的事情不点名字"。

当时批判还有着一套比较固定的程序："先交心，再梳辫子，然后批判"，对点名的同学要"批透，批臭"，由于每次都是"有的放矢"，被批判的同学常常是莫口难辩，造成了很大的思想压力，特别是那些"出身不好"的同学。由于我的"驻外大使"身份，而且看到我受到批判后"旁若无事"的样子，他们都愿意和我聊聊，讨教我"解压"的方法，保持心态好的绝招。我常说，我们自己觉得自己没有做错就行了，我认为上大学就是要来学知识的，不是瞎折腾的，最坏的就是把我们开除，到农村后还不是和现在一样劳动嘛，把眼前的事情做好，想那么多干吗？他们往往会被我这"今朝有酒今朝醉，明日愁来明日忧"的说辞打动，哈哈一笑中，压力倒也释去不少。

到了"教育大跃进"时就不那么轻松了，我也进入了"被批判行列"。"教育大跃进"一开始就非常重视对知识分子和青年学生的思想改造，在运动中，开展批判资产阶级个人主义，把师生中认真学习、钻研业务、撰写文章著述等都认定为"追求个人名利"，甚至将一些生活小节（如穿戴整洁）、谈恋爱以及个人兴趣爱好，都说成是资产阶级个人主义，大加批判，提出"批臭资产阶级个人主义"，"埋葬资产阶级个人主义"。我从来没有想过，我的思想改造竟然是从穿戴开始的。

我的穿戴为我招致了"三大罪过"。第一是一件衬衣惹的祸，1957年国庆节，我仅有的一件衬衣补了又补，实在难以支撑了，我捏着好几个月积攒下来的四块钱到东单商场，下定决心买一件衬衣。鬼使神差地，我一眼看中了一件墨绿色府绸衬衣，营业员说这件衣服比棉的"经洗、耐穿"，不仅不皱，还容易晾干，这对于只能"晚上洗白天穿"的我来讲，是个很大的诱惑，价钱是三块八毛七，比普通的棉衬衣贵了一些，不过还没有超过我的预算范围，就"一咬牙，一跺脚，一狠心"买下了。差不多穿了一年也没有什么动静，到了1958年"教育大革命"时就出了问题，我皮肤白，个子又高，那件墨绿色府绸衬衣穿在身上格外引人注目，被当做了追求资产阶级方式的典型罪证。第二是裤线问题，说我每天都是裤线笔直，不像其他同学皱皱巴巴或卷得高高吊起，没有农家子弟的做派。实际上我只有一条裤子，因为在俄语学院养成的习惯，每晚睡觉前总是将裤子抚平、叠好，然后压在枕头下，并没有什么专门的熨烫，但解释了也没人听。第三大罪过也和裤子有关，是补丁问题，当时以"艰苦朴素"为时尚，甚至买来新裤子就先在不经磨的地方打上几个补丁，而且不讲补丁、针线颜色，有的同学为了补丁显眼，甚至用黑色补丁来补在浅色裤子上。我全年只有两条裤子，自然是补丁累累，但在补裤子的时候，我总是尽可能找颜色相近的碎布来补，针线颜色也选相应的，做得尽可能细密一些、平整一些，从远处看不出补丁，感觉这样美观一些。在运动中，这些都犯了忌，认为我是在追求资产阶级生活方式。

在这种情况下，他们开始怀疑我的家庭出身，班里甚至悄悄地专门派人到我的老家调查，"三代贫农"、"根正苗红"准确无误后，他们便一致认为，我是被资产阶级生活方式所腐蚀，变质了，但还是属于可以教育好的一类，便采取"不公开批判，私下教育"的方式，发给我一本《刘三改浪子回头记》①，让好好学习。好长一段时间，我都弄不明白为什么反复让我学习"刘三改"，到后来才知道我原来有这么多"罪过在身"。

对抗饥饿

随着劳动强度的增加，大家的饭量也随之增大，但学校的伙食供应却是"每况愈下"，大多数同学经历着"饥饿煎熬"，大家开始为吃饱肚子开动脑筋。比如去食堂时间要把握好，有早去和晚去两个技巧。去得早一点，可能会抢上"大锅烩"（就是将头天卖剩下的馒头、菜和汤烩在一起，半两粮票一碗，比较充饥），但"大锅烩"有限量，每人只允许买一碗；而且量不

---

① 刘三改原本是个雇农，靠给地主种地为生，"打土豪分田地"后，他分到了土地，因为耕种经验丰富、经营有方，很快就有了一些积蓄，他就用这些钱买了邻近的土地，自己做起了地主；经过党组织的批评教育，刘三改认识到自己的错误，不仅将土地无偿还给那些农户，还现身说法，号召其他翻身农民要响应党的号召。

稳定，根据头天剩余多少而起伏。还有晚去的技巧，临近食堂收摊时才去，这样师傅可能打得多一点，最重要的是粥，此时盛粥的大锅大多快见底了，下面会沉下一些比较稠的，运气好的话，被泡得胀胀的、松松软软的米粒就这么一颗颗挨在一起，几乎可以稠到没有汤水的程度，这样用一两粮票买一大碗，就比较划算，感觉占了莫大的便宜。但这种做法有时是要冒风险的，一是时间不可能拿捏得那么准确，去得太晚可能什么吃的都没有了；一是打这种算盘的同学太多，有时甚至会"人满为患"，结果不但便宜没占到，还吃的是凉粥凉饭。

为了对付每天晚上"饿得睡不着"，我班有个男生发明了"盐水疗饥"方法（就是找机会悄悄在食堂搞点盐，临睡前冲一大碗盐水，聊以充饥），据说效果不错，还在同学们中推广了好大一阵子。1961年上半年有所好转，菜里油水多了，粥也开始稠了些，这时我们正忙于毕业，印象中依旧是"吃不大饱"的样子。

在同学们苦于应付"饥饿"之时，我却是"因祸得福"，因为身体原因，我四年时间一直在"享受"病号饭，病号食堂相对好一点，而且我吃得很少，不仅没有挨饿的感觉，每个月底还有3～4斤的节余，成为同学们"羡慕"的对象。好长一段时间，每到月底，同学们找我的特别多，那点节余可是派上了大用场，周转流通，缓解了不少"缺粮户"、"断炊者"的"燃眉之急"。在困难时期，疾病也可以成为一项好处，想想真是可笑。

自力更生

高校粮食的限量供应和各种物品供应票的匮乏，逼得我们大家不得不发扬"南泥湾精神"，自力更生，为"丰衣足食"努力奋斗。当时教育系有将近10亩的菜地，我们班大概分到了七八分地，班级劳动搞得"很有声势"，教室后面摆满了铁锹、锄头、粪筐等劳动工具，不少同学就是卷着裤腿、带着泥巴来上课，下课后直接去参加劳动。

在"缺粮挨饿"的状态下，我们班的菜地收成变得"至关重要"。菜地的收成大部分交给学校食堂外，我们可以自己留下少部分自用。于是夏天就多种西红柿、黄瓜、豆角之类，希望能有"充饥"的替代品。为了有个好收成，我们班还成立了拾粪组，负责班级菜地的肥料问题，我身体不适合干重体力活，便被分到拾粪组，专司"马粪"收集工作。

当时进出城路上，有好多大马车在来回穿梭，现在偶尔还可以在三环内看到农民赶着这样的车子卖瓜果蔬菜。我们所要做的，就是跟在这些车子的后面"捡粪"。由于各个班都有试验田，肥料成了"紧俏货"，"捡粪大军"越来越多。为了捡到足够多的粪，我们不得不起得更早，走得更远。发展到后来，我们还发明了"提前预订"的招数，看到赶大车的就马上寒暄，打听拉车的马早上有没有拉过粪便，得到肯定回答就信心百倍地跟在马车后面，有时候赶上空车、碰巧赶车的又是好脾气，我们还能坐上马车等 "马粪"，"十有六七"能如愿以偿，但也有跟了好久没有收获，等筋疲力尽地停下来后，却远远看到马儿"有所动作"，再想跑过去却已经没有力气，只好眼睁睁看着那堆"宝贝"进入其他人的粪筐，喟然长叹，颇有杜甫笔下《茅屋为秋风所破歌》中的感受，"口干舌燥呼不得"。一段时间后，小组里有一个成员竟然留下"捡粪"后遗症，不管出去干什么，只要在路上看到一堆马粪，马上就双目放光，情不自禁停下来，找来小棍，在粪便四周画上一个圈，以示"有主儿"了。这个毛病惹了不少笑话，过了好长时间他才纠正过来。

大路上能捡到的粪远远不够，菜地的肥料来源大多还是靠"偷"得来。同学们去玻璃丝厂上夜班时，在夜幕的掩护下，拉着大粪车到北太平庄附近生产队的囤肥处去偷，再趁着夜色浇在菜地里，由于天黑看不清，难免弄脏衣服。可惜的是，尽管我们尽了很大努力，但菜地的收成并不大好，上交食堂后就寥寥无几。有一年眼看这西红柿丰收在望，但学校派我们班到塔院公社帮忙农活，等两周后劳动归来，成熟的西红柿早就烂在了菜地里，做了满地荒草的肥料，对我们"足食"问题的解决，没有起上什么大的作用。

除去为肚皮"足食"张罗，我们还"自己动手"，缝补衣服、修理鞋袜，甚至还动手裁剪，为"丰衣"的目标而努力，大家各展其长，不仅基本解决了同学们的生活所需，还涌现出几个"能工巧匠"，我以擅长补袜子底著称。可能因为我家都是男孩子，家徒四壁，一件衣服总是"老大穿过老二穿，老二穿过老三穿，到最小的弟弟穿的时候，已经全是补丁，看不到衣服原本的颜色"，作为长子，我竟然无师自通，缝补的功夫很是高超，我当时还有一套专门补袜子的工具，俗称"袜板"，到成衣店弄回来一些碎布头，以便和袜子颜色搭配。补过的袜子，脚底舒适，针脚匀称，乍看起来还像没有补过的一样。这样的手艺，得到了同学们的充分肯定，各式各样的破袜子"源源不断"，有一段时间，周六晚上大半是在补袜子中度过的，被同学们赞为"自力更生的一把好手"。

业余生活

现在说起来，好像那时学生生活很清苦，但那时候同学们的精神风貌挺好，天天有说有笑，班上有篮球队、排球队，还有田径队，文艺骨干还自编自导了不少小节目，每周过团员的组织生活时，都会拿出来表演一番。学校里的文艺生活也很丰富，每周六晚上都会在北操场放一场电影，北饭厅每月都会有舞会或大型演出，著名的京剧"名角"如梅兰芳、马连良等都来北师大演出过，很得喜爱京剧的学生的欢迎，那个场面不亚于现在的"粉丝"、"追星族"的狂热。学生社团"北方剧社"的节目，也很受学生的青睐。和在俄院时一样，寒暑假我照例不回家，不是不想回，是回不起，来回路费将近10元钱，我攒不出这么多钱。相对其他同学来讲，我有更多的业余时间。但上面说的那些活动，我基本都不参加，周六的露天电影除外，周日照样去图书馆或教室看书。

露天电影是在北操场扯上白色的电影幕布，去看的人自带小板凳，操场四周拿绳子圈起来，门口有人把着，凭票进入。根据观众的身份不同相应有不同的电影票价：学生是五分，教师及家属是两毛，原来是苏联片子独霸银屏，后来中苏关系恶化，基本上放的都是国产片了。后来读研究生时也去看过几次，一毛钱一张票。看过的印象比较深刻的电影，如《列宁在1917》、《斯大林格勒保卫战》、《闪闪的红星》、《高山下的花环》，还有那部广受批判的《武训》等，每次看完电影，同学们往往要热评好长一段时间。

我们班好多同学都喜欢看电影，还流传着一个笑话。一个同学从西北边远地区考到北京，第一次看电影，如何激动可以想象，看完后，他三步并作两步地奔向幕布后面，很仔细地寻找什么东西，大家问他找什么，他也不言语。第二天，天刚蒙蒙亮，他就直奔昨晚放电影处，闷闷不乐回来，一副懊恼的样子。同宿舍同学问他怎么了，他说还是去晚了，子弹壳被别人捡得干干净净，大家都很纳闷，待他说明原委，大家肚子都笑痛了，原来他以为放映那么激烈的战争片，荧幕后的地上应该是弹壳遍布。

露天电影条件很简陋，遇到刮风下雨，就会影响或中断电影的放映。记得有一次去看电影时，正在看着突然起大风了，电影幕布被吹得前后摇晃，一会儿前凸，一会儿后凹，影像就随之变了形。当时正放战争片，人和战马都重叠在一起，子弹出现了"拐弯"路线，整个画面变得有点鬼魅，但大家还是原地不动，坚持看完。下雨就惨了，大家一路小跑，回到宿舍大多已是"落汤鸡"的样子，但还是很开心。

恋爱

班里有不少调干生，他们工作过一段时间，大多已结婚成家，如刘乐群、黄柱、高惠敏、彭勃、邵海风等都结婚了，有的孩子都七八岁了。所以学校对待学生恋爱、结婚的态度很宽容，不鼓励，不反对。直到1963年2月，学校才就学生结婚问题颁发了《北京师范大学关于学生在校学习期间有关婚姻问题的暂行办法》，规定学生在学习期间不要结婚。在我们读书期间，学校对于学生恋爱、结婚还没有强制规定，比较"放任自流"，我们班当时谈恋爱的有不少，但大部分是和外班、外校或社会上工作的谈，自己班的倒不多。我和同班同学胡秀英是少数中的其一，我们的恋爱关系是1959年10月确定的，风雨同舟，一起走到了今天。

胡秀英是青岛姑娘，人很善良、热情，爱好体育，"跳高"的纪录在教育系保持了好多年。她是我们班的组织委员，大家有什么困难都喜欢找她，她哥哥是青岛成衣厂的，她便托哥哥弄了很多碎布条，带来给同学们作补丁用，同学们都昵称她为胡秀。我当时住在病号隔离区，她常和团干部代表组织来看我，但不像其他人总劝我写入党申请书，她母亲年轻时得过肺结核，懂得一些常识性的知识，每次都会劝我不要太拼命，一定要多休息。慢慢地，随着我们之间的认识加深，发现我们有不少相似的地方，她也喜欢学习，每次我去教室看书，总能发现她也在那里；而且人很善良，有一件事情让我很感动，学校安排师生到房山搞教育调查，胡梦玉老师随队。胡老师是从美国留学回来的，家住在清华大学，习惯了高跟鞋、马桶的生活方式，到农村去接受教育改造时吃尽了苦头。每次要走山路时，胡秀就会将布鞋脱下给她穿，自己打赤脚，还替老师背着高跟鞋和一个中间挖了洞的马扎（权作马桶用），有一次我发现她走路一瘸一拐，她才说原委，说被路上的蒺藜扎破的，还叮嘱我不要告诉其他人，否则胡梦玉老师可能又要挨批评了。

但我们的恋爱关系确定并不容易，胡秀写信给她的姐姐讲了我的情况，遭到家里人的强烈反对，反对理由很充分：一是我的家庭情况，寡母，还有4个弟弟，且不说家庭负担重，就是将来的妯娌相处就是个大难题；一是我家临近沧州，那个地方多出杂耍、卖艺的，被大家认为民风"比较野"；再一个是我的身体，谁知道将来怎么样呢。暑假回家，家里加快给胡秀介绍对象，姐夫还专门将厂里的一个工程师介绍给她，是清华大学毕业的。胡秀很坚定，向她家人力陈我的各种优点，还专门带了我一张一寸的黑白照回去。大姐最先松动了，据说是从照片上看，感觉我是一个"面善、实诚"的人，值得妹妹考虑。前几年，胡秀还专门将这张照片翻出来，给我的学生们看，讲它背后的故事，大家一边看，一边开玩笑讲师母当年肯定是看上老师的帅了，我说那时候对长相完全没有意识，看来是浪费了，大家都笑成一团。

青年时的照片

与胡秀合影

我也给母亲寄了一张胡秀的照片，母亲托人写信来，说高兴得合不拢嘴。为了这来之不易的幸福，我们还专门去照了一张合影，胡秀将之命名为"定亲照"。实际上，我们平日很少在一起，周末也不例外，班上没有几个人知道我们俩谈恋爱。胡秀积极追求上进，周末经常要开很长时间的会，还要给不大会针线活的男生补衣服、袜子，我也要看书，记忆中好像只在一起看过一次露天电影，还是她们宿舍的高大姐气不过总有男生来找胡秀，专门给买了两张票，让我们一起去看电影。后来，班上有人陆续知道了我们俩的事，却不大看好我们，还有人专门在教室黑板上画了"宝黛读书"的漫画，胡秀被画作宝玉，我却成了病黛玉。胡秀很气愤，我倒无所谓，别人爱怎么说随他去，又不能捂住他们的嘴，我们自己好好的就行了。果然，再没有类似漫画出现，大家逐渐觉得我们是很般配的一对。

毕业分配

我们班入学时是51人，17个女生，中途因病休学、退学3人，开除1人，毕业时剩下47人，分配大多不理想，云南、贵州、新疆等地，在三线艰苦的地方居多，按照当时的说法，是"困难时期，支援边疆"，好多同学在那里工作至退休，为边远地区、少数民族地区奉献了终生。同届毕业的学前教育班更惨，他们班基本上每省两个，更是天南地北。在当时，即便有家庭背景的同学，按照现在的说法，分配的地方也不理想。如高竖琴父亲曾担任冶金部副部长，我们毕业时间他是北京钢铁学院的党委书记，

1961年本科毕业时的合影

她本来被安排到中央组织部工作，但父亲对子女要求很严，高竖琴主动要求到边疆工作，她就被分到了宁夏回族自治区，一辈子扎根边疆，后来担任宁夏回族自治区关工委主任，工作很有成效。当时演过"女篮五号"的尤素湘分到了师大实验小学，做少先队员辅导员。我当时已经做好了去大西北的准备。当时胡秀因为肝炎休学半年，我给她写信告诉了自己的想法，征求她的意见，她回信说和我一起去。

这个时候学校正在筹办中国教育史研究班，我被分配继续读书；而胡秀因身体原因比我们晚半年分配，她的人事档案被放在北京市教育局，12月份分配到北京市第二师范学校，该校地处宣武区白广路南头，是由原北京市老师范学校、北京师专和西城师范（延安时期的华北小学改制而来）合并而成的，是北京市教育局直属学校。我1965年研究班毕业后，留校工作。就这样，我们两个人都留在了北京，一待就是一辈子。

教育史研究班

在教育系本科毕业后，我又"服从分配"进入北京师范大学第一届中国教育史研究班继续学习。研究班实际上是学校招收的正式研究生，是一种培养高师师资和初等研究人员的方式。

研究班的开办和当时的政治大背景是紧密相连的。1961年，中共中央在全面调整经济工作的同时，在总结1958年"教育大跃进"教训的基础上，对文化教育的方针政策也做了全面调整，在周总理的直接关怀下，中央有关部门相继出台了科技十四条、高教六十条、文艺八条等，在国家"调整、巩固、充实、提高"八字方针的指导下，对知识分子"脱帽加冕"，对其政治上的进步和建设中的作用进行了重新认识和估计，重申学术问题的讨论"不戴帽子、不打棍子、不抓辫子"原则，废除了"白专"这个不确切提法；要求高校尽快恢复正常的教学秩序，提出要以教学为主，劳动锻炼为辅，要将学生5/6的时间用在业务学习上，肯定课堂教学为教学的基本形式，肯定了教师的主导作用。就北京师范大学来讲，也开始在新的政治背景下对一些学科进行澄清①，学校开始将原来批判过的学科陆续澄清，恢复正常的教学秩序，开始有计划地培养学生，恢复、起用一些被打成"右派"的知名学者。1961年，为解决高等师范教学中教育史师资短缺的燃眉之急，教育部决定由北京师范大学举办一届中国教育史研究班，就北师大来讲，办研究班就是一个比较直接"澄清"学科的方式。

创办中国教育史研究班，也有传承学科、培养学术梯队及改造旧知识分子的内在目标在里面。1952年院系调整后，北京大学、辅仁大学、燕京大学和中国人民大学等几所大学教育系师资都集中在北师大，师资力量、学术水平、设备条件等均居全国优势地位。具体到教育史学科，北师大聚集了一批全国知名老先生，如邱椿先生、邵鹤亭先生、瞿菊农先生、毛礼锐先生、陈景磐先生等，下边虽然有几个年轻的教师，但他们都是从教育系本科毕业的，不是专门学教育史的，有点青黄不接，按照现在说法是学术梯队不合理。当时中宣部提出来，要培养一批年轻的搞教育史的专门人才，目的就是从老先生的手里，把知识接过来，逐步取代老先生掌握的教育史知识。因为教育史这个学科当时还比较特殊，这门学科需要很多专门的知识，而这些知识呢，又是老先生们掌握得最多，就是利用他们办一个研究班，来培养一批人。记得当时有系领导对我们直接讲，你们的任务是从那些"旧专家"那里学本领，要逐步取代他们，培养我们共产党自己的教育史学科的专门人才。教育部对北师大提出了培养高师教育史师资的要求，在这种情况下，学校就下决心要办一个中国教育史研究班，培养"高等师范学校中国教育史师资和从事中国教育史研究工作的初级研究人员"。

教育系对创办中国教育史研究班非常重视，系党总支委员（兼任教育史

---

① 很奇怪的是，那时不叫平反，而是叫做澄清，据说是不能用简单的政治批判来对待这些学科。

教研室党支部负责人）曹剑英同志、教育史教研室主任陈景磐先生等负责研究班的筹建和全面工作。为了能将研究班办得更好，还专门征求了系里老先生的意见。我们入学后，曾在同学们中间传阅过邱椿先生用工整的蝇头小楷写就的"关于举办中国教育史研究班的建议"手稿，给我们留下了很深的印象。

记得教务处曾专门对中国教育史研究班有一个比较正式的培养方案，公布过一个关于中国教育史研究班章程之类的东西，大概是仿效苏联研究生培养的办学体制，那些办学的规定、文件都油印在比较粗糙的纸张上。我在2005年主持编写《北京师范大学百年校史》时，曾派学生专门到档案馆查到过，"中国教育史研究生培养计划"，时间显示是1961年11月15日公布的，在培养计划中对培养目标、修业年限、课程设置、教学实习、生产劳动、科学研究、培养方式及考核办法等都作了详细的规定，但实际上并没有按此执行。

当时苏联研究生班是三年制的，是授予副博士学位的。但因为当时中苏关系已比较紧张，不知是为了避嫌还是其他原因，好像也没有严格的、真正按照原本规定的办班章程去做。按照计划，三年制的研究班，两年的时间上课，一年的时间做论文。两年上课的时间是保证了，但一年做论文的时间却没有得到保证，由于连续的社会运动，不仅占用了我们的论文时间，而且将原本的三年制拉长成了四年。

在开办中国教育史研究班之前，已经招了数届研究生，新中国成立后，师大第一届毕业的教育学研究生是1950年人民大学招收的，1952年2月并入师大，7月份毕业，人数为7人，车文博同志为其中之一；次年毕业的仍然是1951年人大入学的学生，王策三、王逢贤、王道俊等同志都是该班的毕业生。教育系是1954年开始招收研究生的，当年教育学和心理学两个方向，各招收1人，但此后招生并不连贯，人数也不均衡，如1955年、1957年、1958年、1959年一个都没有招，1956年教育学专业却招了18人，由各地方师范院校推荐保送，1958年毕业，专门研究江西书院的李才栋教授就是其中的毕业生，1960年还招了第一届心理学研究生班，12人的规模，是和教育学研究生班相互衔接的。1961年便招了中国教育史研究生班，1962年教育学研究生班招生3人，如苏渭昌等，和我们班一起毕业。

就全国范围内讲，中国教育史研究班的开办也不是首次，在20世纪50年代初期和中期，华东师范大学和东北师范大学分别在孟宪承先生、王逢贤先生等主持下，先后开办了两个中国教育史研究班，但规模都较小，只有一个导师，如华东师大招收了5名学生，全部师从孟宪承先生，毕业时供不应求，培养出的"五虎上将"，即李国钧、孙培青、江铭、张惠芬和郑登云，毕业后全部留校工作，极大充实了华东师大的教育史学科的力量，80年代后期，因其队伍整齐，科研力量雄厚，在首次国家重点学科评审过程中，一举拿下教育史国家重点学科，这在国内是第一家。这次北京师范大学开办的第一届中国教育史研究班，算是新中国历史上第三次办这样的班了，但与前两次相比，具有招生规模大（20人），名师集中、培养的人才多等显著特点，在当时具有不小的影响，1961年北师大全校共有4个专业招收了研究生，共39人，而且古代汉语方向的9人修业期限为2年，这样，我们班的20人占了总人数的很大比重，被当做了学校教学改革的一个组成部分。

研究班原本规定是推荐加考试，学校还专门发布了考试的主要参考书及参考资料，要考哲学、外国语（俄语、英语任选）和中国教育史，如哲学的参考资料是毛泽东的《实践论》和《矛盾论》，中国教育史分为中国教育史和中国通史两门课。①但实际上考试并没有进行，主要就学生的业务、政治表现和年龄三个方面进行综合考虑，推荐入学。

在6月份毕业前夕，系里领导已经有指向性和我谈了好几次，我都推说自己年龄可能超标，等选拔条件出来再说吧，就我本人来讲，我是不情愿进

---

① 教务处：《一九六一年招生研究生计划总结及有关报告、录取情况等材料》，北京师范大学档案馆藏，1961—35。

入研究生班再继续学习，一是家庭比较困难，想早点工作；再者觉得自己老大不小了，我是工作后考的大学，且一读就是六年，当年已27岁，应该工作了。教务处8月中旬发布了招生办法，35岁以下均可，我没了借口，从学校到系里，都反复动员我，最后直接说进研究生班学习是组织上的需要。在这种情况下，我只好服从组织分配，进入了研究班继续学习。

当然，也有同学顶住了压力，如朱开云，他是调干生，在入学前已工作了几年，和我的情况差不多。这些年，我常常在想，如果我当时坚定反对，可能也会成功，之所以当时能"服从组织分配"进入了研究班，可能更多的是顺水推舟。从孩童时期开始，我就比较喜欢学习，总认为多学点比少学点好，到了北师大后，真切感觉到教过我们的邵鹤亭先生、毛礼锐先生等学识渊博，对那些学贯中西、文史哲兼通的老先生们很是仰慕，觉得他们很有学问，爱屋及乌，对他们从事的中国教育史专业的学习充满了期待，是潜意识中的愿望在外力力量的促使下，我选择了继续读书，偶然事件背后有着非偶然的推动力。

研究班的学生主要有两种来源，一是从本校相关的应届毕业生中选拔；一是从地方师院院校中选送。研究班共招生20人，本校毕业生15人，由三个系的本科毕业生保送而来，教育系8人，我和我们本科班的雷克啸、邱瑾（学前教育专业）、吴永湄、韩义裕、陈兰芳、何晓夏、顾延蕃一起进入研究班；来自历史系的苗春德、陈德安、沈茂骏、邹君孟、蔡振生、杨焕英6人，还有来自政教系的宋元强；此外，还有5个名额是兄弟院校教育系毕业生和教育史助教，即湖南师范学院教育系的王树楷、肖功赏，吉林师院的吴玉琦和合肥师院的杨立俊和郑州师院的李金兰，他们都是往届毕业生，已做了一年到两年的助教，由各自单位自己选拔推荐。至于为什么单单给这四所师范院校名额，是学校之间的专门协定还是其他原因，我不大清楚。

当年全校研究生共有4个专业招生，地理系和生物系各有5人，中文系9人，大家住在一个楼上。由于人数不多，大家彼此之间大多认识。特别是中文系，我原本就和他们班很熟，现在大家一起进入研究班，更是进一步增进了友谊。古代汉语录取了9人，他们也是由两部分组成，本校选留7人，外校录取2人，青海师院的王宁和湖南师院的王同学。不过与教育系中国教育史研究班最大的不同，中文系的古代汉语研究班是两年制。

入学之初，曹剑英同志担任我们的班主任，负责研究班全面工作，教育史教研室主任陈景磐先生负责我们的教学规划等事情。曹老师为人和蔼，做事认真负责，和同学们相处融洽，关系很好。1963年师大"党员登记"试点活动开始，据说曹剑英老师被扣上了"只关心专业、业务，对研究班的政治抓得不紧"的罪名，我们的班主任便换成了刘德华同志，直至毕业。

研究班还有几个青年教师在做"旁听生"，顾明远老师就是其中之一。当时，他刚从实验中学调回师大，他是在师大读了两年就直接到苏联留学的，教育史的课程要在大三或大四开，没有来得及系统学习过中国教育史，他回到师大后，就跑到我们班跟着听课，后来就常开玩笑讲我们是同学。顾老师虽是留苏的，后来长期搞比较教育，但他对中国传统教育的发展历史的认识有相当的功底。

研究班的学习生活

按照学校的培养计划，鉴于研究班的20名同学原来所学专业不同、所学的课程大都不够系统也不够扎实，特别是中国教育史的知识积累较差，所以学校专门要求：对我们的培养方式是采取系统理论学习和科学研究相结合的办法，三年的学习时间分为前后两段，前一年半主要是系统学习，使学生掌握中国教育史的基本知识和有关基础理论，掌握一定的原始资料，掌握运用古籍的能力，为进行科学研究做好准备；后一年半主要进行科学研究并扩大和加深理论基础和专业知识，了解本门学科的最新成就，做出毕业论文。

研究班的学习是充实、紧张的。1961年以来，由于中央一系列政策、条例的出台，学校的教学秩序逐渐恢复，开始注重教学质量，20世纪50年代末"反右派"、"拔白旗、插红旗"、"反右倾"中被破坏的师生关系得到极大改善，政治空气轻松，师生都渴望尽快提高教学质量和水平，师生间洋溢着敬业重道和积极进取的激情，读书治学的氛围浓厚。研究班上课方式是大课，按照教育史历史的传统分段，每位先生以自己所擅长或感兴趣的部分，从先秦两汉一直到近现代，系统地讲，有点类似历史系上通史的课堂教学模式。老师分段讲，邵鹤亭先生主讲先秦教育史，毛礼锐先生主讲秦汉至隋唐教育史，瞿菊农先生主讲宋元明清（鸦片战争前）教育史，陈景磐先生主讲近代教育史，教育文选有张鸣岐先生（古代）和董渭川先生（近代，董先生并不属于教育史组，而是教育学组的）主讲，程舜英先生任辅导老师，邱椿先生任编外导师，同学们有问题可以向他询问。研究班最先定位是以古代为主，所以最初被命名为中国古代教育史研究班。

研究班课程设置分为五块，第一块是政治理论课，由于本科阶段已经学过马克思主义哲学、政治经济学等，所以政治课便由外系的一些先生作专题性质的讲座，课时不多；第二块是专业理论课，两门，即中国教育史和中国教育论著讲读；第三块是基础理论课，三门，中国通史、中国哲学史和外国教育史；第四块为其他，包括教育专题报告（主要是教育史的专题报告）和外国语（就学生各自原有的基础，从英语、俄语和日语中任选一种，可以随本科适当班学习），要求不高，考试及格就算过关；第五块是时事政策学习。这些课程，除中国教育史、中国教育论著讲读、教育专题报告和中国哲学史采取上课或讲座方式，要求教师系统讲授或重点讲授外，其他各科则由学生制订个人学习计划，在导师指导下自学。而且除去中国教育史，其他的课程考核办法大多都是考查，在实际学习中，我们的主要精力放在第二块的专业理论课的学习方面。

至于怎样上课，专业课如何学习，不记得学校有什么正式规定，即便有，在实际授课过程中也没有真正执行。老先生们可能商量过专业课怎么上及怎么要求，我们不大知道，只能从中感受。所以，从自身经历出发，我常常讲研究生教育相比本科生教育而言，有更多的教学方式、个性在里面，教无定法、学无定法，个性鲜明、有独特研究心得的教师可能对学生的成长更为有利。此时，校内劳动已被减少到最低，每周两个小时，不大参加集中劳动，主要经营各班的菜地，这些菜地平常由后勤的工勤人员管理，我们不再像本科那时负有全责，我们班的菜地主要种大白菜、芹菜、胡萝卜、西红柿、黄瓜等，由于有本科时的种菜经验，加上风调雨顺，菜地产量不错，我们把收获的大白菜、芹菜送到食堂，而把胡萝卜、西红柿等拉回宿舍，充当饭后水果。每到收获季节，班级充满了欢声笑语，也算是对紧张的专业学习生活调剂。

研究班的学习，前一年半我们集中听老先生系统讲述为主，做一些相关资料的收集，没有发表文章的要求，老师们好像对写文章的观点各异，我们在这个方面下的力气也不多。这可能还和当时老先生们对研究班的定位有关，在相关资料有限的情况下，他们更看重系统的专业课程学习，强调厚积薄发，论文只是检验学生表现的一种方式而已。这种观念对我影响至深，后来等我带研究生时，我更看重学生对专业学习的喜好和用功程度，而不是短时段的数量文章发表，特别是在硕士研究生阶段，更多精力应该放在专业知识的系统学习上。

中国教育史是我们的专修方向，每周有三天的课时，用于中国教育史的系统讲授。由于是第一届，上课没有什么成形的教材、讲义，老先生们根据他们原先的积累和自己对研究生课程的理解，形成一个讲课的提纲，上面列有章节目三级标题，事先发给大家，他们也没有像样的讲稿，他们讲，我们记。课程结束之后，从我们笔记当中选出四五份记得比较好的，专门委托一个人，把它整理成一份比较完整的记录稿，然后交给老先生，他们自己再把这个记录稿整理一遍，就变成正式讲义，这些成果还成为了他们编写教材中的相应章节的初稿。

尽管是大班授课，但导师给各自学生都提出听课的要求。老先生们会要求他带的学生要格外认真，上课的记录稿要尽可能记得清楚详细一些，而且还有负责整理讲义的任务。在第一学期上课时，邵先生讲先秦教育史时，因为尚未划分导师，他便请我这个班长多注意记录，学期末，我负责汇总了同学们的笔记，抄写得整整齐齐，然后交给了邵先生。在听课的过程中，老先生们也会给学生单独布置一些任务，有时候也不仅限于自己的学生，包括进一步查找、核对一些资料；还有一些他原本没有做过的、不大熟悉的内容，也会请学生帮忙做一点事情，尽量将学生吸纳到编写教材的过程中来。

老先生们给学生布置的作业不是很多，也没有提供一个读书的目录，但他们都有一个共同看法，即研究生除了听课以后，主要的时间精力是自己去看书，没有必要限定参考书目，根据自己兴趣或结合老师上课内容，自己选择，鼓励学生自己去找书看，他们负责检查。规定每两周就必须和导师谈一次，到时候他会在家专门等着你，检查学生读了什么书，有什么想法和收获或问题；读书方法也在检查范围内。对于学生的选择范围，导师会有意识地去指引，如，学生讲完现阶段的书目后，导师会将一些无关紧要或不够权威的书指出来，会说这些不值得看，那么多有权威的书没好好看，选书、看书要有选择性、侧重性。慢慢地，我们摸索出老先生对我们看书、选书还是有一个大概的要求，他们强调尽可能看第一手资料，找更原始的、更经典的书来看；对于后人写的那些著作，要求挑权威性比较强一点的，比如说侯外庐的中国思想史，范文澜、郭沫若的著作。实际上，老先生们在有意识地引导、训练我们对史料的甄选、辨伪、校雠等能力。

我们那时读书要做三件事情，一件是做卡片；一件是写读书笔记；还有一件就是写读书心得。这三件事情是联系在一起的。书最精彩的部分摘录下来，做成卡片；把读书做的卡片比较系统地整理一下，形成读书笔记；在读书笔记的基础上写一个心得体会，可详可略。做卡片要求仔细翔实，因为那是检验你是否真读了书，实际上带有相当程度上的抄书性质。这些"作业"

导师是要检查的，规定我们每月要交读书笔记及读书心得，并对作业进行认真批改，做得好的进行表扬，不足的予以指正，同学们不敢有丝毫懈怠和马虎。在这种比较严格要求下，我在图书馆翻阅了很多书，有教育史的，有历史的，也有哲学的，不管看懂看不懂，尽最大力量地去看，就这样，好多书都翻过、看过，打下了比较扎实的资料积累基础，对后来的研究工作帮助很大。

听课也好，做论文也好，老先生们都有一个一贯的要求，即强调研究性，对一些重点问题或者专题性的问题，重点讲述之余，围绕课程进度，还要给学生布置学习任务，向研究这个方向侧重。大概用了两年左右的时间，老先生们给我们通讲了一遍中国教育史，我们记录、整理的讲稿，不仅形成了系统的讲义，也成为中国教育史系统教材的初稿。这种上课和编写教材统筹在一起的方法，师生都感觉收获很大。

除去书本知识的系统讲授，我们还到一些实地进行了考察学习，我们去过北京国子监考察过中国古代的最高学府，到海淀工读学校了解特殊的工读教育，到北大旁听过冯友兰先生关于孔子思想的学术报告，到军事博物馆展览会参观过解放军的教学改革成果展览，等等。总之，在老先生的指导下，我们深入教育实际，逐渐探索、积累着学习中国教育史的方式。

璀璨的名师队伍

研究班的师资队伍绝对称得上是名师荟萃，当时流传着，"师大教育系最强的师资力量在教育史教研室，最有学问的也在教育史教研室"。1958年，学校对教育系组织系统进行改革，将原本的学校教育教研室和学前教育教研室改为五个，原本学校教育教研室下辖三个组分别独立为教研室，即教育学教研室（主任是王焕勋先生）、心理学教研室（主任是郭一岑先生）和教育史教研室（主任是欧阳湘先生，后来改为陈景磐先生），学前教育教研室分成了学前教育教研室和小学教育教研室，我们中国教育史研究班隶属于教育史教研室。

研究班采取导师个别培养制度，采取学生自愿选择和系里统筹的方式。我们是10月份入学的，学校要求在第一学期末确定导师。陈景磐先生是研究室主任，入学之初他主持召开

研究班学生和陈景磐、张鸣岐先生合影

师生见面会，请教育史教研室的教授们轮流介绍自己所教课程的基本内容、需要研究的主要问题，同学们心里有了大概的底。经过将近一个学期的学习，每个学生根据自己的兴趣、爱好选择导师，报到教研室，系里再根据选择的情况作适当调整。当时北师大教育史教研室的五位教授，除去邱椿先生因年岁较大原因拒绝带学生之外，邵鹤亭、瞿菊农、毛礼锐、陈景磐名下各分了4～5人，我被分给了邵鹤亭先生，研究先秦教育史。后来，陈元晖先生被聘为兼职教授，我和何晓夏等被调给了陈元晖先生，研究现代教育史。

实际上，我们读研究班时，邱椿、邵鹤亭、瞿菊农、陈元晖、毛礼锐、陈景磐等先生也不过50多岁的样了，按照现在的说法，还属于中青年教师。这些新中国成立前就享有盛誉的先生们，我们绝对是毕恭毕敬，一丝都不敢含糊，出入都持很恭敬的"弟子礼"，帮他们拿包，拉开椅子，走路搀扶，感觉他们就是老先生；有趣的是，他们很是有"架子"的，有板有眼，如邵先生，慢条斯理走进教室，坐下后，不慌不忙，依次从包中取出装水的玻璃杯子，用法文写就的讲义（大部分时间是几页卷了边的纸）；对于我们上前帮忙拉椅子、接衣服、拿拐杖，仅仅微笑点头作答，一副老先生的派头。这

些老先生们个性各异，讲课各具特点，风采各异，给我们留下了深刻的印象。多年后每次同学们聚会，总会聊起这些个性十足的老先生们，他们的故事并没有随着时光的飞逝而逐渐消逝，那些老先生的影像依然清晰。

邱椿先生

邱椿先生，字大年，江西宁郡人，是位大学问家，专长于教育哲学。邱先生1920年毕业于清华学堂，同年赴美深造，1924年获得美国哥伦比亚大学哲学博士，曾游学德国慕尼黑大学研修教育学。1925年10月回国后，先后在北平师范大学、清华大学、厦门大学任教，以"博学深思，滔滔雄辩"著称。[1]邱先生为人、为文很潇洒，不拘泥师门，敢于坦言，如在"清华教育经费风波"中，他无惮自己出身清华，率性直言，"清华学费靡费"，认为"北大和师大不及它的一半"，提醒大家在接受庚子赔款兴办教育之时，一定要防止"垄断之嫌"，主张"若英法等国退还赔款，愚主张将美国退款加入"，提议将"清华学堂变为公立"，和北大的胡适遥相呼应，将庚款大部分款项重点倾向清华学堂等问题推上"风口浪尖"，引发了北平学界的大讨论，对此后庚款兴学的受益学校增多制造了积极的舆论氛围。

新中国成立之初，北大教育系调整、合并到北师大，他和陈友松先生一起，到师大教育系任教，曾担任教育系主任，教育哲学教授。但在我们读本科时，就听说他不再给学生上课，也不愿意更多地和学生接触，起因是20世纪50年代初期知识分子思想改造运动。

在思想改造运动中，邱椿先生受到不少冲击，学校曾专门组织班子，1951年、1952年先后在《人民日报》和《人民教育》上，公开点名批评邱椿教授，将其树立为"反面典型"。这些事倒没有怎么触怒邱先生。实际上，在"秋赤"文章发表之前，邱先生已经作了四次自我检讨，都没有过关，可

---

[1]　20世纪30年代初曾就读北平师范大学国文系、中国现代著名文学家纪庸曾在其作品《琉璃窑》中谈及邱椿教授，"教育系邱大年先生博学深思，滔滔雄辩"。

能是他不大符合主流思潮，被打入"不愿认真地检讨自己"的行列。在全国知识分子思想改造的大潮中，像邱先生这样的"思想改造困难户"、"典型的顽固分子"自然成为靶子，他认为学校组织学生批判也是形势所迫，所以就"泰然处之"，依旧是"叫我读文件我就读文件；叫我听报告，我就听报告；叫我联系实际，我就联系实际；叫我找材料，我就拼命找材料来充实我的教学内容"，一副气定神闲、很有耐心的样子。

真正让他寒心的是学生在课堂的"小字报"。大概在1952年至1953年学年前后，邱先生给教育系大三学生上教育哲学课，当时学校已经开始流行学生参与教师思想改造了，发动学生对老师在讲课中的一些错误观点，进行好像揭发检举那样，一是帮助老先生提高思想认识；二是锻炼学生的鉴别能力，能分出哪些是马克思主义的观点，哪些是资本主义观点。上课的班上，有学生直接贴邱先生的小字报，说他讲课里面有散布或者美化唯心主义，吹捧资产阶级教育家什么之类的，他看到后很生气，认为学生这样做是对"师道尊严"的极端践踏，受到很大伤害，就下了决心，再也不担任给本科生上课了。从1954年一直到1966年他去世，这段时间他没有再来学校上课。

从1954年、1955年一直到"文化大革命"前，邱椿先生差不多每年提交一篇学术论文，研究一个教育家，充当工作量，先后研究了朱熹、陆九渊、杨简、王阳明、黄宗羲、顾炎武、王夫之、颜元、李贽9位学者，后来北师大出版社出版了他的《古代教育论丛》，上、中、下三本，约80万字，是20世纪80年代初教育史教研室整理资料，从保存下来的文稿中整理出来的，并不完整，丢了一部分。

邱先生对教育史的文献很熟悉，特别是教育思想史，原著他看得最多、最全。在研究生班开办之初，曾想分几个学生给他，他也没有接受，只答应研究生有问题，不管哪一个都可以去找他，但有一个条件是至少在一个礼拜之前，把问题写好交给他，给他一个礼拜的时间准备。他安排时间找你去谈。

我先后去找过他三次，他家住在沙滩中老胡同32号。32号由几座相对独立的小四合院构成，差不多有一百多间，青砖瓦舍，内有花园、假山。这宅院最早属于皇城之后内，是清末光绪帝的瑾妃给娘家购置的房产。抗战胜利后，北平政府于1946年把它借给北大使用，北大回迁北京后，一些原西南联大工作的北大教职员回京后缺少住房，校方就把这里变成了北大教职工的一处宿舍。邱椿先生到北京后，就一直住在这里，据说当时邻居有沈从文、朱光潜等，陈友松先生也长期居住在这里。院子里花木葱茏，有两棵大丁香树，还有大缸的睡莲，开得正好。一进他的书房，几乎四面墙全是书，随手抽出一本，上面有邱先生极为认真的、密密麻麻的旁批。记得是第二次拜访他，涉及王夫之的问题，他讲国内无论是搞思想史、哲学史的，研究王夫之的都有，但没有一个人看完过王夫之的全部著作；他自己写王夫之的时候，通读王夫之的全部著作，而王夫之的主要著作至少读过两三遍，才敢开始写，我对这一点印象特别深刻。

可惜的是，在"文革"中，邱先生作为"反动学术权威"被红卫兵反复纠斗，家也被抄数次。按照"红色小将"的说法，邱先生是属于有"前科"之人，以这种"戴罪之身"岂能在"人民雪亮的目光中"有所遁形？所以"文革"一起，邱先生就首当其冲，陷入"人民战争"的海洋中，并最先被漩涡所吞噬。

6月底，邱先生家就率先遭到街道上"红卫兵"的侵袭。邱先生家藏书很多，当系里听说红卫兵要抄他的家时，便派了我在内的几个青年教师去保护，结果到了后就被"革命小将"隔离起来，根本不管用。等抄家的走后，我出去看了一下，满院子都是书，踩得乱七八糟。当天下雨，邱先生的书大多数都是线装本，基本都毁了。我正望着满院的书发愣时，邱师母把我拉在一边，说书让他们毁了也就算了，邱先生年龄也大了，也没有精力看了，最可怕的是有3000美元，缝在一个蓝色布腰带里，是当年从战区带到北京的，这么多年就这么一直藏着，要是被他们抄出来，那就惨了，那可就坐实"叛逃国外"的罪名喽。我就找了一个木棍，在满院子的书里拨拉，找到后邱先生让我快点带走，我悄悄地藏了两个月，等风声过了才原封不动地交还给邱先生。多年以后，偶尔机会见到邱先生的女儿邱桐，她很动情我的那次拔刀相助，我和她半开玩笑，"那可是我第一次见到美元啊。"

邱先生偷偷对我讲过，他更大的"定时炸弹"是一张邀请函，上面有蒋介石的亲笔签名，是蒋在庐山接见社会名流时所派发。此外，还藏有一个微型铜制军刀，上面镌刻着"杀身成仁 舍生取义"八个小字，也是蒋介石送给当时社会名流的。邱先生说这些东西偷偷烧掉、毁掉，显得心里有鬼，藏着又不知道什么时候被搜出来，到时候人家会讲"你保存这东西干吗，是纪念蒋介石，还是怀念那时的生活，不是现行反革命是什么啊"，守着"定时炸弹"过日子，明天发生的事情，个人把握不了啊。说这些话的时候，邱先生目光盯着远方，幽幽地讲。

1966年9月，在西西楼前召开一次全校规模的批斗会上，邱椿先生头戴高帽，手持招魂幡，被喝令爬上四方凳子，这个凳子是叠在高高的讲台桌子上的，好不容易，年老体衰、患有心脏病的邱先生在"红色小将"的帮助下，颤悠悠登上"审判台"，批斗会还没有结束，邱先生从凳子上一头栽下，据说当时参加批斗的学生还在那里高喊，"快站起来，不要装死。"邱先生永远离开了人世，那一年，他70岁。

邵鹤亭先生

邵先生是江苏宜兴人，早年毕业于南京高师，后游学欧美，原来是学哲学的，后来研究教育史，所以他常常是从哲学层面上来讲教育史。邵先生不苟言笑，每次来上课，总是挟着他那个土黄色的大皮包，因为时日久远，好多处已经被磨光了皮，但邵先生依然很珍爱它，走到讲台上，慢慢从包里取出水杯、眼镜，用法文写就的教案，然后开始上课。邵先生讲课不苟言笑，上课很少有滔滔不绝的讲述，常常从哲学角度，高屋建瓴，点到为止，耐人寻味，极富启迪。进入研究生班之初，我被分到了邵鹤亭先生名下，学习古代教育史，我负责给邵先生整理讲义。

他非常反对当时流行的"阶级定性"的教育史教学套路，即讲到教育家，先给一个政治上的定性，是革命的进步的还是保守的、落后的教育家；他讲得更多是教育思想不能用唯物论和唯心论来判别，他认为唯物、唯心论是哲学上的问题，而且不是所有的问题都能用哲学上的唯心和唯物来划分的，他讲了好多唯心主义在人类认识上的贡献，特别对于那些被判为唯心主义的教育家，他兴趣浓厚。后来，他的这个观点受到反复批判，反倒给我们又加深了印象，老先生总是用哲学的眼光，来看待中国教育史的人物，他改变了我们认识一个历史人物的评价标准。

邵先生认为，作为一个哲学体系可以说是唯心的，这一思想体系截取其任何一个截面都包含着唯物主义真理的颗粒。把唯物主义和唯心主义抽象地对立起来是愚蠢行为，他常向学生说的一句话，"聪明的唯心主义比愚蠢的唯物主义更接近于聪明的唯物主义，"反复讲，同学们都很熟悉。后来在批判邵先生时，这句话自然被拎出，作为他"污蔑唯物论、美化唯心论"的铁证。邵先生淡然一笑，"如果转述这句话有罪的话，我没有任何意见。建议你们看看人民出版社1956年出版的列宁《哲学笔记》（1895—1911）第某某页"。批判者很是诧异，半信半疑，专门去查找列宁的《哲学笔记》，果然查到原文。从这件事可以看到邵先生的博学、睿智和幽默。

邵先生有强烈的"以天下为己任"的传统知识分子的担当情怀，印象很深刻的是他讲先秦，就是讲几个教育家，一学期大部分时间在讲孟子，"孟子见梁惠王"这六个字，就讲了三周，因为邵先生很喜欢孟子，说他很钦慕孟子的"大丈夫"气魄。所以他讲先秦教育史时，关于教育思想家方面大部分是在讲孟子，多次诵读孟子的"富贵不能淫，贫贱不能移，威武不能屈，此之谓大丈夫"的名句，讲时抑扬顿挫、铿锵有力，就好像他自己是孟子一样，他是带着感情去讲的。

"文革"中，邵先生经受了很多折磨，他住的工四楼教工宿舍也几次被抄，关于他的批斗会也开了几次。偶尔在路上见到他，他总是一副若有所思的样子，不大关注路上来来往往的行人，"义不容辱"，是他在一次批判会结束时反复念叨的一句话。当天晚上，听人讲工四楼有一对老夫妇一起跳楼，说是为了逃避第二天要他到劳改队报到，罪名有"特嫌"、"资产阶级学术权威"等一大串，邵先生就这样告别了人世。

瞿菊农先生

瞿菊农先生，名世英，江苏人，青年时期与郑振铎、瞿秋白、赵世炎等创办《新社会》旬刊、《人道》月刊。"五四"运动中为北京学生联合会代表。英国新实在论哲学家罗素、印度"新诗歌之父"泰戈尔访华时，瞿先生曾与赵元任、张廷谦做翻译；与徐志摩等一起，陪同泰翁在华游历。1926年获美国哈佛大学哲学博士学位，受教于美国新黑格尔主义者霍金等教授，是在哈佛大学获得博士学位的第一位中国学生。1926年回国后，在平民教育运动中，他担任了中华平民教育促进会研究部主任、代总干事长，后来曾担任重庆乡村建设育才院院长，联合国教科文组织中国代表团顾问兼秘书长等职务；可以说，瞿菊农先生在新中国成立前就在国内外享有盛誉。

瞿先生著述甚多，有《乡村教育文录》、《教育学原理》、《教育哲学》、《现代哲学思潮纲要》、《西洋哲学史》、《西洋教育思想史》，翻译过罗素（《哲学问题》）、洛克（《政府论》）、康福斯（《保卫哲学——反对实证主义和实用主义》）等人的哲学著作，人称"40岁有40本著作"，他也很自豪，常常鼓励同学们要早点动手写作，多写多量才能提高嘛，"在写作中进步"，"在成文过程中提高自己"，鼓励我们要超越老师。瞿先生很平易近人，人很淡泊，常常给我们边讲边比划，"我当时是这样进的北京城"，同时将双手背在身后，做出被手铐铐住状。可能因为他是瞿秋白远房叔叔的缘故，政府审查完后，先将瞿先生放在铁道部做参事室专员，用他自己的话讲是"只吃饭不干活"，后来调到北师大教育系教书，

"又吃饭又干活"，算是发挥他的专业特长。

瞿先生给我们讲宋至清前期的中国教育史，可能和他在新中国成立前在中华平民教育促进会搞平民教育运动有关，他上课经常是穿棉布长衫，戴着瓜皮帽，脚穿千层底的布鞋，没有留洋的做派。瞿先生口才很好，英文极佳，讲起课来旁征博引、汪洋恣肆、气势恢弘，将自己的社会人生体验融入到课堂教学中。在讲述宋明理学时，讲到酣处，常常搬出柏拉图的原版《理想国》，用纯熟的英文大段诵读着，同学们常常有种"时空交错"的感觉，不知"是柏是瞿"，是中国教育史课堂还是英文佳作欣赏。在课堂上，瞿先生常常回忆起平民教育中采用的化装表演、戏剧等教育方式，他要求我们要多看戏剧、电影，注意"高台教化"的影响和作用。上课期间，他正对明清蒙学很感兴趣，对蒙学的教材、教学方式以及蒙师等都有一些独到的体会。开学之初，瞿先生就找到我和其他两位同学，帮他查找明清以后的蒙学资料。除去听课之外，我们仨有时间就钻到图书馆里，北师大的图书馆、北大图书馆、清华大学图书馆等这几个高校图书馆都去查找过，也找到不少资料，去得最多的、条件最好的是北京图书馆（现在的国家图书馆），查找资料之余，还有免费开水可以解渴。瞿先生看到我们抄写的厚厚一沓资料，很高兴，连声招呼师母拿出成套的杯子、碟子，专门煮了咖啡，请我们品尝。看着我们几个小心翼翼、受宠若惊的样子，他笑得眼睛都眯了起来。

瞿先生1976年去世，没有看到他与邵先生、毛先生合著的《中国古代教育史》教材的出版，关于明清蒙学的研究手稿，"文革"中也基本散失，很是遗憾。

毛礼锐先生

毛礼锐先生是江西吉安人，字振吾，1929年毕业于东南大学教育系，1935年自费赴英国留学，入伦敦皇家学院教育系。1936年转赴美国密执安大学教育学院攻读硕士课程，1937年获教育学硕士学位。抗日战争爆发后

回国，先后受聘为河南大学、四川
教育学院、中山大学师范学院、中
央大学师范学院教授、系主任、院
长。就毛先生早年的研究成果看，
他对教育与经济、教育与人类、教
育哲学、教育行政等教育基本原理
研究颇多，很关注教育的实际问题
和热点问题，他认为教育与经济、
教育与人类前途存在着密不可分的
联系，大力倡导节制生育、普及教
育，主张加强教育管理和教育试验
的力度。1949年后受聘为北京辅仁
大学教育系教授。1952年院系调整

毛礼锐先生在上课

后，转任北京师范大学教育系，担任教育史教研室主任，教授。

　　进入北京师范大学，毛先生的研究方向发生了转变，面对新中国蓬勃
发展的社会主义教育事业，毛先生转向了近代中外教育史的研究工作。新
中国成立之后，随着新中国教育事业的发展，教育科学研究工作也在逐步
恢复和迅速发展。相对而言，中国教育史学科的研究工作恢复和发展是比
较缓慢的。

　　究其原因，新中国成立之前从事中国教育史学科教学和研究工作的学
者，要适应和满足新中国教育史学科教学和研究的要求和方向需要一个过
程，而且面临着许多特别困难。由于在中国人文社会科学教学和研究工作的
政治方向和意识形态标准受到特别的重视和强化，要进行彻底的改造和根本
的转变实非易事。教育学科更被认定属于政治性和意识形态极强的学科和领
域。但是，在教育学科中有些学科，特别是教育学、教材教法，有老革命根
据地的经验可以继承，有苏联的成果可以采用，有中央的方针政策和领导人

毕业后研究班同学常聚毛先生家

的著作和讲话作为依据，并且培养出一批骨干，因此，完成改造和转变比较顺利和迅速，而中国教育史学科恰好缺乏这些有利的方便条件。中国教育史的研究对象和教学内容主要是中国封建社会和半殖民地半封建社会的教育，怎样把握，怎样讲授，是一项十分困难艰巨的任务。经历过这场变革的中国教育史前辈们为此付出的心血是巨大的。他们边学习，边摸索，一步一步向前推进。终于到1954年正式开出了中国教育史课，并为教学准备必要的材料，编写讲义和史料选编。1956年起开展了初步研究工作，陈景磬教授的《孔子教育思想》、沈灌群教授的《鸦片战争到五四时期的教育》，傅任敢、许椿生教授关于《学记》的研究等，都是这个时期的成果。

毛先生很平易近人，讲课很平实，同学们都说毛先生讲课如春雨一样"润物细无声"，像清泉轻轻淌过干涸的土地，沁人心脾，欲罢不能。毛先生常告诫同学们，学习教育史是一项极艰苦的工作，要有"板凳甘坐十年冷"的治学精神，潜心研究，不能不懂装懂，不能急于求成，对于史料要实事求是，不能穿凿附会。在苦读经典原著的同时，毛先生要求大家要奉行"读千卷书，行万里路"，鼓励我们多接触实际，增广见闻，切不可"两耳不闻窗外事，一心只读圣贤书"，为此，他还给大家布置教育专题，要求大家深入教育实际，写出调查报告。关于写文章，毛先生的态度很"中庸"，既不同于瞿先生要"多写"，要超过他40岁前写40本书的记录，也不同于邵先生"慎之又慎"的主张，邵先生说写出来的文章如果立论不妥，站不住脚，让人抓住把柄，一棍子打下去，再站起来就很困难；毛先生主张学生要练习写点文章，但一定要"有感而发"，不作"无病呻吟"之作。

　　毛先生的夫人很和蔼，尽管是师范毕业生，为了支持毛先生的事业，没有出来工作，做了"全职太太"，每次我班同学去都嘘寒问暖，端出水果、糕点招待大家，像对待自家孩子一样，气氛很轻松，很温馨，我们都亲切称呼为"毛师母"，不管是否是毛先生名下的弟子，大家都爱去毛先生家聊天，可以是谈专业问题，可以是谈外语的学习，也可以拉家常，谈自己的人生感悟以及婚恋问题，可以说是无话不谈，师生之间结下了深厚的情谊，同学们都很喜欢毛先生，毕业后有机会来北京总会来看看毛先生，而毛先生也很挂念大家，说教育史研究班培养了一批人才，可惜大部分没有去做专业，总想着有机会能将大家组织起来。改革开放后，毛先生恢复学术研究之初，就首先想到了研究班的学生们，1982年第二届教育史研究会年会在西安举行，毛先生将与会的6位研究班毕业生召集到他住的房间，说要组织起来一起编书，在学术上带一带大家。他主编的《中国教育史简编》和《中国古代教育家传》先后于1984年和1987年出版，就是师生之间合作的成果。之后，在他和沈灌群先生共同主编的《中国教育通史》（六卷本）和《中国教育家评传》（三卷本）这两部大型学术专著中，毛先生将星散在老中青（特别是研究班的同学们）中国教育史工作者团结起来，分工合作，集思广益，协作攻关，在完成研究任务的同时，形成了一个全国范围内教育史学科研究群体，不少研究班同学开始崭露头角，毛先生在凝聚这个多方合作、全国一盘棋，快出结果、快出人才发展教育史学科的新路子的同时，也奠定了他作为中国教育史学科的领军人物的地位。

毛先生百年诞辰

　　毛先生人很谦逊，具有高瞻远瞩的大家风范，当《中国教育史简编》《中国教育通史》等一系列著作陆续出版，有一些青年学者产生了骄傲的情绪，认为中国教育史研究成果已经很丰硕，可以稍微轻松一点了。对于这种"马放南山"的松懈情绪，毛先生语重心长，"近年来，教育史学界很活跃，出了不少成果，但总的来说，'中国教育史'还属于比较年轻的学科。我赞同深入研究。前几年我给研究生讲课时就讲过，中国教育史要从多角度、多侧面、多层次、多方位进行研究，要开拓研究新领域、新途径。我们要从教育思想史、教育制度史、断代教育史、专题教育史、各地区教育发展史、各学派教育发展史、教材教法发展史、少数民族教育史、中外教育交流史、中外教育史比较研究，等等，宏观和微观相结合地加以研究。这些工作我是难以做到了，我寄希望于中青年学者，'后生可畏，焉知来者之不如今也'，我深信年轻一代会超过我们这一代的。"毛先生在春风化雨般的话语中，为中国教育史学科发展规划了蓝图，引领了新时期教育史学科的发展。

毛先生对教育史研究方法极为重视，他常常引用《世说新语·文学》中"北人读书，如显处视月；南人学问，如牖中窥日。"意思是说读书少则成见少，易于接受新知，如在暗处看日，较为显著。他常常讲，研究教育史不看书，或者只看少量的书，显然是不够的，但是，如果一头扎进"故纸堆"中出不来，别说"视月窥日"，恐怕连吃饭的地方也难以找到。他向来鼓励我们多读书，多积累史料，但一向反对为"做学问"而研究教育史。历史总是向前运动的，史料为人们认识历史轨迹所必需，史料反映历史，但毕竟不是历史本身，如果学生在史料堆中出不来，那就不如不读书。中国古代一些皓首穷经的经学家，进得去出得来的不多，倒是那些经学"门外汉"却很有新颖见解。如明代的王阳明并不崇拜朱子，也不把四书五经看得那么重，他批评朱子教学生死背经典是"玩物丧志"，他倒是超越了宋明诸儒，推动了明中叶的教育改革。王艮、李贽这些人也算不上经学大师，但他们的思想至今还有余晖。毛先生常告诫我们，任何古今中外学者的著作，我们顶多把它看做其个人的一次长篇讲话，一种历史人物的留声，因此听起来就不会乱耳目，看起来也不会忘物我。总之，史料功夫要扎实，但不要囿于史料以至窒息自己的头脑。我们的史料工作要继续做好，但是教育史研究要超越史料局限，要从丰富的史料整理与研究中走出来，站在史料的塔顶上高瞻远瞩，瞄准历史发展的远景目标，为教育改革指明教育发展的历史方向，帮助人们建立具有中国特色的教育科学理论体系。

研究班毕业后，我留校工作，和毛先生接触得更多，改革开放后，我作为毛先生的编外助教，协助他带学生，搞课题，组织力量编书，和毛先生之间的师生感情历久弥深。毛先生很乐于奖掖后进，对于约稿、作序等事总是不好拒绝，但随着毛先生年事已高，这些工作逐渐有点力不从心，遵从毛先生指示，我便开始"捉刀代笔"，写好后拿给毛先生修改，起初毛先生改得很多，慢慢地，我逐渐熟悉了毛先生的口气、文风，改动得就少多了。有一次，《教育史研究》创刊邀请毛先生写一点东西，毛先生一口答应，很认真地摊开纸张，写下"《教育史研究》创刊很有意义"，可是到了快交稿的时间，我向毛先生转述了编辑催稿的意思，毛先生说他已经写好了，就在桌子上，还是那十一个字，我只好代笔，写完后给毛先生看，他说挺好，直接把名字签了上去，一个未改，我当时还挺高兴，把它当做自己水平提高的一个表现，现在想来，很大可能是毛先生精力不济，看不了那么多的东西了。

毛先生常常对我讲，人文科学与自然科学很不同，对于做人文社会科学的工作者来讲，人文科学的80%是怎样做人，20%才是做学问，但好多人不明白这个道理。我牢记着毛先生的告诫，努力去实践毛先生"严于律己，宽以待人"的嘱咐，解决了不少棘手的难题，结交了很多朋友，共同做成了几件事情，获益匪浅，我也常常将毛先生这个论断讲给我的学生们听，希望他们能继续将毛先生的衣钵传递下去。

陈景磐先生

陈景磐先生是福建人，个子挺高，精神矍铄，早年毕业于教会学校，英语底子很好，后留学美国，在哥伦比亚大学获得教育学博士学位，他的博士论文由商务印书馆出版了英文版。陈先生很实事求是，当有同学很敬佩地说陈先生博士论文能有国内知名出版社用英文出版时，他很冷峻地淡淡一笑，这没有什么了不起，哥大的传统而已，学生不提交出版的论文，是拿不到博士学位的。按照哥大规定，当年博士论文一定要出版成书，缴入大学100本才能得到博士学位。当时美国出版太贵，我没有那么多钱，便仿效众多中国留学生托人将论文带回上海，交"商务印书馆"一类的出版商代印，没有什么大不了。他一席风轻云淡的话语，一下子打碎了我的那位同学的崇拜之梦，我们不难从这样一件小事中窥见陈先生的真性情。

陈先生是从中国人民大学教育学教研室合并进入师大的，很有学问，但脾气很大，平时很严肃，使人望而生畏，不大敢和陈先生亲近。加上师母潘欢怀先生也是教育系老师，原本是女子教会大学毕业的，和陈先生一起留过洋，英文很好，在20世纪50年代中期还自学了俄语，曾和顾明远老师他们一起翻译过不少俄文书籍，是个事业型的女强人，我们都有点怕她。在我们读研究生班时，同学们都不大敢去陈先生家，向他请教问题，包括他自己带的学生。潘师母为了陈先生身体健康考虑，制定了严格的来访时间限定，每次有学生来，潘师母总是拿个小凳子，坐在客厅和卧室之间，不断报时，"5分钟到了"，这是提醒我们要加快速度，"10分钟到了"，是会客时间结束了；有时候师生谈兴正浓，她就会毫不客气下逐客令："陈先生要休息了，你们以后再来。"陈先生总是无奈笑笑，会谈便匆忙收场。但对我是个例外，潘师母说"王炳照是班长，可以破例"，所以我去他们家次数很多，而且每次待的时间是自由的。2005年在筹办陈先生百年诞辰时，年届九旬的潘师母还饶有兴趣讲起这件事，说对我是"法外开恩"。

改革开放后，当我在帮毛先生编写书籍时，有时在校园中遇到陈先生，他总会很关切地问起书稿进行的情况，常常会向我感叹："毛先生命好啊，有那么好的学生帮他，帮他带学生，帮他写书，帮他抬轿子，我的命不好。"时隔多年，当我也迈入古稀之年后，陈先生的感叹常常会在我耳边萦绕，我也时常在想，毛先生和陈先生，两人都毕业于国内大学教育系，都留过

从左到右依次为：张鸣岐、毛礼锐、陈景磐

洋，知识背景相似，都是在1952年院系调整时，分别从辅仁和人大转入师大教育系，同年被评为三级教授，先后都担任过教育史组组长（主任），研究班的导师，承担了文科教材教育史教材的撰写，毛先生等编写的《中国古代教育史》和陈先生编写的《中国近代教育史》1979年同时由人民教育出版社出版，这两部书在中国教育史学科的恢复和重建中，发挥了不可替代的作用。可以说，到改革开放初期，两人是不分伯仲，之后，却出现了"毛先生命好"的学术发展倾向。究其内在原因，可能诚如西哲所讲"性格决定命运"，毛先生平易近人的性格，出众的组织能力，是吸引众多学生团聚在毛先生周围的关键原因。

　　说实在话，陈先生学问做得很好，但性格比较好胜、倔犟，不像毛先生那么随和，学生们都怕他，不大敢和陈先生亲近。实际上，两位先生都是很可爱的人，特别到了晚年，见了面就暗中较劲，不见面又会相互挂念，有点老小孩的样子。西安第二届教育史学术年会，当时为了毛先生还是陈先生担任理事长的事情，大家讨论了很久，很犯愁，都觉得难以平衡，最后决定让陈学恂先生来担任理事长。平常在市内开会，我常为先接哪位先生犯愁，毛先生住在小红楼，在校园里面，陈先生住在靠学校东门的乐育2号楼2层。第一次，我向学校车队要了车，先接上毛先生，然后让车开到陈先生家楼下，这样从东门出去很方便。但陈先生下楼后，看到毛先生在车里坐着，扭头就走，我解释再三，陈先生还老大不高兴，说毛先生是贵人，需要第一个接；第二次，我就颠倒了顺序，结果是毛先生不高兴。我左右为难，后来就想了一个办法，比如先接了毛先生，就向陈先生解释："毛先生还在车内等您呢，您就不用等，上来就可以出发了，多好。"同样一套说辞，随着主人公的变化而不断被重复。他们看我这个样子，都笑了，都说他们是逗着玩解闷的。在我面前，他们从不掩饰自己的感情，反倒觉得更为亲切。

陈元晖先生

陈元晖先生，曾担任东北师范大学教育系主任兼附中校长长达七年之久，有在陕北延安抗日民主根据地和东北解放区长期工作的经验，在延安中央研究院教育研究室和新中国成立后在中央教科所工作都以教育学为主要研究方向，对教育学研究颇有心得。他自己戏称自己为"杂家"。事实也确实如此，他在学术上的成就不仅仅限于教育学，在心理学、中外教育史和哲学领域都有令人瞩目的著述问世。《心理学研究方法》、《论冯特》以及对巴甫洛夫、皮亚杰的研究在心理学界享誉甚高；有关康德哲学的研究在海内外都有影响，并两度代表中国出席国际康德哲学研究年会。他融会中西、贯穿古今的渊博知识，使得他在课堂上纵横捭阖，中国现代教育史课程成了古今中外、上下五千年的知识交会点，我们都很服气。

1962年导师重新调整后，我师从陈元晖先生，协助过陈先生查找书院方面的资料。陈先生除了研究中国现代教育史之外，他对书院特别感兴趣，做过一些书院方面的研究。他觉得中国传统教育当中的书院很有特点，认为它既是传统教育，但是又不同于官学的教育，很想总结一下书院的情况。我帮他查找了好多有关的资料，特别是翻阅了大量书院志之类的资料。后

与陈元晖先生合影

北海合影

来，等他出版《中国书院史》时，修改书院书稿的任务就交给了我，就是因为他知道我帮他查找过很多这方面的资料，有一定的基础。

陈先生最幽默，讲课慢条斯理，从容不迫，谈吐风趣，课堂气氛十分活跃。在上课时和平时对学生的要求，都强调学教育的要心态开放，不要故步自封，要学些哲学。他一直讲，哲学和教育不是两种不通的"行业"，而是"同行"，教育学如果不同哲学结合，就失去了理论基础，缺乏理论基础的学科，就不能成为科学。他也是这样做的。陈先生很平易近人，他和楼管员、清洁工、邮递员等关系很好，他总是讲，对这些办公室工作人员，要比对待教师更为尊重，他们的工作更为琐碎，辛苦，要加倍尊重他们。读书期间，陈先生隔一段时间，都会带我们几个学生到西四的一个小餐馆里，点上一盘红烧肉，看着我们吃，说是帮我们补补脑子。那里的服务员都很尊敬他，每次都是"先生"、"先生"的称呼他。每次都是他掏钱，说我们还没有上班，所以由他来付钱。

研究班师生关系空前密切，老先生们大多是"海归派"，外语特别好，不仅学贯中西，文史哲兼通，而且对待教学、对待学生极为认真，循循善诱，教学艺术高超，善于运用学生比较熟悉的浅近事物阐发较深刻的道理，从多方面激发学生的学习兴趣，在我们心目中绝对是"仰之弥高，钻之弥坚"。尽管在我们学习期间，依然难以摆脱政治运动的影响，但就研究班学习环境来讲，可以说是占据了"天时、地利与人和"的便利条件。我们这个班，尽管那时还有很强烈的政治气氛，但同学之间的关系非常好，没有因为政治运动来了，班上出现批判这个批判那个，同学之间谁整谁一下等事，大家都挺怀念和留恋那几年的研究生生活。师生关系很融洽，我们经常成群结队地到毛先生家聊天，海阔天空，毛师母总是笑吟吟地给我们准备好吃的；我们班好几位同学都偷偷戴过陈景磐先生的博士帽，很陶醉地听陈先生讲他在哥大获得博士学位的往日荣光；陈元晖先生还背着他的德国相机，和我们一起到北海公园"荡起双桨"，进行划船比赛，给我们担任"专职摄影师"。

按当时政治要求来说，这些老先生都是资产阶级教育家，我们这些学生是党培养的新一代的专业人才，好像应该和这些老师自然保持一个距离什么的，有一个界限似的，但在研究班上确实看不到这个界限，老师和学生谈问题交往当中也没有戒心，学生也没有什么警惕老先生之类的，所以后来说我们班"拜倒在资产阶级专家的面前"之类的罪名，好像也没有冤枉我们，我们是真的很佩服那些老先生们，真心真意向他们学习，我们在本科时，看过的东西太少，知道的东西太少，和这些老先生一谈，他随时说的一个东西，我们都没看过啊，就想赶紧找来看看，感觉很有收获，对他们的学术、人品都是心悦诚服。对于我们来讲，老先生们起到了一个"引路人"的作用。

编外导师

程舜英先生也是我敬佩的老师之一。程先生20世纪20年代毕业于女高师，是中国早期的女大学生，先后在女高师、辅仁大学任教，50年代初随辅仁大学并入北京师范大学而到教育系任教。她学识渊博，功底深厚，教学和科研能力俱佳，颇得教育史界老前辈的赏识和器重。1956年晋升为新中国成立后的第一批讲师，成为教育史教研室的青年骨干。不幸的是，1957年"反右派运动的扩大化"，程先生因出身问题，被打成了"右派"，她被迫离开教学科研岗位，只得默默无闻地从事资料工作。

中国教育史研究班开学后，程舜英先生以资料员的身份，协助老先生们做了大量辅导工作，从资料的检索、读书指导、疑难解答、作业修改，直到论文写作，都主动、热情、义务地为每位研究生提供帮助。事实上，程舜英先生成了我们研究班的"编外导师"。四十多年后，程先生仍能准确地记得研究班每个人的名字，并关心着大家的工作和生活。我们每个人都由衷地敬佩她、感谢她。时光流逝，转眼已近半个世纪，当时的情景，仍历历在目，难以忘怀。

"文化大革命"结束，程先生获得平反。年逾花甲的她，不计前嫌，接受返聘，挑起培养青年教师、帮助青年教师指导研究生的重担，她又成了"导师的导师。"程舜英先生长期从事资料工作，极大地妨碍和限制了她的才华的充分发挥。但她并不鄙视资料工作，恰恰相反，她始终认为，资料工作是教学科研的基础，对教育史学科而言，扎实的史料功底尤为重要。她常说："老话说得好啊，巧妇难为无米之炊。"因此，程舜英先生做资料工作是全身心投入的，是兢兢业业一丝不苟的。我们每次去拜访和看望程先生，她最关心的是三件事情：第一，教育史学科发展的环境和前景。她反复强调："不重视教育史是缺乏远见的"；"不重视教育史是无知的表现"。第二，青年学者的成长。她对一些青年学者学风浮躁、急功近利、追名逐利的现象，十分担忧。她常说："少壮不努力，老大徒伤悲；不坐冷板凳，难有大作为"。第三，教育史文献研究和史料建设。她说："缺乏史料，教育史学科就变成无本之木，无源之水"，她列举多位教育史界老前辈，如邱椿、孟宪承、顾树森、陈学恂等作为榜样，认为："从事史料建设，自己得益，后人受惠。前人栽树，后人乘凉。"这大概正是程先生献身史料工作的内在动力。

程舜英的力作《两汉教育制度史资料》（1983年初版）、《魏晋南北朝教育制度史资料》（1988年初版）和《隋唐五代教育制度史资料》（1998年初版），均由北京师范大学先后出版。这套中国教育制度史资料，是程舜英先生数十年的积累，耗费大半生的心血编纂而成的。中年时的长年累月，夜深人静，孤灯月影，耐着寂寞，翻阅摘抄古书；老年时严寒酷暑，忍着病痛，架着拐杖，坐着轮椅，往返于家和图书馆的路上。一幕幕动人情景，感人至深，催人自省。

按程先生原来拟订的编写计划，完成西汉、魏晋南北朝和隋唐五代三部分后，继续进行宋辽金元和明清两部分的工作，并为此做了大量的准备。终因健康原因，无法再去图书馆进行资料的摘抄、核对，而图书馆的古籍藏书不能外借、不能复印，编写工作被迫中止。同时，因为这类资料性的图书，读者面很窄，印数有限，经济效益难保，出版社安排出版的积极性也受到影响。程先生对此痛感无可奈何，留下深深的遗憾。

去年，程先生的家人将这些资料汇编起来，筹资出版，委托我来为先生的书写序。学生哪里敢给老师的书作序，盛情难却，我只得将自己先睹为快的感受写了出来。这套《中国教育制度史资料》并不单纯的是资料汇编，而是凝聚了程先生一生研究中国古代教育史的心得和成果，她通过编写框架结构的设计、史料的选择和编排、资料的注释和评点，融入了她的情感，展现了她的学识、才华和智慧。因此，程舜英先生编写的这套《中国教育制度史资料》，不仅是一部方便查阅的工具书，还是一部帮助我们提高中国教育史学习和研究水平的教科书和学术专著。尤为可贵的是，她为我们留下了"为人作嫁，甘为人梯"的高尚品格和精神财富，而将永世长存。

文科教材编写

我们上课没有什么教材，其他学校同样面临着教材短缺的问题。1956年华东师范大学孟宪承先生在主持中国教育史研究班，就有加强教育史教材建设的提议。在同年召开的全国中长期科学规划工作会议上，毛先生等老一辈教育史工作者呼吁要加强文科教材的编写力度。1961年4月，在周扬的主持下，教育部会同文化部共同召开了高等学校文科和艺术院校教材编选计划会议，召集了好多老先生参加。会前会后，老专家们畅所欲言，提出了很多问题，诸如对当时学术研究中的"以论带史"、"厚今薄古"和片面的集体写作等问题进行了深入讨论，周扬尽可能地吸收了老先生们的意见，形成了《关于高等学校文科教学方针和教材编选工作的报告》。随之，教育部专门召开了全国教育科学规划暨全国文科教材建设会议，教育学科中的"中国教育史"被列入教材建设的重点教材，还成立了专门的教材建设小组。教材建设小组按照学科优势，将"中国教育史"教材编写任务作了一下大概分工：按照中国古代、近代和现代三个历史分期，由四所学校编写两套教材，发行全国。一套教材由华东师范大学、杭州大学和东北师范大学承担，华东师范大学教育系重点是中国古代教育史，孟宪承先生负责；杭州大学（现已并入浙大）教育系集中在中国近代教育史，陈学恂先生负责；东北师范大学负责中国现代教育史，马秋帆先生负责。另外一套教材则由北师大独力承担，也就是说要编三本教材，包括中国古代、近代和现代，由毛先生负责。

1961年6月21日，陈垣校长邀请范文澜、翦伯赞、林砺儒、邱汉生等著名专家，就教育系中国古代教育史编写组拟定的"中国古代教育史"大纲举行座谈会，集中讨论中国教育史教材编写中的一些问题。在会上，大家讨论热烈，基本上肯定了《中国古代教育史》初稿中以儒家思想为主线的撰写原则，提出要广泛征引史料，要重视自然科学、宗教以及文学作品与教育的关系。会上还提出一些重要观点，如"中国教育思想家中，不见得因为唯心主义者就不进步，孟子主张性善论，在教育上注重启发。荀子主张性恶论，提倡权威教育。前者就比后者要好一些"；"对待古代的教育家，态度要平实一些，批判的火气不要太大"；"宗教的作用不能用'麻醉'字眼简单地加以否定"。这些著名学者本着学术发展的直觉，对当时的用"唯物主义和唯心主义来判断对错"的学术风气有超前的认识，"用历史唯物论的观点写教育史，重视教育思想领域的唯物主义和唯心主义的斗争是好的。但在教育史中一般写唯物和唯心的斗争，未免太空，不易深入"。这种学术界老先生的观点，现在看来，的确有点高瞻远瞩的意味。

为了编选好这套教材，老先生们以"中国古代教育史编写组"的名义，将讲义中的部分内容整理成文，将这些成果集中发表在《北京师范大学学报》（哲学社会科学版）第三期上（1961年6月），如《中国原始社会和奴隶制社会的教育》、《战国时期的教育》、《魏晋南北朝时期的教育》（署名为毛礼锐），之后，在1962年第1期上，发表了《秦汉时期的教育》，以便和学术界同行交流。

在这种情况下，老先生给我们班上课时又增加了一个目标，就是将授课与编写教育史的教材结合在一起。也就是说，会议后，研究班的培养目标慢慢发生了转移，不再单纯学习中国古代教育史，而是根据教材编写的需要，近现代教育史也要学习，这样，中国古代教育史研究班的名字被逐渐淡化，后来就直接称为中国教育史研究班。

可能和编写教材的任务有关，老先生们尽可能系统去讲授自己所承担历史阶段的教育史课程。尽管他们新中国成立前便颇有名气，著作等身，但没有独立系统地编写过教育史教材，熟悉的也是陈青之、陈东原、王凤喈等编写的教育史，新中国成立后一段时间这些是师范院校教育史的通用教材。在实际讲的过程中，尽管他们极力注意系统授课，但在讲的过程中，对自己擅长、颇有研究心得和感兴趣的人物、制度，老先生们花的力气最大，不大像教材里面那样面面俱到，能体现出他们的一些研究心得和体会。

为了完成教材编写的任务，老先生们对主攻方向进行了一次调整：邵鹤亭、瞿菊农、毛礼锐三位先生，负责中国古代教育史教材的编写，相应地中国古代教育史课程也重点由他们三位来上；陈景磐先生则重点承担中国近代教育史教材和课程；由于这些老先生中没人专门搞过中国现代教育史，现代教育史的课程一度搁浅。后来专门从中央教科所聘请了陈元晖先生（后长期在中国社科院工作），由他来承担教材现代部分的编写，同时为研究班讲授该部分的课程。按照学生研究专长和兴趣，重新调整了导师，拨出两个学生分给了陈元晖先生，我和何晓夏跟从陈先生学习中国现代教育史。

讲课结束后，老先生几经修改的书稿也大致成形，但由于随之而来的政治运动（"四清"和"文化大革命"）中断了书稿的出版，被"束之高阁"起来。直到1979年4月，这套由北京师范大学承担的教育史文科教材，即《中国古代教育史》（由毛先生对古代教育史的书稿作了简单修改，毛礼锐、邵鹤亭、瞿菊农主编）、《中国近代教育史》（陈景磐主编）和《中国现代教育史》（陈元晖主编），由人民教育出版社出版。此时，邵先生和瞿先生皆已作古，时隔16年，这套教材"千呼万唤"，才和读者见了面。

图书馆抄书

从1961年9月到1963年暑假，这两年的时间相对来说比较稳定，没有运动的冲击，我们得以静下心来，好好读了两年书。而且在研究班有一个好处，我们属于"三不管"，学生处是管本科生，但不管研究生；人事处管教职工，我们又不是教职工，教职工的一系列活动我们不需要参加，所以我们很是逍遥自在。除了上课就是在图书馆看书，没有外人外物来干扰。但到1963年年底又不行了，开始下乡"四清"，又去折腾运动了。

图书馆成了我读书的好去处。除了听课之外，大部分时间就待在图书馆里，我多次讲，研究班最大的收益，就是在图书馆看了些书。我是1957年到师大教育系读本科，正好是一个运动接着一个运动，赶上政治运动多、劳动改造多，大部分的时间都花在这上面，上课受很大的影响，即便你想认认真真读书，也不会有这样一个环境。我们的专业课程学习，基本上是刚学完一门就被批判了，几乎是学完一门，批完一门，学完了也全批完了，批完了我们就毕业了，没有系统地好好读几年书，幸亏有研究班这几年，蹲在图书馆的时间多一点，看了些书。

学习中国教育史，需要查阅大量历史文献和资料。要读书当然是首先有书可读，但许多图书是个人无法买到或买不得的。因囊中羞涩，我曾经时常站在书店的柜台边找书读，经常会碰上书店售货员不友好的目光；有时也向当时的几位老先生借书读，往返毛礼锐、陈景磐、邱椿等先生家中，次数多了自己都觉得不好意思。所以，最可靠最方便的办法是利用图书馆。可以借阅，可以在各阅览室查阅。当时，北师大图书馆藏书就已甚丰，在北京仅次于北京图书馆和北大图书馆。当时图书馆阅览室很是宽敞明亮，除分设文理科阅览室之外，还专设报刊阅览室、工具书阅览室、教师和研究生阅览室，都是凭阅览证进入，自由取阅，极为方便。所有节假日照常开放，而且图书馆管理人员大部分态度热情，业务熟练，服务周到。许多外校的同学都非常羡慕我们。

尽管如此，仍然不能完全满足读书用书的要求，许多图书不可能常备于身边，一旦需要往往又碰上书已出借的情况，十分着急，况且不少古籍，特别是善本书，不能外借，又无法复印，唯一的办法就是到图书馆抄书。开始觉得这个方法很笨，字字句句逐一手抄，常常顾了读顾不了抄，顾了抄顾不了读，速度极慢，效率甚低，一小时抄不了几页。一部书数百页、上千页，何年何月抄完？而且要高度紧张，几天过后，手痛腕酸，肩胀臂麻，真有"望书兴叹"之感。咬牙坚持了月余。不料想，随着日渐熟练，竟兴趣大增，不仅速度加快，效率提高，逐渐养成了边读边抄，随读随抄的读书习惯，并能运用得悠闲自如，情趣盎然。

两年多的时间，我在师大图书馆，先后抄过《古今图书集成》、《文献通考》、《四库全书总目提要》以及著名书院志、蒙学读物、小说笔记和地方史志等400余万字。通过抄写保存了文献资料，加深了记忆，锻炼了意志，还感悟出不少治学修身的道理。每当看到手抄的材料，一字一句，一行一页，日积月累，居然能集页盈尺。常常暗自惊异，深感古人有谓"千里之行，始于足下"，"百仞之丘，起于沙"的言说，果然不侵。通过抄书获得的教益远远超过了抄书本身，对少年时学过的荀子的《劝学》中的"积土成山，风雨兴焉；积水成渊，蛟龙生焉；积善成德，而神明自得，圣心备焉。故不积跬步，无以至千里；不积小流，无以成江海。骐骥一跃，不能十步。驽马十驾，功在不舍。锲而舍之，朽木不折；锲而不舍，金石可镂"，有了更深的体会。积少成多，集腋成裘，积微见著，积善成德，是学问、品德增长和提高的唯一途径；用心浮躁、一曝十寒，终将一事无成。对于"抄书"体悟到的道理，永铭难忘，我时常将这个抄书经历讲给我的学生们听，并借以自勉。可惜的是，那时我在图书馆抄写的大量卡片，在"文革"中都弄没了。

同学关系

入学时我们班有四名党员，杨立俊、吴玉琦、肖功赏和沈茂骏（前三个都是青年教师），其他都是团员，当时就成立了研究班党、团支部，党支部书记先是沈茂骏，后来换成了杨立俊，团支部书记是吴玉琦，苗春德和邱瑾分别担任团支部的组织委员和宣传委员。我被任命为班长，何晓夏是生活班长。研究班同学大多年龄不大，业务和专业基础都比较好，但有一个比较明显的问题，就是他们的家庭出身不大好，大多出生在城市，社会关系复杂，有这样那样问题的比较多，有好几个同学还有海外关系。我出身农民，三代贫农，被任命为班长，用党支部书记的话讲"负有引导和监督正确舆论方向的作用"。相对本科时来讲，研究班的政治氛围弱化了不少，同学们都有感于本科期间的频频政治运动，深切体会到求知的紧迫性，精力更多放在了专业学习上，建立在这种共识上的同学关系十分亲密，融洽，同学之间互相关心，不仅在业务学习上你追我赶，相互切磋，政治上开诚布公，坦诚相待，生活上更是互相关怀，亲如兄弟姐妹，我很喜欢这种班级氛围。

沿袭本科时的传统，同学之间很少直呼其名，年龄大的称为大哥、大姐或老杨、老肖，以示尊重，年龄小的称为小蔡、小吴，还有雅称，邹君孟被称为邹子、宋元强被称为宋子、雷克啸被称为雷克等，尽管我和同学们住在一起，但延续本科时的外号，我依然被称为"大使"，这些称呼拉近了同学们之间的距离。同学之间在生活上互相关心，共渡难关，1961年的冬天北京特别冷，南方来的同学大多没有棉衣，棉被单薄，冻得难受。为了帮助南方同学度过北方严冬，我们不仅在本科毕业生废弃的草垫堆中寻找出厚实的，拖来铺在他们床上，还自力更生，给他们添置了"棉衣"。说起做"棉衣"，里面还有着一个有趣的小故事，南方同学缺少棉衣，商店里倒是有卖成衣的，但一是他们买不起，10块钱一件不是个小数目；二是要凭票供应，从哪里一下子能找来6张棉衣票？最后大家一合计，搜罗棉花票，决定自己动手做。党团支部充分发挥组织力量，经过多方努力，拼凑了6张棉花票，买来了棉花，布票难以解决，最后决定买不要布票的人造棉布，原料弄来了，但新的问题接踵而来，谁来裁剪、成衣？谁会裁剪、成衣？看大家一筹莫展，我主动承担了这个艰巨任务。之所以这样有底气，是因为每年我都动手将自己半旧的棉衣拆洗一次，还能照原样缝好，很整齐。经过认真测量、计算，更考虑到自己的实际水平和原材料所限，我做出决定，"弃棉衣改棉坎肩"，没有专业的量体裁衣，而是比葫芦画瓢裁剪后，便飞针走线地缝起来，引来不少同学围观，一天工夫，6件絮得厚墩墩、软软的棉坎肩便"横空出世"，大家穿起来还挺合身，个个都眉开眼笑。这些简

研究班郊游照片

陋的"棉坎肩",伴着他们度过了四年的研究班生活,有的同学毕业后多年还舍不得丢弃,用以纪念那个"峥嵘岁月"。

班里有个不成文的规定,凡同学家中有亲人来校,大家都去看望,1962年"五一"前夕,苗春德的母亲从河南老家来校,同学们围着她老人家问寒问暖,周六还陪着她到大操场看露天电影,"五一"晚上,有四名同学还专门陪伴她到景山公园观看了天安门上空的礼花,老太太在学校待了一周,走的时候特别开心。亲人的到来,也给我们带来了不少惊喜,1962年春节,杨立骏的夫人从安徽农村来学校探亲,背来了半扇猪肉,大杨将猪肉送到了研究生食堂,恳请大师傅每天中午另做一盆红烧肉,全班聚餐,大家吃得齿颊留香,让我不由回味起少年时期在冀县中学的"周末幸福生活",半扇猪肉让全班一连吃了三天,这在每人每月只有半斤肉限量供应的年代里,实在是一种难忘的享受。

研究班的同学,虽来自不同的校系,专业背景有所差别,但大多是忠实敦厚、潜心笃学的有志青年,每个人虽个性不一,但汇集在一起,便组成了一个和谐奋进、团结友爱的集体。同学之间互相理解、互相关心,班级里充满了理解和善意的氛围,每个成员似乎都一洗本科时期政治运动频仍的尘埃,有着返璞归真的坦荡和充满青春激情的快意,同学们在如饥似渴地吮吸着知识浓浆,为自己的理想之梦而努力的同时,我们青春的足迹踏遍了京郊大地,我们去过昆明湖泛舟,去过香山、八大处、长城等地远足,十几个年轻人,七八辆旧自行车,食堂的几个馒头、咸菜,便组成我们一天的丰富的野餐生活,崇山峻岭中便回荡着我们年轻的笑声……正是在这些交往中,大家加深了认识,畅所欲言,活跃了思想,更结下了一辈子的情谊。

课外生活

研究班课外生活丰富多彩,有滋有味。我们积极响应北京大学教授马约翰的倡导，"每天锻炼一小时，健康工作五十年"，早晨，大多是六点起床，在宿舍门前的水泥地上做广播操、打羽毛球、到操场跑步、听中央广播电台广播新闻；傍晚到操场打篮球、到附近农田散步、到北太平湖游泳、到旧书店淘书，看周末大操场的"露天电影"等。校外郊游也时常会有，更时常的是在校内打篮球。每天下午四点后，研究班的几个男生，记得有苗春德、陈德安等几个个子高大的同学，每人拎上一瓶开水，抱着一个破篮球到北操场的篮球场地，风雨无阻。不管是打半场，还是和其他同学混在一起打全场；不管认识与否，也不管水平怎样，到了场地找机会就上，"厮杀在一起"；每次都是大汗淋漓，很是爽快。一直到天全黑下来，完全看不见投篮筐了，一暖瓶的水也见了底，我们才"尽兴收兵"，一路上还余兴未了，晃晃荡荡，提高嗓门在探讨球场得失。

在20世纪60年代初期，学校附近还有大片农田，甚至学校里还有几家农户，在靠北京邮电大学的院墙边固守着大小不一的几块农田，种植着五花八门的时令蔬菜和农作物；南面新街口豁口的北太平湖还是波光潋滟，垂柳婆娑，是夏天游泳、避暑的好去处，而冬天则是滑冰的天然冰场，白雪皑皑、一片银装素裹的北太湖边，配上几个卖糖葫芦的，那几垛闪着冰糖的光芒、红彤彤的山楂冰糖葫芦，本身就是一幅很写意的水墨画。我们饭后散步，基本就在这方圆一里的范围内活动，不大能感觉到大都市的喧嚣，更多的是传统中国"耕读"的宁谧。

当然，偶尔也会到东单、西单逛逛、看看，和读本科时一样，次数有限，一是步行太远，公交车2分钱起价，到西单就是一毛钱了；二是囊中羞涩，多看无益。到城里去的最重要目的，是逛西单附近的北京书店，还有琉璃厂的旧书摊，淘书。这两个地方人群流通大，各类书籍也比较多，经常在书摊上能看到一些著名文人、学术界大家的藏书，他们的子女大多未能子承父业，在处理其身后事时，藏书是最早、也是最轻易处理掉的东西，大多会作为废品卖出。据说这些书摊老板神通广大，他们对不少老先生的家庭情况一清二楚，书的来源自然就比较顺畅，他们成斤买来，再一本本地转卖出去。旧书摊的书分为两种，一种是通过各种渠道流散在民间的珍本、孤本，这些比较值钱，价格也高；一种是普通藏书，包括各种专业书籍。对于我来讲，前者是无力问津的，我感兴趣的是历史、教育方面的专业书籍。一般来讲，这些旧书大多只相当于新书价格的2～3折，自然对我这种"爱书无钱"人有很大的吸引力。我的好多书都是从旧书摊淘来的，如侯外庐先生主编的《中国古代思想史》（上、中、下三册），我只花了1.2元便买了回来，特别开心，感觉像捡了宝贝一样。

生活待遇

研究班的学费、宿费免交，我们的身份介于学生和老师之间，每人每月42元补助，不再称为生活费或人民助学金，而是工资，尽管比本科生毕业直接工作56元少了14元，但比原来十多元的生活费高了很大一截，当时感觉钱一下子多了起来。

1961年，贯彻中央"调整、巩固、充实、提高"的方针，开放农村集市贸易，采取"高至卖得出，低至顶得住，敞开供应，逐步调低"的原则，对少数商品，如上海凤凰、永久牌自行车、糖果、糕点、针棉织品、名酒、手表以及高档饭菜等，实行高价政策。物价较前两年有所下降。当时，一斤猪肉是0.78元，花生油是0.89元一斤，大米一斤0.11元，基本没有超出一元的。而且学校给研究生班每生每年有100元的书报费，可以凭发票报销，专款专用。这为我们自己有能力积累一点专业书籍、工具书提供了强有力的物质基础，我买了成套的《续资治通鉴长编》、《诸子集成》、《中国历史资料长编》等，可以买一些比较喜欢的专业书籍，感觉很是开心。

按照当时的物价水平，42元的研究生"工资"养活两个人一点问题都没有。15元钱就够在学校一月生活了，同学们大多给家里寄钱，10～15元之间的居多，我每月给家里寄20元，还有比我多的，苏渭昌每月给家里寄25元，剩下的基本还够吃。当时42元可以干很多事情，当时我们班的不少同学看过梅兰芳先生不少演出，一张票一元或数元不等；我还记得我还看过歌剧《茶花女》、芭蕾舞《白毛女》、《红色娘子军》等，感觉很震撼。当时穿不怎么讲究，女同学也是这样。

我们住在西斋西楼，3个人一个宿舍，不再像本科时男女生分开，而是分层混住在一个楼上。每人有一张床、一个"一头沉"（一侧带有小柜子的桌子）的书桌、一个书架和一把木板椅子，宿舍比较安静，是个读书讨论的好地方。不过我还像本科时那样，大部分时间喜欢待在图书馆。

当时学校还有一个专用的小食堂，专门对全校研究生开放。伙食还可以，又基本恢复到读本科之初的标准，伙食费大多10元左右，同学们也没有再像本科时整天为肚子犯愁。我们班还有专用的教育史资料研究室，负责人就是程舜英先生。白天没课的时候，还有晚上大多数时间，同学们都会到资料室看书、自习。1963年政治运动又来了，我们被赶到乡下去搞"四清"了，平静而有规律的学习生活也就结束了。

救了母亲一命

我自己住院的经历，无意间救了母亲一条命。在我读研究生时，正赶上了三年自然灾害，我们弟兄几个都漂泊在外，只有最小的弟弟在家。尽管读研究生时已开始发工资，但为了节省车费，除去读研究生第一年春节回去，见到阔别七年的母亲，我依旧不回家，将节省下来的钱全寄给母亲。

当时没有电话，联系全靠电报。有一天，突然有强烈的感觉，没有来由的，就是特别想赶回家看看。我把自己和同学所有的糖票和点心票搜罗来，买了水果糖和方酥。正当我走到村口时，正赶上叔叔朝村外走，他很诧异，说正准备给你拍电报催你回来呢，你娘不行了。当我气喘吁吁跑回家中，母亲已奄奄一息，没有意识了，大娘和婶子等人正在手忙脚乱地寻找稍新点的衣服，准备后事。他们说母亲已一个多月没见米面，全靠野菜维持生存，近几天拉肚子，眼看着人就不行了。依据我住院的经验，应该是脱水了。当我给乡里卫生员说，输点葡萄糖试试吧，可能是脱水了。卫生员无奈地讲，乡里卫生院根本没有葡萄糖，况且输这种营养药要县长签字才行。找县长签字，对于我们普通农家来讲，基本上是天方夜谭，而且从家到县城来回80多里路，也没有时间啊。正当大家黯然失神的时候，我突然想起了我包里的水果糖和点心，就赶紧找了个碗，把水果糖放在温水中化开，撬开母亲的嘴，一滴一滴慢慢滋下去。我到家时是傍晚时分，到后半夜，在五块水果糖作用下，母亲已经恢复了意识、能说话了；到天明，母亲吃下了水泡的三块点心，已经能坐起来了，大家都高兴得不得了。我赶紧回学校，将自己平时积攒的零碎粮票全部摊在床上，有9.8斤，我还没有来得及高兴，新的困难马上出现：我还是学生，没有购粮本，仅有粮票还是买不到粮食；还有，即便我真能买到粮食，怎么带出北京还是个大问题，因当时处在三年困难时期，从城市带粮食到农村是违法的。无奈之下，我只好硬着头皮去找当时教育系的团总支书记杨之岭同志，讲了家里的情况，她很爽快，说特事特办，不仅给我开了带粮回家的组织证明，还把自己家里的粮本借给了我。就这样，第二天下午，我抱着这近10斤救命粮又回到村里，母亲竟慢慢康复了，又多活了30年。

西红柿婚宴

1962年6月，我和胡秀经过三年多的时间考验，准备结婚。结婚时，没有住房，也没有家具和床，我们买了一个大床单，一对枕套，就权当做了全部家当。结婚当天，胡秀同事将自家的房子借给了我们，充当了"洞房"；我们原本各自做了一件人造棉的衬衣，准备结婚时穿，但我之前只有一件衬衣，实在倒腾不开，就提前穿了，结婚前就洗了一下，充当了礼服。我们拿出积攒了五个月之久的糖票，买了2斤凭票供应的水果糖，八毛多一斤；议价糖（用漂亮玻璃纸包装的、花色和种类比较多一点的）不要票，最便宜的也要五块钱一斤，咬牙也买了两斤，放在两个借来的大托盘里。

岳母和我们的合影

双方家长没有见过未来儿媳、女婿，更没有出席，参加我们婚礼的，是我们研究班和本科时的同学，而招待大家的婚宴，则是我们班从菜地采摘的两大脸盆西红柿。

结婚前，我和胡秀反复谋划，为如何请同学们犯了愁。苏渭昌主动请缨，说他"可以策划一个别开生面的婚宴"。看他信心十足的样子，我们也实在想不出办法，就索性不管了。20日那天，用课桌拼起来的长长餐桌，上面摆了清早从我们班菜地摘的、满满两大脸盆红彤彤、带着水珠的西红柿，苏渭昌忙得不亦乐乎，连件干净衣服都没有来得及换，就穿着件脏兮兮的圆领老头衫，和吴玉琪一起充当了我们的司仪。同学们都眉开眼笑，围在一起，一边欢笑，一边吃这个"西红柿婚宴"。最后剩下的两个脸盆，便是大家送给我们的"新婚礼物"。多年后，每当同学们聚会，他们都会津津有味地讲起这个"西红柿婚宴"。

结婚后，胡秀的学校借给我们半间房子（就在她的办公室内，用办公的柜子隔开的里面半间），这里就成了我们的家，胡秀的哥哥送给了我一辆半旧的28型加重自行车，成了我的主要交通工具。因为北京市第二师范学校地处南城，从师大到这里，差不多要穿过半个北京市，骑自行车将近两个小时，我平常就住在学校宿舍，差不多两周回来一次。我们结婚后一年多，岳母来看女儿，这才第一次看到我的"真人"，老太太很慈祥，专门到照相馆合影，说要拿回家给哥哥姐姐看看我们生活得很好。周末我回家的时候，研究班的同学常常会"纷至沓来"，"打秋风"，我就设法弄几个菜，胡秀还托人买点散装的二锅头，没有像样的盘子碟子不说，常常碗筷都不够，各种家伙什一齐上阵，有一次有同学居然直接端着锅来吃，说说笑笑，大家吃得很是开心，这种习惯一直延续下来，毕业后同学聚会或有同学从外地来京，大多是在我家聚餐。

赶上了"四清"

对于我们那个时代的人来讲，政治运动如家常便饭，不知道什么时间就会涉足其中。我们研究班在临近毕业时又赶上了新的运动，全部下放到农村搞"四清"（"清政治、清经济、清组织、清思想"，简称"四清"运动），而且还是"一茬接一茬"，先后下去两次，毕业整整推迟了一年。

1963年10月14日，教育部发出通知，组织高等学校文科学生参加农村社会主义教育运动，要求从本年冬季开始，高校的文科生分批到农村参加"四清"运动，而且规定四五制的中文系等各专业学生（包括研究生）参加运动的时间为一年到一年半，必须参加完一期"四清"的整个过程和一期"五反"的主要过程，才允许毕业。从1963年10月到1965年，全国范围内开展了社会主义教育运动，作为"反修防修"、防止资本主义复辟的一项重要措施。

按照三年制培养计划，我们应该在1964年7月毕业，大家在1963年年底开始做论文的选题工作。按照计划，我们根据兴趣和研究时段，开始和各自的导师商量，准备了一个论文选题，交给老师，由老先生去审查，类似开题报告，让老师决定是否可以做。但是，这次论文开题便和"四清"撞了车，我们是11月份报的题目，老先生们还在斟酌、审批之时，我们接上级命令，到乡下"四清"去了。

　　第一次"四清"大概有3个月时间，从1963年12月份到1964年2月底。12月中旬，在校党委副书记王正之带领下，教育系、中文系、历史系等5个系的学生1400余人，浩浩荡荡，参加了北京郊区大兴县6个公社176个生产队的农村社会主义教育运动，要求与工人农民"同吃、同住、同劳动"，"和工人农民画等号"，白天和他们一起劳动，晚上就和农民拉家常，访贫问苦。我们班的一位女同学用自己的手绢给农村孩子擦鼻子，被列为"不怕脏"、"和农民打成一片"的典范，被评为"积极分子"。

　　客观来讲，这种与农民"三同"的方式，对从来没有到过农村的同学是个很好的锻炼机会，每天劳动，不仅体质增加了不少，对农村、农民的认识有了切身体会，很有教育意义。6月份，学校还专门举办了农村社会主义教育运动思想收获展览会，展出了200多幅图片、50余件实物，观看的同学很多。

　　1964年2月底3月初，经过了3个多月的"四清"锻炼，我们陆陆续续回到学校。为了能按时毕业，经过和导师沟通，大家都开始着手准备论文，我选了陶行知关于教育与劳动的关系、体脑并用方面的内容。我将手头的资料理清楚，有了一个大致轮廓，开始动手写。因为我们是北师大第一届中国教育史研究班，据说已是"人各有主"，且工作单位都还不错。但当时北师大作为"反修防修"的北京市"四清"试点，重点目标是各系的教育质量，研究生教育成了批判的重点，说研究班的学生中普遍存在一心只做学术，走"白专"道路的倾向，而且在日常生活和学习中深受"和平共处"、"人性"、"和资产阶级知识分子打成一片"、"阶级调和"等"修正主义"观点的荼毒，成了被"和平演变"的"黑班"，是"烂掉了"的研究班，学校作出了决定，"不宜马上离校"。正当我们为毕业而奔忙时，突然传来"停止分配"、"继续留在学校搞阶级斗争"的消息，我们按时毕业的理想化为泡影。

　　9月底，又一次遇到传达"最高指示"，"阶级斗争是一门主课，必须年年讲，月月讲，天天讲"，不到实践中去参加阶级斗争就不能算毕业，这原本是针对本科生来讲的，因为学校对研究班作了定性，研究班也被牵连其中。就这样，继1963年冬参加"四清"运动后，我们又一次赶赴农村，"到广阔的天地中大展身手"，参加农村的"四清"运动。

10月16日，中文、教育、历史和政教系的高年级本科生、研究班和部分教师，还有机关的行政干部1200余人，在领队窦仲菊、张刚的带领下，分两批离校，赶赴西北和华北地区的农村参加农村社会主义教育运动。我们研究班是第一批，被派到了华北地区，我们在河北衡水和冀县的社会实践大课堂里锻炼了8个月之久。多年之后，大家常常说起那个被第二次"下放"的日子，之所以这么刻骨铭心，原因很简单，因为我们当晚在西直门火车站候车时，听到车站广播中播出了两个爆炸性新闻，一是苏联"修正主义头子"赫鲁晓夫下台；一是中国第一颗原子弹爆炸，"蘑菇云"成功腾空。听到这两个消息，大家都很激动，振臂高呼"中国共产党万岁"、"毛主席万岁"口号，场面非常壮观。

生产队长

我去的是衡水县的北郎子桥大队，是有着百余户人家的大村。到农村搞"四清"对我来说不是一件难事，原本我就是农家子弟，和农民"同吃同住同劳动"没有任何问题。我和当地老乡一样，盘腿坐到炕上，一边聊天；一边卷着自制的"土制烟卷"，烟叶是老乡自己种的，很粗很冲，抽到嘴里是苦涩有余，我曾患有肺结核，医生是严禁抽烟的。为了和老乡打成一片，我便狠下心，学会了抽这种自制烟草。

和我一块下到村里的还有一个从县里武装部下放的干部，姓邓，四十多岁，是个退伍军人，我们俩组成了"工作组"，他担任军代表，我担任生产队副队长。我这个队长和农村的队长工作性质一样，"队长队长，敲钟上响"，每天负责给社员派活，张三到后坡上开沟，李四到垄上除草，王五挑肥等；谁家媳妇和婆婆拌嘴、邻居家吵架，我都得去调解。吃饭是"派饭"，拿上粮票，轮流到老乡家去吃。我先后当了8个月的生产队副队长，当我因伤返回学校时，老乡们都不相信我是一个研究生，说怎么看都像一个生产队队长。

当生产队队长时的照片

意外受伤

受伤的历程很意外，也很惊险，可谓是"死里逃生"，也算是"逢凶化吉"的一个证据。一天傍晚我从公社开会回村，骑着老邓的28型的加重自行车，靠路的左边走。对面来了辆三匹马拉的胶皮载重马车。我判断了一下，路足够宽，我便没有下车。赶车的也在用鞭子招呼着马靠路边走，不知道什么原因，就在我与马车即将交汇的瞬间，领头的马一下子惊了，向我这边冲了过来，自行车翻在路中央，整个马车从我胸部轧了过去。据在场的老乡讲，当时我是七窍出血，身上的白衬衣混合了泥土，成了一件"血衣"。实际上，我很清晰听到他们在讲"这人被马车轧死了"，我动了一下手，还动了一下双腿，很吃力，但能感觉到"胳膊、腿还都在"，心里很欣慰。等我再醒过来，已经是在乡卫生所了，接下来一直低烧，昏昏沉沉40余天。当地医疗条件很有限，检查不出什么内伤，找不到我一直发烧的原因所在。因为这个原因，县里与学校商量，提前结束"四清"工作，我回到了北京。半年后听说工作组奉命撤销，老邓又回到了县武装部。

研究班毕业

等大批同学回到学校，已经是1965年6月底，已是又一届学生毕业前夕了。学校觉得也不好再延长我们毕业，就要求每人都交一篇论文，完成得比较早的，先提交给导师，导师提出一些修改意见；赶得比较急的，在7月底就直接交上去了。

研究班毕业合影

照片上人员名单如下（从左到右）：

第一排：工友、资料室老师、赵树芹、王招悌、于陆琳、马建民、王焕勋、尹德新、陈景磐、毛礼锐、张鸣岐、黄济。

第二排：宋元强、林志渥、庄永龄、王炳照、苗春德、蔡振生、肖功赏、高鸾祥、杨之岭、刘老师、冯可大、刘德华。

第三排：吴永湄、何晓夏、邱瑾、杨立俊、韩义裕、苏渭昌、沈茂骏、邹君孟、陈德安、李立民、雷克啸、吴慧珠、杨焕英。

毕业时，我们班实际上只剩下15人，有4人中途没有继续按研究生培养，转成进修教师了，原因大概有两个：一是他们二年级的时候外语考试没有及格；一是他们原来所在的学校要求他们提前回去上课。他们有些原来就有工作，动力也不是很足，自己也愿意改成进修教师，提前一年结束，回到原来的学校了。所以，他们在研究班的学习时间是两年，倒是逃过了反复下乡搞"四清"的运动。顾延藩身体不大好，已经住院了一年有余，临近毕业时向教育部申请了退学，等待分配。

在毕业论文的指导老师中，除去教育史教研室的几位老先生，当时教育学教研室的黄济先生也参与了学生的论文指导，杨立俊和邱瑾分别选择了《城市中学进行阶级教育的基本经验和问题》和《阶级教育是思想政治教育的基础》，指导老师便是黄先生。

毕业时，学校已没有了正常的教学秩序，学校工作处于一个非正常轨道运行，我们的毕业思想鉴定中不准写一点成绩、优点，只能"深挖"、"狠斗"自己内心深处的"修正主义和资产阶级思想"。研究班没有任何什么结业仪式，没有考试，毕业论文也没有履行答辩程序，只是由"中国教育史研究班毕业论文评议小组"给予了"及格"的评议结果，而且毕业也没有证书（当时还没有学位制度，我们又不便仿效苏联授予副博士学位，直到1980年学校才补发了毕业证）。就这样，我们结束了四年研究班生活，匆匆忙忙、稀里糊涂毕业了。

和我们一起毕业的，还有1962年入学的教育学研究班的3位同学，苏渭昌，庄永龄，吴慧珠，[①]他们比我们幸运，没有下乡去搞"四清运动"，按照既定的三年学制按时毕业。鉴于教育学研究班毕业生太少，照毕业合影时就和我们班合在一起。1965年7月26日，在当时的主楼前，"北京师范大学教

---

① 他们入学时经过了严格的考试，当时有三四十人之多，除去考外语和专业课，还经过了老先生们的严格面试，几番筛选下来，最终录取了3人。苏渭昌和吴慧珠从王焕勋先生，庄永龄师从庞达先生。至于他们有没有做毕业论文，不记得了。吴慧珠原本是从华东师大考过来的，毕业后回到了上海；苏渭昌后来长期在北师大出版社工作。

育系65年研究班毕业留念"，北师大第一届教育史研究班①这个特殊群体，便被黑白照片定格在历史的记忆中。

毕业分配难

当我们在1965年毕业时，随着国内政治形势的日益紧张，原本拟用人单位纷纷打了"退堂鼓"；加上我们被认为是"烂掉了的研究班"，政治上有点"靠不住"，一时间，我们由"紧俏产品"变成了"滞销产品"，当时分配可以说极为凄惨，一些同学的分配成了难题。经过多方努力，拖了很长时间，陆陆续续地分配出去10个人，还有5个人没有单位，雷克啸、顾延蕃、邹君孟、宋元强、杨焕英，编制放在高等教育部，在北师大继续参加"文化大革命"，实际上是在学校等分配。②从1965年的暑假一直等到1968年的10月份，和1968年毕业的本科生一起"搭配"出去，实际上等于按本科生分配了。

按理说，北师大培养的第一届中国教育史研究生，当时不论就业形势如何严峻，也不至于有5个学生分不出去，就业难的背后，一是由于教育史的专业性质；一是政治因素在其中的作用。

教育史属于基础学科，由于学科性质，难以和实践结合得多么紧密，1965年全国都在大力强调与实践的联系，由于大家对历史学科的成见，牵扯到历史，老觉得是搞老古董，没有现实意义，所以凡是牵涉历史这个学科的，都是被一再压缩，本科生教育史课程的学时越来越少，原来学校里面有一个做教育史的老师，那就足够了，不会补充新的教师。这个问题到今天还没有解决。

在"四清"运动中，不仅农村在搞"四清"，城市也在搞"四清"，高

---

① 照片中缺少同学陈兰芳，她因事未能赶得上毕业合影，转为进修教师的4位同学也没有参加，他们已于1964年7月份离校。

② 他们在学校待分配期间，是拿工资的，主要工作是搞政治运动。这种情况不仅仅限于我们班，其他专业也面临着同样的问题。

校也不例外，重点是强化阶级斗争观念。当时，北师大是高校"四清"试点学校，在"自我检查"过程中，有校领导指出研究班办班方向有问题，认为研究班把一些年轻人"引导到、拜倒在资产阶级名下去搞脱离实际"的老古董。这种舆论占据了主导地位，研究班的方向问题，被作为"四清"批判时的重点，研究生班被当做一个 "不重视政治学习，不积极参加政治活动，埋头搞研究，走白专道路"的典型单位。按照农村搞"四清"分类标准，分四类，分到第一类是最好的；第二类是比较好的；第三类是问题不少，但还算是基本合格的；第四类就是需要彻底改造，坏透的。

　　研究生班被认为是属于农村的第四类，就是烂掉了的，不是一般的有问题。理由很充分：首先，研究班政治方向是有错误的，当时也举了好多例子，比如说老先生在教学中被认为有错误的观点，不是研究班上的人提出来的，而是由外面的人听见了以后揭发出来的，这足以证明研究生的政治敏锐性很差；其次，这些研究生，对于老先生布置的任务认认真真地完成，是围绕"资产阶级专家教授"的指挥棒转；甚至还有一些学生很羡慕资产阶级教授的生活和生活方式，有人揭发说研究班有同学很喜欢陈景磐先生穿西服的照片，据说还偷偷试穿了他在哥伦比亚大学时的博士学位服；揭发宋元强羡慕老教授的家庭摆设，曾说过"将来毕业后，一定弄一个书房，买一屋书，买一些中式家具，再挂一幅中堂"，存在严重的资产阶级名利思想；还有人揭发说有些人报考研究班的动机不纯，是为了出人头地、成名成家，等等，认为研究班出来的人在政治上都不是很可靠。这种情况不仅仅发生在中国教育史研究班，古代汉语，还有之后的古代历史研究班，也是类似的评价，如说中国史学史的瞿林东当初报考研究班是为了崇拜白寿彝先生，想将来成为"白大学者的真传弟子"；物理化学专业的一个同学在师大读大学一年级时就准备报考研究生，是为了将来做专家，等等。在分配的时候，一个是大环境的变化，加上学校对研究班基本的看法，分配不可避免就受到影响。

　　所以这个研究班呢，费了那么大力气，但却没有实现最初的目的，真正专业搞教育史的没有几个人，全去做别的去了。后来又有人慢慢转过来搞教育史。比如苗春德教授（本科是历史系毕业）毕业分配到新疆教育厅，待了好多年，"文革"后回到河南大学，最初也没有搞业务，而是在教务处，干了好多年，后来一再要求回到系里面去研究教育史，（其实那时的年龄也偏大了）才有机会研究教育史；还有何晓夏老师，我俩都是陈元晖先生的学生，她毕业时分配到辽宁锦州师院，到辽宁后却因种种原因，连学校都没进，被转到机关工作。"文革"后，因为她家在北京，爱人（是我们本科同学）工作也是在北京，通过各种努力才回到北京。刚开始也想回到师大来搞教育史，进不来，就先到了北京少儿出版社的一个刊物室，工作了好多年，一直到1986年底、1987年初才有机会调到北师大。像这样最终转回了自己的专业不多，好多人都没有机会。当然，也有原来学历史的，后来研究历史也做得不错，也有人原来学教育史的，后来研究教育学的其他学科了，专门研究教育史的没有几个。

我们这个班

　　研究班是一个值得回忆的群体，它的遭际与当代中国社会的曲折命运紧密相连，是数次教育制度改变体现在研究生教育改革研究中的重要体现。1961年入学之初的两年时间里，我们系统学习了专业基础理论、基础课程和基本技能，而随后而来的"党员登记"、"社会主义教育运动"让我们再次失去宁静的读书环境，投身于政治运动中。1964年，原本定于我们毕业的前夕，北师大是以"反修防修"为目的的"四清"试点单位，研究班被当做"四清"的重点批判对象，同学们之间不仅普遍存在走"白专道路"的倾向，而且日常生活和学习中深受"和平共处"、"人性"、"母爱"、"阶级调和"等"修正主义观点"的影响，成了"和平演变"的黑班，"不宜马上离校"，我们的分配工作被勒令停止，又一次开赴农村搞"四清"运动。

等我们回到学校时，已是1965年3月，国内形势急转而下，暴风雨即将来临，原先的用人单位纷纷退人，我们的毕业分配面临了前所未有的困难，尽管多方努力，但还有几名同学暂时"未能处理"出去，继续留在学校搞运动，直到1968年才和本科生"搭配"出去，我们同学大多没有从事教育史的教学科研工作，从分配结果上，北师大第一届中国教育史研究班的培养目标未能实现，算是失败了。

但是，我觉得大家经过研究班的培养，在教学、科研的意识和科研基础性的训练方面，比本科生还是提高了一大块。而且，经历了"文化大革命"，他们自然起到了一个学术继承的作用。这一点，我自己亲身感受很深，在"文革"以后，特别20世纪80年代前几年，好多学科里面人员结构的确有一个断层，那些名望很高的老先生虽然还在，但年事已高，下面需要年轻老师的来衔接这个队伍，但中间又空了一大块。不管经过哪种方式培养出来的研究生，他的相对优势比那些本科生要好，所以首先从他们中抽出一部分人来衔接这个队伍。经历"文革"，好多东西搁置了多年，对于研究生班的毕业生，也有一个逐渐再熟悉的过程，但相对来讲，比那些没有在研究生班学习过的年轻教师有明显优势，他们接触的、学习的仅仅是一些教材，原始的资料没有接触过，他们要重新去弄原始资料，而我们等于以前在研究班上把这些事情都做过了，所以就好一点，在"文革"前研究生班学习过的人就有这么一个机会，实际上也是迫使他们在这个方面要体现这样的一点优势，跟这个有一定的关系。

我常开玩笑地讲，研究班同学最丰富的资源便是经历曲折，尝尽酸甜苦辣。但是在一定条件下，对苦难人生的感悟反而会化为永不枯竭的动力，毕业时，大多同学分配的工作不理想，"文革"中也大多是身处羁境，在混乱的政治运动中蹉跎岁月，但不甘沉沦，斗志还在，为了寻找自己的人生坐标和发展空间，用母校给予的知识、智慧和才能，大家在不断寻觅、调整、疏通和奋起，在各自的工作岗位上作出了应有的贡献。由于种种机缘差错，不少同学没有再回到专业发展的道路上，如雷克啸从阜阳师院调回北京后，长期在国家教委农村教育综合改革办工作；邱瑾、蔡振生长期在教育出版社做编辑，宋元强在社会科学研究院《中国社会科学》做杂志；韩义裕在山西临汾地区教委工作；我则在北师大文科学报一待就是17年，但大家都依然心系中国教育史，总希望有机会能做一些事情。改革开放后，在老先生们的提携、指导下，进行学术研究，发表论文，出版书籍，毛先生主编的《中国教育简史》等著作，就是同学们尝试学术研究的首次尝试，为打破"文革"以来沉闷的学术氛围，开创新时代的中国教育史学科发展起到了承前启后的作用，同学们很快成长为各自单位的业务骨干，同学都有专著或论文问世，有些研究成果还充实、填补了教育史的薄弱环节，如苗春德主编的《宋代教育》，陈德安主编的《道家道教教育思想研究》、何晓夏的《中国学前教育史》、宋元强的《清代状元》等，不乏真知灼见。而且，他们大多数还带有研究生，将老先生们学术思想传递下去，并发扬光大，所有这些，从一定意义上来讲，都是研究班思想素质和业务素质的展示和延伸，事实和实践证明，研究班不是"修正主义苗子"，更不是"烂掉了的黑班"，还是很有成效的，应该给予充分的肯定。

鹦鹉救山火

我常常在想，时至今日，教育史学科依然面临着同样的尴尬状态。大家说教育史怎么重要，但实际上却没有重视，因为上面没人说还是没有用，我们多数情况上还是听上面的。其实呢，谁心里都知道教育史挺重要的，搞教育学科的，哪一个学科都离不了教育史；搞其他教育学科的，他要是学过一点教育史、注意一点教育史、愿看一点教育史，这对他来说都有很大的帮助，甚至于有些搞其他教育学科人，做研究的时候，他自己知道他的短处，他对教育史太不了解了，尽管如此，教育史还是不能成为一个热门的专业。

　　这和教育史的学科性质、定位有很大关系。我们看待、评价一个学科，很容易受功利性影响，要求这个学科面向教育现实，如果在这方面发挥了作用，就认为这个学科有价值，有地位，如果没有发挥作用，就没有价值，这样看待这个学科，本身就是一个错误导向。我们有过沉痛的教训，"文革"中"四人帮"大搞影射史学，将史学研究引向为其罪恶的目的服务，破坏了史学的优良传统，并且留下了后遗症，致使史学研究应当关注现实，为现实服务的精神也被淡化了。其实，这是一个认识上的误区。史学研究的生命力很大程度上在于它关注现实，有造诣的史学家都有强烈的现实感，这是马克思主义史学的原则，也是中国史学的优良传统。研究教育史不能脱离现实的教育改革，两者是相辅相成的关系。"文革"前我们研究教育史，大都只是课堂教学的需要，尽管讲了许多"古为今用"、"洋为中用"的道理，但是一般人却认为历史是过去了的陈迹，现实意义不大，所以总把它当做可有可无的一门学科，近些年还有部分师范院校要取消教育史课程的设置的动议。果真历史与现实相矛盾、相离析吗？实际上，现实永远是历史的延伸，而现实总是在改革中选择历史延伸的正确方向，割断历史的想法和做法不仅在实践中行不通，而且总要导致重大的挫折和失误，"文化大革命"本来是想否定历史的，但结果否定的却是现实，教育事业受到重创，落后了20年。人是历史的动物，也是历史文化的产物，割断历史就等于割断了人与社会赖以生存发展的脐带。一个没有丰厚历史积累的民族，企图从文化沙漠上建造现代化的大厦，即便蓝图设计得如何完美，结果总不会如愿以偿。教育改革旨在推动现实尽快发展，摆脱落后局面，而把历史看做绝对的包袱当然是错误的。现实与未来都是历史的有限与无限的延伸，研究的目的在于认识、理解，把握历史延伸的必然规律，教育改革与教育史研究也应当存在这种辩证关系。在现实中，我们常有意无意地强调学科能够影响和参加国家教育发展的重大决策和现实问题的解决能力；还有是"生搬硬套"、"牵强附会"，研究的是教育史，脑子里想的却是现实中的问题，常常出现用历史上的东西来附会现实问题，这是违背了教育史研究最基本的宗旨。

另一个是教育史学科是为教育工作者和教育研究者提供一个基本素养，而不是帮助他解决什么根本问题。如果我们立足这一点，教育史学科就会很主动也很轻松，也不用担心被人怎么看不起，就不会再妄自菲薄，说教育史学科萎缩了啊什么的；其实搞教育工作的人，不管是理论工作还是管理工作、实际工作，都是需要教育史基础的，这样就够了，总要求它发挥那么大的影响，参与国家教育决策，参与现实问题的解决，那就偏离了教育史学科的基本定位。

所以，与其说教育史专业困惑问题，倒不如说是教育史学科的性质和定位的认识问题。我自己认为很简单，教育史学科是教育学科里面的一个基础学科，是一个教育工作者基本素养的重要组成部分。

作为一名多年研究中国教育史并从事教学工作的老教师来讲，我常常借用胡适先生"鹦鹉救山火"来形容这种心情。记得2006年在古城西安召开的教育史研究会第九届学术年会大会闭幕式上，面对会议期间大多青年教师、学生对教育史学科的困惑、迷茫和无奈情绪，如课时遭到压缩、在学科中被"边缘化"、不受重视，申报课题不易、学生分配困难等，轮到我发言时，我说给大家讲个故事，"森林着火了，里面居住的动物一边向外逃，一边抱怨，怎么这么倒霉。一只鹦鹉匆忙往返于溪流和森林间，将自己的翅膀沾上水，飞到着火的森林上空，将翅膀上的水抖落，一次又一次，尽管尽可能地小心振翅，但每次能运回来的却是寥寥，甚至只有几粒水珠。面对动物们的疑问，鹦鹉这样说，'我知道这样做无济于事，但求心安。'我这么多年一直从事教育史的教学和研究，对中国教育史学科存在的问题、刚才大家讲到的体会很深。我现在能做的，就像那只鹦鹉，停止抱怨，能做多少做多少。"我的话音刚落，掌声雷动。我知道，掌声的背后有的是客气，当我更愿意理解为"所见略同"，或是引起了青年学者、学生的共鸣。事后，有好多青年人跟我讲起，当时是如何受到触动，我感觉很是欣慰。

每一个学科都有自己服务的一个领域，不能要求所有的学科都归到一个方面去，这也影响到我们学科的发展。我们感觉教育史学科现在成果很多，力量也已经相当不错了，你想再扩大自己的势力范围，这不很现实，我们自己要心里非常明白，教育史学科它再冷也冷不到哪里去，再热也热不到哪里去。这样的话，我们自己心里也平和一点，我们应该能做到的事情把它做好。

五、混乱岁月

遵从"组织分配"，我从研究班毕业后留在了北师大工作，和教育系等系的一大批师生一起，到临汾分校搞基建。我常常想，从1958年"教育大革命"，到1963—1964年的"四清"运动，再到"文化大革命"，一个接一个运动，一次又一次的劳动锻炼，对于我来讲，都是一次次经验积累、品性历练的机会。我始终认为，不论什么情况，自己绝不能被环境打倒，不怨天尤人，不愤世嫉俗，保持平常心，将实践锻炼当做学习，当做增长才干和本领的机会，起码要干什么都应干得像个样。我先后当过生产队长、拉煤工、砌墙工和铸造工，基本上干得像模像样，有滋有味。

筹建临汾分校

1965年9月，根据中央关于试行"半工（农）半读"的指示精神，经高等教育部同意，北师大决定自本学年起，在中文、教育、历史、政教、化学等五年制一年级试行"半工（农）半读"。10月初，学校党委决定在山西临汾建立分校，作为"半工（农）半读"基地和备战基地①。政教系二年级学生、学校机关部分干部、教师约150人作为先遣部队，第一批到达临汾，我也在列。分校建在汾河边，圈了很大一块地方，我们的任务是尽快进行土木工程建设，建设仓库、教学楼、食堂以及宿舍，为大批部队的到来准备条件。临汾风沙很大，分校附近没有人家，工作条件很艰苦，但大家很有干劲，春节也没有停工。

建设分校需要大量的原料，我和另外三个人一起，主要任务是拉煤。一辆东风大卡车，天不亮就出发，带上干粮和水，一般中午到达，煤车装满

---

① 毕业留校工作那年，正赶上"备战、备荒"，是国际形势日益紧张的产物。据说这是吸取了1937年抗战总爆发的经验教训，当时舆论认为小日本不可能那么快打进来，包括北师大在内的好多内地高校都没有做好迁校的准备，当战火迅速蔓延时，高校仓促西迁，好多贵重教学仪器、图书资料都来不及转移，损失很大，所以这次要"未雨绸缪"。

后，我们四个人便趴在高高的煤车上，天黑前能赶回来。来回都是山路，有好几处还崎岖难行，我们最初趴在煤车上总是提心吊胆，遇到刮风下雨的天气更是紧张，盖煤的塑料布又湿又滑，我们要时刻提醒自己拽好绳子，以防滑落下去。司机师傅40多岁的样子，姓韩，不苟言笑，退伍后分到学校车队工作，经验丰富，一段时间的平安无事，我们逐渐放松心情，回来路上不仅有说有笑，遇到好天气还可以"趁机补觉"。

次年2月份，分校的教学楼、食堂及学生宿舍刚初见规模。学校党委副书记谢春芳在全校大会上作了"北京师范大学实行半工（农）半读，进行教育大革命"的报告，并代表校党委宣布，从本学期开始，在中文、教育、政教、历史4个系的一年级学生中，试行新的"半工（农）半读"的教育制度，所有该年级的任课教师陪同学生们一起，前往临汾分校的教育基地。

随着基建工程的推进，所需的煤炭量逐渐增多，不仅增加了拉煤的车辆、人数，我们也在逐渐习惯在天亮前出发，一般在五点半左右。一天，因司机师傅晚上要早点赶回去，所以清早四点多就出了门，刚过中午，我们就装满一车煤往回返。几个人照例趴在煤车上，那天天气不错，虽是冬天，但午后太阳晒在身上暖洋洋的，我们几个都开始犯困。正在迷迷糊糊中，突然感觉自己和煤在向前飞，然后眼前便一片漆黑。等明白过来是怎么回事，已经是两个钟头之后的事情了。原来司机也有点犯困，在一个较窄的山路拐弯时，手脚有点不大协调，整个车便冲下了山坡。由于惯性作用，30吨煤连同煤堆上的我们四人，一起飞了出去。我们先后清醒过来，所幸都没有什么大碍，车也没有大碍。当时我们都没有想太多，便马上跑上公路，拦车帮忙，将卡车拉了上去。韩师傅发动卡车后，连忙调头到煤矿重新装上煤，回到分校已经半夜时分，第二天照样去拉煤。很长时间过去了，都不敢讲出去，怕领导知道了批评。

"小灾难"出世

我的妻子胡秀就不那么幸运了。1962年胡秀到北京第二师范学校工作，兼任校团委书记。1966年6月1日，随着《横扫一切牛鬼蛇神》社论发表和中央人民广播电台播发了毛泽东亲自批准的针对北京大学党委和北京市委的第一张大字报后，全国各地大中学校掀起批判、斗争学校领导和教师的"造反"浪潮，"造反有理，革命无罪"；大鸣、大放、大字报、大辩论，席卷全国。在这种环境下，第二师范学校的校长、书记先后被打倒，胡秀也被列入"三家村"，被打入了批判的行列。当时她已经身怀六甲，但依然阻止不了"红色小将"们的批斗。当工作组进校的前一天，她已处临盆状态，躺在医院里待产。为了迎接"工作组"，几个"红色小将"趁着夜幕冲入医院，不容分说就把她拖了出去，到学校后挂上木牌子，放在那堆"牛鬼蛇神"中，据说是有人揭发胡秀到医院生孩子是假，实际上是给孙德全（当时学校的党支部书记）窝藏黑材料。批斗会还没有开到一半，看到她实在坚持不住、马上就要生孩子了，红卫兵才慌忙将她用平板车送回医院，1小时后，6月13日的黎明时分我的大女儿就出生了。生完孩子第三天，胡秀又被他们拉回学校批斗，出于"人道主义"的考虑，胡秀被关在屋子批斗，要她"反戈一击"，揭发孙德全的黑材料，争取宽大处理，有红卫兵在门口站岗，不允许回家。孩子没有奶水吃，饿得哇哇大哭，孩子姥姥只好将北京产的动物饼干在小米汤中泡成糊糊，一丁点儿一丁点儿喂给刚出生的孩子。我被紧急电报召回，一趟趟去找第二师范学校的"群众组织"，给他们讲明情况，每次他们都是一句话，"要相信群众，相信党"，就把我打发掉了，根本见不到孩子妈妈。幸亏妻子以往跟大部分学生、工人的关系很好，特别是食堂的大师傅、门卫大爷暗中照顾，他们每次将我偷偷放进去，给胡秀隔着门递进去几个馒头，告诉她孩子很好，要她坚持下去。

由于妻子"揭发"的材料没有达到造反派的要求，且态度顽固，批斗不断升级。记得很清楚，在妻子被关起来的第35天，我从师大下班回来，一进学校就发现气氛紧张了不少，校园里、屋内外贴满了"打倒胡秀英""胡秀英污蔑文化大革命是场灾难""胡秀英污蔑伟大的毛泽东主席领导的幸福伟大的时代"等，连我们做饭的炉子上也贴上了"胡秀英仇视共产党"的大字报，姥姥说"一天都没有做饭了"。我找到了"革命群众组织的工作组"，请求他们能先将炉子上的大字报揭下来，孩子还不足40天，无法活下去，可能是我的诚意打动了他们，也许是良心发现，工作组让"红卫兵"揭去了炉子上的大字报。我晚上偷偷跑到关押妻子的地方，铺天盖地的大字报一层一层贴在墙上，看门的红卫兵偷偷告诉了我事情的原委：在今天的批判中，造反派的头头"循循善诱"，说你的孩子生在这个伟大的时代，长得很可爱，只要你认真交代，就可以马上回到革命队伍中去，就可以回家和孩子团聚了。你还可以给她取个有意义的名字，如"文革"、"群生"啊。当时妻子一怒之下，脱口而出就叫"小灾难"。这句话可捅了大娄子了，造反派恼羞成怒，批斗的氛围马上就充满了火药味，很快，从呼喊"打倒胡秀英"等口号就发展成大量的大字报，而"小灾难"的名字也不胫而走，全校皆知。妻子再没有"享受人道主义"的特权，不仅要去进行高强度的劳动，还随时要陪同"当权派"、"地、富、反、坏、右"等一起批斗，坐"喷气式"、跪板子等，大会完了还有小会，没完没了，回家更是成了泡影。

我一看这种情况已经特别危急了，就开始想办法。后来，听说北京在崇文区台基厂成立了新市委，下设有"文化革命委员会"，负责全市的各种难解决问题，类似于今天的信访办，我便将情况写了满满七大页的材料，还找到胡秀的中学、我们大学同学和现在的同事写了证明，满怀希望去了。等我骑车赶到"文化革命委员会"，才发现门口的队足足有一里多长。我心里想，既然大家都在争先恐后地排队，就证明这个地方真能解决问题，就信心十足地排在了队尾，经过了整整27个小时的排队等待，我终于走进了"革委会"的大门。接待我的是一个戴着眼镜的中年男子，他接过材料，一边翻看一边听我反映情况，突然他停下来，问我"你说的这个人和你是什么关系？"这个问题我在排队的过程中反复斟酌过，就按照想好的说，说是我单位附近的一个邻居，比较熟悉她的为人，也很同情她的遭遇，他听完接着问："那你说她是好人还是坏人？"我一下子就明白这问题解决不了了，如果我说是好人，他就会马上说要相信党、相信群众；如果我说是坏人，他就会说那你还替坏人辩护什么？听到这句话，我扭头就走，不再理会他"同志、同志"的呼喊。

进入8月份，整个社会秩序更加混乱，妻子还被关着不能回家，由于得不到像样的营养，孩子身体已经很虚弱了，经常拉肚子；而孩子姥姥年轻时得过肺结核，身体很瘦弱，我们都很担心孩子养不活、老人扛不住。妻子就写信将这里的情况告诉了姐姐。姐姐马上从青岛出发，来北京接母亲和孩子回家。等到了火车站才知道，秩序已是一片混乱，火车站已经不再售票，没有人知道火车什么时候开、往哪里开，整个火车站人山人海，火车更是特别拥挤，原本11个小时的车程走了两天两夜。来时一个人尚且如此，再加上这一老一小，其中的艰辛可想而知，我们好不容易挤上一趟火车，只走到了天津，就停了下来，谁也不知道什么时候再走。一直等到第二天下午，我们又挤上一列火车，这次走到了济南。就这样，走走停停，总的运气还算不错，倒腾了四趟火车，四天三夜后，我们终于到了青岛，姥姥一下车就掉了眼泪，连声念佛，孩子还活着，总算平安到家了。

在这个混乱年代，一个小生命的降生、存活下来经历了如此的艰难，还不足两月就被迫离开父母，妻子气愤之余脱口而出的"小灾难"，招致了更多的批斗。"文革"结束后，还有人和妻子开玩笑，"你好厉害啊，早就断定了'文化大革命'是场灾难。"妻子学校只有甚少特别熟的朋友知道女儿的真实姓名，见面总是问"你们家的'小灾难'怎么样了"？大女儿名字是妻子取的，"向红"，革命味道很浓。1968年，小女儿出生，取名"向军"，与姐姐凑成了"向往红军"，寓意很明显，妻子是希望人民救星红军来解救自己和孩子于水深火热之中。妻子的举动虽带有几分书生意气，但的确真实表达了我们当时的心情。

青岛探望向红照片，向红9个月

奉命撤回

我们差不多在临汾大干了两年，不仅砌起了长长的围墙，盖了仓库，北师大的一些贵重教学仪器、珍贵图书等也分批运来了不少，被分门别类地保存在仓库里。1966年8月，"文化大革命"开始，为了响应新的革命形势，我们奉命从临汾分校撤回，那些校舍在"文革"期间成了被发配教师的临时驻扎地，北师大"五七干校"的所在。

"文革"期间，北师大有一大批人被派到临汾分校劳动，背景不一，目的却一致，通过劳动来改造思想。历史系的何兹全先生、中文系的郭预衡先生、教育系老主任彭飞教授、顾明远先生等，都先后被"发配"到临汾劳动。顾先生和我多次聊起这段往事，半开玩笑地讲，临汾的劳动很累，但是很开心，可见锻炼作用很大啊，我不仅增长了农业知识，而且增强了身体素质，两年下来，一百多斤的水桶挑起就走，还成了割麦子的"好把式"，比不少年轻人力气都大。

数学系的王世强教授也常常讲，在临汾劳动期间，心情很好，他到临汾分校主要任务是放羊，他心胸很开阔，心态很好。据他自己讲，那两年是他最开心的日子，每天早起把羊赶到山坡吃草，自己就躺在草地上，看看蓝天白云，听听山西老乡吼的"荒腔野调"，渴了就到小河边喝口水，饿了就啃口自带的干粮，尽管没有机会触摸数学，但再没有什么节外生枝的事情，等到了傍晚，彩霞满天时，羊就吃饱喝足了，扬鞭轻轻一甩，羊群就顺着山梁慢慢溜达回圈，一天任务就此结束，生活得很是逍遥自在。他人很幽默，常常讲，放羊比研究数学有趣多了，羊吃饱了就撒欢，没有谁再质疑他是什么什么派，划定什么界限，感觉特别轻松。

我回到北京，轰轰烈烈的"文化大革命"已经开始了。早在6月13日，中共中央、国务院发出了《关于高等学校招生工作推迟半年进行的通知》，7月29日，北京市在召开的大中学校师生文化大革命积极分子代表大会上宣布，放假半年闹革命。12月15日，中共中央发布了《关于农村无产阶级文化大革命的指示（草案）》规定："中等学校放假闹革命，直到明年暑假。"根据这一系列文件，大中小学全面"停课闹革命"，各级各类学校的教育教学工作陷入瘫痪状态。

散淡逍遥

教育系是"文革"期间"运动"比较厉害的院系之一。我回到北京后，才知道顾明远老师早在6月份就作为"走资产阶级道路的当权派"（简称"走资派"），第一个遭到批斗，他当时担任教育系副主任。随后，一些老先生也难以幸免，被一一拉出批斗。

在"唯成分论"的形势下，因我出身贫农，属于"根正苗红"，"横扫一切牛鬼蛇神"的政治运动与我倒没有太大关系。在当时教育系，照例是分为两派，出身好的、政治上被认为是信得过的，大多成为"保皇派"；出身不好的大多成为"造反派"。我家里三代贫农,自然属于"保皇派"阵营,加上又是研究班毕业,党员,人缘也不错,便被教育系推选为代表,成为"校革命委员会委员"。实际上,由于我在"文革"前的表现及言论,被列为"不点名批评的白专对象",不批斗,不重用;加上我一向对"运动"不感兴趣,两派的争斗我大多不参加。除去参加欢呼"最高指示"的游行队伍①、"革委会"例会外,倒没有什么事情,既不批斗我,我也不去批斗别人,我奉命写大字报、去拉报纸,倒也散淡逍遥。

我响应毛主席"自己动手,丰衣足食"的号召,发挥自己动手强的优势,"丰己"、"惠人",不仅成了小有名气的泥瓦匠、木匠,还发掘自己对无线电的爱好,组装了一台"电视机",让女儿们引以为豪。实际上,这个"电视"只是我业余时间组装的"小玩意儿"而已,我在劳动之余,就开始从废品收购站或一些商店里买来二极管、导体、还有一些电线,组装了收音机,后来还居然组装了一台电视机,将天线架在居住的平房顶上,买来一个直径5英寸的圆形绿色显像管作为显示屏,屋里地上摆满了各种电路、零件,我们将它搬到门口,居然可以收2~3个台。试验成功那天,女儿串来了院里的20多个孩子来看,当第一个图像摇摇晃晃逐渐成形时,孩子们激动得尖叫,还有人喊着"过年了"。此后的一段时间,每天晚饭后,附近的大人小孩都凑过来,看这个我自制的"电视机"。刚开始,是折腾好长时间,才会缓缓出现几个图像。后来,我逐渐摸索,不仅图像逐渐稳定,还加上了声音。因为大多数零件都是从废品收购站买来的,质量很不稳定,正在看着,突然,屋里面"嗵"的一声,图像便消失得无影无踪。我便急忙钻到屋里,有时很快能修好,在小孩子欢笑声中,"图像出来了",有时折腾好几个小时,没有结果。在看电视的过程中,小孩子欢快地跑来跑去,大人们凑在一

---

① 当时毛主席经常有最高指示,通常是由晚上新闻联播节目中播出,所以,每天这个时候,大家都会在收音机旁,支着耳朵听广播。一听到广播里说有最新指示发布,就马上集合起来上街游行。北师大通常是在广场集合,排好队后,一路呼喊口号,走到天安门,和其他游行队伍一起,在天安门广场呼喊一阵口号,然后走回家,来回30多里,回来后通常都是深夜了。

起，聊聊天，很是轻松。这个"电视机"还是比较有用的，我们通过它，看过不少节目，周恩来总理逝世的时候，周围邻居们都跑到我家围着那个小电视，床上都站满了人，一边看一边哭。也算是名副其实的电视机吧。

自从有了"电视"，小女儿就像被粘到了电视前，一天到晚地看。后来妻子责怪说她的高度近视可能就是那时看那个小电视看出来的。在当时，我自制电视机的声誉，传得很广，物理系的几位老师还专门上门，和我切磋技术，回去也尝试自装电视机，一时间，自制电视机成为各家的"时尚用品"。

那时北师大有好多树，孩子们也没有什么玩具，我便带她们出去抓蜻蜓、知了什么的。我们常常傍晚出动，跑到杂树丛里抓。开始怎么都抓不到蜻蜓，它们很机灵的，后来我想了个办法，把橡皮筋在火上熬化，黏在一个小棍上，那样人就不用太靠近蜻蜓，不会惊动蜻蜓了，一黏一个准，蜻蜓再也跑不掉了。在树上寻找"罗锅"（未褪壳前的知了），带回家轻轻放在窗纱上，第二天早上它便变成一个有着嫩黄色身体和湿漉漉翅膀的知了，在太阳光照射下它的身体颜色逐渐加深，翅膀逐渐变薄、变成透明，孩子们睁大了眼睛，觉得太神奇了。邻居的小孩子也跟在我们的身后跑，我很开心，和他们一起高兴，妻子说我这个人"特招孩子"，我觉得挺好。

"文革"期间，啤酒开始出现，被宣传得神乎其神，称为"液体面包"，据说是高营养的。因为啤酒不要票，很长一段时间里，我和王善迈经常到学联社附近的小餐馆里喝啤酒；时间不固定，有时一周去一次，有时好几个月，看我们手头的经济情况而定。一般情况下，我们要两杯啤酒，一盘花生米或一个拍黄瓜，偶尔也要二两猪头肉。王善迈当时和我情况差不多，也没有什么正事可以做，我们一边喝酒，一边胡乱聊天，酒喝完便各自回家。这种生活，一直持续到"文革"结束。

漏了两个字

"文革"中，原本发行量很大的《中国少年报》被"砸烂"了，1967年的"一月风暴"后，"红色组织"开始大规模地"夺权"，他们提出要组织新的革命力量，"办《红小兵报》"来取代《中国少年报》，"北京革委会"通知，这个"新报"由中国人民大学、北京师范大学、北京师范学院等学校具体落实，计划在6月1日出版"创刊号"。学校把这个工作分配给教育系，要求出一名学生去担任编辑，当时田正平正读四年级（当时是五年制），在"斗、批、改"中曾参与《中国教育制度史简编》工作，专业基础扎实，文笔也不错，我便推荐让他参加。《红小兵报》作为北京市"红色小将"的机关报，市里很重视，将各个高校抽调出来的学生组成了《红小兵报》编辑部，田正平担任主编，编辑部设在中国人民大学，总部设在北师大。我在校园里几次看到田正平，他总是行色匆匆，说他们在冲刺编辑《红小兵报》，进展还算顺利，应该能按照计划完成任务。

6月1日，天刚蒙蒙亮，田正平神色慌张跑来找我，说"王老师，出大事了"，他手里拿着一份刚印刷出来的《红小兵报》，我打开一看，马上就意识到问题的严重性。我让他先不要慌，问他到底怎么回事，他说报纸定版是5月30日完成的，他签发完就在人民大学胡乱找个宿舍睡大觉，凌晨时有人来敲门，说报纸出事了，不知道是谁最先发现的，现在知道的就是几个编辑，都吓跑了，到底是哪个环节出了漏子谁也不知道。而且印刷出来的二十多万份报纸也不知道在哪里，是否派发出去。我一边安慰他，让他先不要声张，回去写一份事情经过的材料，一边向外快走。我先跑到学校的车队，看到装满报纸的两辆大卡车还停在院子里，感觉这个事情还有挽回的余地，马上叫起司机师傅，"不要问为什么，请马上返回印刷厂"，司机看我一脸严肃，二话没说，马上就调转了车头。我手里攥着两份报纸，径直就去找厂长，等他看到我指出的内容，也惊出了一身冷汗。当时报纸第一版的抬头，照例要印最高指示，而且要套红、加黑，那天印的是毛泽东的"千万不要忘记阶级斗争"，印出来却成了"千万不要阶级斗争"。如果这件事追究起来，不纠出十个八个"现行反革命"是不会完事的。听完我的处理建议后，厂长站起来，拿起电话，首先通知化浆车间，将刚刚印刷出来的两大车报纸直接推到化浆池中；接着，通知印刷车间紧急加班，赶印新的《红小兵报》。等再次拉回来，已是下午了，还算没有耽误各个报刊点的派发。

田正平代表《红小兵报》编辑部的检查交了上来，学校"革委会"还专门召集了全体委员会议，讨论给这个事件的"定性"问题。我说这个事情很复杂，到底是学生编辑定稿时出了错，还是印刷厂排版时漏掉了，究竟哪个环节出了错，现在都说不清楚了，而且这个事情已经得到妥善解决，没有必要上纲上线，那样对学校也没有好处。学校也不愿意自找麻烦，这件事就以"不算政治错误"来定性了，没有影响到田正平的毕业分配，1968年12月，他被分到冶金部第十二冶金建设公司，去了山西当工人，还算不错。

田正平后来给我讲，他在北风呼啸中离开北师大，心里一直是不踏实的，不知道什么时候什么人会把这件事翻出来。1969年他收到有"北京师范大学革命委员会"字样的信封，当时脑袋"嗡"了一声，"坏了，东窗事发了"，鼓足勇气打开后才发现是调查报纸卖了废品后的钱财去向，是经济问题，和政治已经没了关系。这才将心放了下来，知道这件事已经"被王老师摆平了"，不会再有"秋后算账"的时候了。

小女儿探监

1970年1月，北京市革命委员会召开县局级干部会，布置开展"批判'极左'思潮、清查'5·16'反革命阴谋集团"运动（简称"批清运动"）。会上，"革委会"主任谢富治在讲话中，点了谭厚兰的名，并认为"北师大是清查重点"。6月6日，谭厚兰被学校隔离审查。7月初，北师大69届、70届两届毕业生暂缓分配，带有工资，继续留在学校参加"批清运动"。1971年4月初，我正在家里帮邻居做小板凳，突然被保卫处带到中南楼，说是有人举报我是"5·16分子"，属于谭厚兰反革命集团的。最先被关在西西楼的二楼，不允许和外界有接触，用他们的话讲"免得和同党串供"，属于突然袭击。妻子晚上下班后，回到家里看不到我的踪影，满校园的找也没有结果。开始还以为我莫名失踪了，这在"文革"中倒是寻常事。妻子焦急万分，到处托人打听，直到第三天，才知道我被关了起来，但绝对禁止见面。不断有人陆陆续续被关进来，竟达到了79人的规模。

4月26日，北京市"五一"清查工作指挥部派出警卫师一师仪仗营，协助北京市公安局干警250余人，以"拒查户口"为由，将已关在中南楼数日的我们送到了怀柔县的四五六二部队营房，给我们办了隔离学习班，经过一段时间"洗澡"，10月底11月初先后分三批放回学校，我属于最后一批，属于"冥顽不化"，而且"态度恶劣"。回来学校后，我继续被关在西西楼二楼。刚开始，那些头头们一周"过堂"一次，还进行过三天三夜集中"熬鹰"，工宣队的头头们要我"老实交代"，"坦白从宽，抗拒从严"，要认识自己的错误罪行。我自认自己是清白的，也没有什么同伙可以供出，每次都是"没有什么可交代的"，结果就被继续关着，到1973年3月才放了出来。

大概每次"提审"都收获甚微，逐渐工作组便懒得答理我，有时一个月也想不起来让我"过堂"。我也乐得被他们"遗忘"在角落里，就寻找一切可以看的书来看。我手边有一本王力主编的《古代汉语》，每天抄书，居然积累了厚厚的一大沓子。除此之外，还有一套俄文版的《马克思文集》，设法弄了本《汉俄双语字典》，两年工夫，我居然很顺利地翻译了大半，俄语水平提高了不少。

妻子因为拒绝和我离婚，没有"划清界限"，不允许前来探监，小女儿整天哭闹要爸爸，妻子便让她来给我送换洗的衣服，借机看看爸爸。当时小女儿向军不到三岁，送完衣服，居然在关我的"牢房"外一坐就是两个小时，不哭不闹，或捡一片树叶，或低头玩手指，不时抬头向牢房张望，希望那些头头们能让她再看一眼爸爸。或许是孩子让人心痛的乖模样、天真的笑容感化了那些看守我的人，他们逐渐管得松了，开始默许我走近"牢门"口，拍拍、握握向军的小手；后来，可以走出"牢门"，抱抱孩子，和她玩耍一会，她开心得不得了，更是经常自己来西西楼看我；再后来，居然默许了每隔几周，星期天可以回家洗个澡、拿换洗的衣物。

小女儿两岁时的照片

临近被关的"同党们"，不时有"不堪折磨"而自杀的，每当这个时候，那些头头们就会特意跑过来，将这个消息告诉我，并恶狠狠地讲，"王炳照你要老实些，不要向那些'自绝于人民'的家伙学"。我总是笑着回答，"我会把你们的告诫当做好意，当做忠告，但如果是哪个人想让我也崩溃，诱导我也去走这条路，那我现在就告诉他，趁早死了这个心，我决不会自杀，我要好好活着，看着"。他们听了很生气，更认定我是"死不悔改"的顽固分子。两年时间过去了，他们还是没有查出个所以然来，就告诉我，在认错书上签个字，就放我出去。我说放我出去可以，但绝不签字，因为我没有错。后来，他们也没了辙，就写上"王炳照态度特别恶劣"，将我放了出来。

当我回到家后，两个女儿老是围着我，兴奋得不得了。此时向军已经五岁多，懂事了不少，已经能帮大人干点家务活。全家已经有四年多没有一起出去了，我带上了旧相机，两个女儿穿上妈妈特意用花布头赶制的连衣裙，欢天喜地地庆祝一家人重新团圆。

被下放工厂

我"被放"出来后，没有什么事情可做，也没有人敢让我做事。在家里"赋闲"了半年，学校安排我参加校园施工队，和后勤处的同志们一起，整整一个冬天，"日出而作，日落而息"，每日在垒砌北师大的围墙。我刚开始是提泥、搬砖，过了一段时间，工人师傅们觉得我人不错，便给我调了个工种，负责拉线。我回到家还专门多炒了一个土豆丝，给妻子打气，很开心地告诉她和孩子，以后不会担心挨饿了，我已经荣升为技术工，负责拉线了，起码是个五级工吧。在砌墙的过程中，逐渐练就了一个本领，不用悬挂墨线，仅凭一只手拿块整砖一比划，就知道笔直与否，砌出来的围墙绝对是笔直的，被戏称是"八级瓦工"。北师大直到"文革"期间，才算有了比较像样的围墙，这个时期黄济、王策三等先生在挖防空洞，响应中央"深挖洞、广积粮"的号召。

后来，我还被下放到轧钢厂、机电厂劳动。当时系里不少老师都被下放到第三轧钢厂劳动过，在轧钢厂是当小工，把轧钢工人轧下来的约百斤重的带钢搬到一边码放起来，劳动强度很大。1973年到机电厂劳动时就升了级，当铸工，照样拜了师傅，一点一点学起。学铸工这项工作很苦，对待滚烫的铁水，要眼疾手快，稍有不慎，铁水就会溅出，刚开始，原本就破旧的衣服上又增添了不少被烧破的洞洞，胳膊上也有烧伤。不过我动手能力比较强，很快就掌握了铸工的基本要领，成为师傅最想传衣钵的学徒，铸造水平相当于五级技工水平，还正经得到了一个证书。车间温度很高，每个人一进去就是汗流浃背，水分流失很大，工厂便给每个车间配了保温箱，里面是加了盐的"汽水"，可能还加了糖精，有点甜味。小女儿特别喜欢喝，好多次闹着跟来喝"免费汽水"。我便在当中休息时把她托来，喝水后再送回去，她坐在前梁上，被我两手圈在怀里，每次喝完汽水都特别开心。等她长大后才告诉我，她并不喜欢喝那个甜咸汽水，就是特别迷恋爸爸温暖的怀抱，她当时才是个四五岁的孩子。

机电厂劳动强度很大，我的饭量在逐日增加。等1975年从机电厂下放回来，肠胃一时间还没有适应过来，饭量照样，半年不到，身体就像"鼓了气的皮球"，体重从原来的120多斤增加到170斤，所有的衣服都穿不了，不得不从原本拮据的生活费中挤出钱来，扯布重新做衣服，妻子给我做了件蓝色的褂子，因为是廉价布，下过几次水后，就开始褪色，而且皱皱巴巴。不久，青岛大哥来北京，看我穿着这样衣服就去开会，有点看不过去，就把身上的衣服脱下来借给我穿。他是服装厂的高级技师，回去后便给我做了两套中山装寄了过来，我一下子就从"贫农变富农"了，衣服讲究了不少，妻子和我开玩笑，说也算是"因胖得福"。

泥瓦匠

我被关了两年放出来后，虽然是"查无实据"，算是平了反，但没有什么正经事情可做，就从学校家具厂买来一些下脚料，尝试着给家里做小桌子、小凳子，居然做得像模像样。我还发挥在垒砌学校围墙时练就的本领，动手搭建了小厨房。母亲说我像舅舅（他是当地十里八村闻名的巧木匠），从小就手巧。当然，这种自豪是普天下父母的通病，多少带着一点夸大的成分。有人到我家来，母亲总向他们夸奖我的手艺。

当时靠近北校门有好几排平房，我也是其中住户之一，每户一间，我分到的大约有8平方米,每排平房前面有几个水龙头,每家需要去提水做饭,自然更没有专门的小厨房。最开始,我同大家一样,将炉子放在门口做饭,做完后再将这些锅碗瓢盆放在屋子里,但屋子实在狭小,而且搬来搬去很麻烦,就试着在门口一侧搭建了一个小泥瓦棚,将这些做饭的"家伙什"都放进去,不仅整洁了不少,还不用担心下雨天炉子被浇灭。左邻右舍看了都觉得很不错,便纷纷请我帮忙,我没有什么正事,也乐得帮忙。便成天开始做木工,给邻居们搭建小泥瓦房,做厨房或储藏间用。我逐渐"名声在外",在实践中,我摸索出一套盖房子的技巧,为了节省买砖瓦的费用,我还学会了自己和泥坨泥坯,晾干后用以盖小厨房,比泥草墙漂亮了好多。后来,我还"艺高人胆大",居然在自己平房后面接了一截,用帘子和前面隔开,成了"两室",面积大概有三四平方米,可以放一张两边都加了板子的单人床和一个箱子(因当时五口之家,8平方米的房子实在住不下去),虽保暖效果差了些(冬天睡觉头上需要戴着帽子、包着围巾,清早起来围巾上的哈气已结成冰),但解决了实际困难。

启功先生要我跟他学写字

在本科读书期间,我有幸认识了启功先生,虽然没有听过他的课,但听中文系的学生讲过启先生很多趣闻,那种传奇色彩很浓的人生经历对我等后生小子有很大的吸引力。我从小就喜欢写毛笔字,所以很想看启先生写字,同宿舍同学到启先生家去的时候,我也跟着去过几次。启先生人很和善、幽默,总是停下手中正忙的工作,很热情地招待我们。第一次去,我们都很拘谨,他就讲,"是我命好,赶上做你们的老师,实际上我只是个中学生,对你们这些大学生崇拜得很呢。"说完眯着眼睛笑,我们就轻松下来。他听说我想看他写字,马上就站起来,走到桌前,挥毫写了"乐育"两个字给我们看,还连连说"雕虫小技,献丑献丑"。几次之后,对他的为人、学识和才能，十分敬仰，很喜欢启先生幽默的性格。有一次在校园里遇到他，他居然认识我，还对我说，"王炳照你跟着我练字吧，这种雕虫小技很好玩的。"室友中有人跟着启先生练字，墨和纸张的开支挺大，我没有钱，所以我只有向启先生笑笑，不敢应声。留校后在校园里经常遇到启先生，逐渐熟悉起来，他见到我常说这句话。"文革"期间，启先生被打成了"牛鬼蛇神"，关进了"牛棚"，放出来后也属于"靠边站"，他也乐呵呵的，接着写他的字。

一天，我正忙着坨泥坯，启先生从路边经过，走到我跟前，笑嘻嘻地讲，"王炳照你整天坨泥坯，盖小房子，还不如早和我练字呢，现在考虑也不迟啊。"我很感动，但还是没敢应声，实在是没有条件啊。我结婚后先后有了两个女儿，乡下的老母亲也接了来，很长一段时间，三代五口人挤在一间8平方米的小房子里，屋里全是床，一张双人床给老母亲住，还有一张借学校的上下床给两个女儿用，屋子中央放了一张自制的小桌子，是两个女儿写作业及全家吃饭用的，哪里有我摆弄文墨的地方？

"文革"结束后，他在校内看到我，还会停下来和我聊几句，这个时候，启先生已经被解放出来，在书法界很有影响，他向我感叹，"如今我这个雕虫小技吃了香，大家都称我为书法家，现在已经没有多少人知道我的专业了，我还是很喜欢古文字的。"有好几次，启先生都很认真地问我，"我给你写几个字要不要？"我的住宿条件依然没有改观，面对启先生的盛情，我都婉言谢绝了，不是我不想要启先生的墨宝，对于爱好书法、喜欢启先生的字的我来讲，那绝对是至宝啊，但我那样的斗室、陋室，实在是"有辱斯文"，不敢挂启先生的字。后来，我的住宿条件逐渐改善，我才敢向启先生讲明我的心思，说一直都想要一幅启先生的字，此时，启先生已经84岁高龄了，他听了我的一段"曲折心路历程"，哈哈大笑，连说："你真的是多虑了，我给好多人都写过字，师大附近的书店、小饭馆都挂着我的字，字是雕虫小技，我特别愿意写给有缘人。"没几天，他的弟子就打来电话，说启先生已经给我写好了，对于启先生这种情谊，我实在是感激不尽。

年轻时未能跟随启先生学写字，真的是一件憾事，但在与启先生交往过程中，他平易近人、尊重每一个人，做事专一，淡泊名利、机智幽默、豁达的为人处世方式对我教育匪浅。我经常给女儿、学生们讲启先生的趣闻逸事，希望他们能向真正的大师学习，以豁达的心态去对待人生可能出现的各种挫折。1999年，当旅美十余年的小女儿第一次回国探亲时，非要我给她写几个字，说要裱起来挂在美国的家中。等向军听完这段往事，懂事的向军便拉上我和她妈妈，在启先生题写的字幅前合了影，说她理解了爸爸讲的"我的字拿不出手，也不能挂起来"的遗憾，说要借此激励自己"见贤思齐"。

工资和生活

那时，每月发下工资，马上清点各种票证，分门别类，分成几块，首先，先把买粮食、买煤的钱留出，这样就保证有吃的、有烧的，然后再把给老人买药、看病的钱拿出，其他有结余再说。每月一两的糖票，不大经常用，常常会送给别人，不是家里孩子不喜欢吃糖①，而是没有钱购买。大家大多如此，也没有感觉有什么特别。

生活在我们这个时代的人，对各种票都有特殊的感情。②因为商品皆需"凭票购买"，贫瘠、匮乏的商品对应的却是种类繁多的票证：粮票、布票、肉票、糖票、油票……甚至二两芝麻酱都需要凭票供应。各地的商品票证通常分为"吃、穿、用"这三大类。食品类除了各种粮油票外，还有猪牛羊肉票、鸡鸭鱼肉票、各类蛋票、糖票、豆制品票及蔬菜票等。服装和用品

---

① 大女儿向红小时候"嗜糖如命"，她当时最大的理想就是长大后做一名商店的售货员，专门负责卖那些装在高瓶子里的糖果，她总是很天真地讲她的梦想，那么多的糖块，每天偷吃一块应该不会被发现。有一段时间，她对甜味到了一种"痴迷"的程度，我偶尔发现她竟然在偷偷吃包了糖衣的药片，吓了我一大跳，她很自信，对我讲她本领很高，把握的火候很准，既可完全吮完药片糖衣，又不尝到药片的苦味。

② 1953年我国宣布第一个"五年计划"，实行计划经济。计划经济就是对社会资源产品的配置形式采取有计划生产，而对商品采用计划供应，对单位个人进行计划分配。为了适应人民生活基本的需求而采取当时最为有效的方法，就是印发了各种票证，有计划地分配到单位或城镇居民手中。

类的票证更为繁多，从汗衫票、背心票、布鞋票到手帕、肥皂、手纸、洗衣粉、火柴票等，应有尽有。一些贵重物品，如电器、自行车、手表更是一票难求。票证的种类五花八门，涉及各个领域。什么样的商品就用对应的票证去购买，对号入座，缺一不可。为了管理这些名目繁多的票证，部分地方的商业局还设立票证管理办公室，专人负责票证发放。

当然，也有一些特殊地方卖的商品不要票，但价格一下子就飙升了数倍，如当时在北京西单商场有时还可以买到"高级点心"和"高级糖"。所谓"高级"，实际上等同于"高价"、"议价"（是和有票供应的"平价"相对应的），这里的水果糖和核桃酥之类的，一市斤要五元钱，和平价的"块儿八角"的价格形成极大的反差。即便是这样，外地来北京出差、旅游的人，因为不要糖票，大家也不得不抢着买，因为不少地方商品种类匮乏，根本就买不到。

其中，我对粮票尤为看重，有粮食就不会饿肚子，这是最重要的。^①不仅是我自己，很多人对粮票都很看重。来北京出差的外地同志，来北京前都要兑换一些全国粮票，要不然到了北京，肯定有饿肚子之虞。以粮票为代表的票证，成为捆在商品身上的枷锁，给那个时代留下鲜明烙印。那时，每逢周末或月底，北师大附近粮店门前总要排起长长的队伍。居民家中有小孩的，往往打发孩子前来排队。快排到队头时，大人拎着面袋赶来。他们总要小心翼翼地观察秤杆的准星，生怕遇到缺斤短两。买到粮后，再小心翼翼地扎紧口袋离去。我是农村出来的孩子，对粮食有着特殊的感情，家里的剩饭、剩菜我都不舍得丢掉，统统会打扫到肚子里，妻子总是笑着讲"你的体重就是这样升上去的"，直到大女儿结婚，才由姑爷接替了我这个"净坛使者"的任务。大概是1990年左右，那时很多人家都有彩色电视了，我得了一笔较为丰厚的稿费，全家都鼓动着去买彩电，我却怎么都舍不得，一个劲儿

---

① 据有关资料显示，我国的粮票种类数量有"世界之最"之称，全国2 500多个市县，还有一些镇、乡都分别发放和使用了各种粮票，进行计划供应，还有一些大企业、厂矿、农场、学校、部队、公社等也印发了各种粮票，种类繁多。

地说，"两千多块呀，你们知道那能买半屋子粮食、一屋子土豆呢"，孩子们使劲笑我像老农民，最后经过她们几天的执著努力、软磨硬泡，我才下了决心，买了我们家的第一台彩电。到现在，我对剩菜已经能放得下了，但剩下主食还是觉得浪费了粮食，很心疼。学生们总是笑我，说菜比主食贵多了，但我还是转不过这个弯。

当时，我和妻子工资加起来是118元，妻子的56元工资，每个月要寄给青岛30元，我每个月给母亲寄20～25元，实际上，我们每月只有60多元过日子。后来，随着大女儿从青岛接回，老人也开始和我们生活在一起，先是姥姥，后来是奶奶，她们没有北京户口，所以粮本上也没有她们的口粮，还好我是两个女儿，女孩子相对比男孩子吃得少一点，每月粮食基本够吃。每月发工资后，第一件事是购买按本供应的米、面、煤、油、盐等，然后留出给老人看病吃药的钱、留出万一遇到紧急情况的"储备金"，这样分配下来，剩下的已经不多了，基本上是要计算每天花销多少。当时特别害怕外地来人，且不说粮食不够吃，朋友、同学远道而来，总要想方设法弄两个菜，计划的"日开销"就超支了，需要勒紧腰带从其他日子中补充过来。当时，江西的李才栋教授和我们班的顾延蕃是常客，每次到北京都会吃住在我家。每次家里来人，孩子们都特别高兴，总是喊着"又有好吃的了"。

在生活中遭遇过数次"钱荒"，印象特别深的一次用一毛二分钱支持了一个礼拜。记得离下个月发工资还有一周时间，居然还剩有十元钱，实在看不下去孩子们"馋糖"的样子，我就下了狠心，领着两个女儿，到商店里买了一斤水果糖，八毛钱，找回了九块二角。孩子们抱着糖，欢欣雀跃，像过年一样，我也被她们的快乐所感染，一路上说说笑笑回到家。下午准备去买菜时，却怎么都找不到找回的零钱了，到底什么时候、在什么地方丢的，一点印象都没有。这样惨了，孩子们有点垂头丧气，连声问这个星期我们吃什么。我笑呵呵，告诉她们不要着急，看爸爸给你们变戏法。我搜遍了抽屉，找到了一毛2分钱，一毛钱买了半斤北京黄酱，2分钱买了二两甜面酱，变着花样，今天是炸酱面，明天是捞面，后天就成了蒸面，菜的主料是大白菜，有时放黄酱，有时放甜面酱，有时做成醋熘白菜，而菜的形状，今天切成方块，明天切成丝，后天再弄成菱形，两个女儿连连说"爸爸会变戏法"，吃得很开心。

因为妻子工作单位特别远，每天是早出晚归，所以家里做饭等事情我是一力承担。工资有限，我逐渐积累了不少节省菜钱的好方法，特别是冬天，趁着大白菜、萝卜、土豆等蔬菜的大量上市，入冬前要购买足够的数量储藏起来，白菜要先放在小平房的屋顶上晒一阵子，收一收水；萝卜和土豆就在院子里挖个坑埋起来，一口气要吃到来年三月份。

家庭合影

那时家里经济真的是很困难，北京的蔬菜种类又少，整个冬天好几个月里除了大白菜就是土豆。大女儿又有些挑嘴偏食，两顿重复的菜样不吃，所以我常常是绞尽脑汁做出创意来。菜的品种是没法改的，只有改刀工，切条、切块、切丝、切丁，还有改口味，咸、醋熘、甜酸，反正不能重样。等到过年过节，好不容易有了些鸡呀鱼呀的，就是大显身手的时候了，呼啦啦一会儿工夫就可以摆一大桌。那时家里客人也蛮多的，人人都夸我手艺好。我有好几个拿手菜，凉拌三丝啦，红烧鱼啦，烧茄子啦，醋熘土豆丝啦，汆丸子啦，还会做拔丝白薯之类的甜食。孩子们特别爱吃带馅儿的面食，特别是饺子。我自己一个人从和面到剁馅到包饺子，只用不到一个小时就可以做出一家四口吃的饺子来，被女儿们评为"一绝"。我很喜欢做饭，每年同学聚会基本都来我家，大家都说我手艺好，手脚又快，就这样一做就是30年。

偶尔中午下班晚了，赶不上做饭，就会带孩子们到小饭馆"打打牙祭"。最常去的学联社办的小饭馆，在当时师大牛门附近（现在的东门），价格还比较公道，孩子们最喜欢里面的木须肉，两毛钱一份，实际上就是几片黄瓜炒肉片。木须肉上来后，她们会迅速将黄瓜和肉片的数量清点、分配完毕，往往会象征性地从各自一份中分一点给爸爸。我常常是点着一支烟，看着她们欢欣雀跃地将黄瓜和肉片扫荡一空，米饭也吃得干干净净，感觉很开心。这种生活持续了好多年，小女儿从国外第一次回来，问她最想吃什么，说是"爸爸做的饭和学联社的木须肉"。

向红成了小演员

大女儿从小在青岛长大，5岁时才接了回来，实际上等小女儿出生后，我们一直想接回向红，让她们姐妹互相做个伴儿，但青岛的姨妈她们舍不得，希望能留在身边；而且就妻子来讲，长姐如母，从小对姐姐感情很深，姐姐没有工作，也希望能有机会孝敬一下姐姐，妻子每月发工资后第一件事便是给青岛寄30元。当时有朋友劝我们接回向红，说送到幼儿园一月才12元，经济上可以减轻一点。但我们考虑很久，决定还是让向红留在青岛。一直到要上小学了，必须适应一下北京的环境才接了回来。向红是不大情愿来北京，青岛姨妈和舅舅都很宠着她，表姐、表哥们都护着她，争着带她玩，她很喜欢青岛的生活，我们只是"北京的爸妈"；每到寒暑假，总是迫不及待地返回青岛，去找"青岛的妈妈、爸爸"，开学时总要找各种理由拖延一两天，这种状况一直持续到她读高中。

向红在表演《红灯记》

向红从小表现出很强的语言能力，两岁左右，就能背诵十几首唐诗，还有好几段毛主席语录，暑假一天我带她到天安门广场，沿路看到两个卖水果的发生争执，一人的草帽被扯破了，一人的鼻子流着血，围观的人很多，滚在地上的西瓜被踩得稀巴烂，向红回来绘声绘色描述给姥姥听，居然大致不差。她性格很外向、活泼，表哥在青岛市的剧团里工作，经常带她去剧院玩。三四岁的小人儿，能一动不动在后台待到演出结束，很认真地盯着台上的表演看，回家模仿给大人们看，居然有板有眼。回到北京后，向红很快就和院里的孩子们熟悉起来，妹妹向军更成了姐姐的"跟屁虫"，走哪儿跟到哪儿。当时校园里很安全，我们大人也就放任孩子们在学校里疯玩，不大理会她们的行动。一天，我在校园里遇到黄济先生，黄先生笑嘻嘻的，说你家老大真厉害，要好好培养啊。经过询问，我才知道，向红经常带领一帮小孩子，到黄先生他们挖地道的工地边上去表演，又是朗诵毛主席诗词，又是唱样板戏，还会翻跟斗，自编自演的节目，她一个人可以折腾四五十分钟，把大人们逗得哈哈大笑。向红从小不怕人，有点"人来疯"，看的人越多，她表演得越起劲，成了黄先生他们的"开心果"。

向红在上小学一年级时，当时北京电影制片厂（简称"北影厂"）正在筹拍《山花》①，由著名导演崔嵬担任导演，到北师大实验小学挑小演员，

---

① 《山花》由崔嵬、桑夫担任导演，是"文革电影"的代表作，影片以大寨的女生产队长郭凤莲为人物原型，影片描写了农村姑娘山花在"农业学大寨"运动中，坚持以粮为纲，带领白石滩群众战胜重重自然灾害，揪出搞破坏的暗藏敌人，完成了劈山开河筑坝造地的伟大工程。

于洋导演亲自来的，内容很简单，一段蹦蹦跳跳的舞蹈，还有一个规定朗诵，向红被挑中了，她听说拍电影特别好玩，很是开心，缠着要我同意。我当时想，孩子从小爱唱爱跳，喜欢表演，于洋导演又是我很尊重的老艺术家，就同意她去了，但有一个前提，不能耽误学习。向红很瘦弱，被挑选出来扮演童年山花，成年山花由著名演员谢芳扮演。崔嵬导演很喜欢向红，说她特别会演戏，对导演的要求很快就能心领神会，能将眼含热泪、眼泪流到腮上等细节拿捏得很准确，入戏很快，称赞向红是"小白杨"，是悲剧演员的好苗子。向红也很喜欢导演，总是人前人后的喊他为"崔爷爷"。每次拍内景戏时，崔导演总是用车接送向红。我觉得这样不大好，怕她的同学或邻居小朋友看到了起哄，影响到她的学习，就和崔导演商量，请他把车停在学校大门外，我骑自行车接送向红回家。导演很理解我，大家处得很愉快。他们还到山西大寨拍了一个多月外景，我们都很忙，很放心孩子一个人跟着剧组去。

当时演出没有什么片酬，专业演员是拿国家工资的，对于来客串的小孩子，大多是给一些好吃的东西。崔嵬导演知道向红特别喜欢吃糖，每次拍完戏后，就会奖励给她几颗高级糖果，整部戏杀青后，崔导演奖励向红一大盒子进口的高级奶糖，她开心得不得了。《山花》电影1976年公映后，得到业内人士和观众们的认可，有不少观众给北影厂写信，称赞扮演童年山花的小演员演得好。

1976年西安电影制片厂（简称"西影厂"）拍摄《渔岛怒潮》[①]，向红被挑选去扮演"春花"，大部分时间在西安待着。同去的孩子大多由父母陪同，我和妻子都没有时间，就把她交给了摄制组的随队老师，随队老师很负

---

① 《渔岛怒潮》由张景隆担任导演，根据同名小说改编。故事发生在1947年春天，龙王岛的人民在欢庆丰收，去赶海的小姑娘春花在礁石的沙窝里捡到了一个红圈牌的烟盒，儿童团在小白鞋家又查出同样牌子的烟头。此时，村中出现了迟龙章"反攻倒算"的黑帖子，村民在海上捕鱼时又遇上了土匪。这前后发生的一系列怪现象，使得渔救会会长王四江心中很不平静，迟龙章把民兵队长二虎抓去做了人质，胁迫村里归还没收的财物。王四江召集村民开会，号召人们要以牙还牙。根据战局需要，我们的部队暂时撤离了龙王岛，迟龙章随即配合敌海战连窜犯回岛，反攻倒算，顿时搞得龙王岛鸡犬不宁。

责，不仅照顾孩子们的饮食起居，还负责在拍戏之余督促、辅导他们的功课，向红写信来报告她在剧组生活得很好，让我们放心。实际上，电影拍得很苦，影片在山东烟台拍了两个多月的外景，大冬天要赤脚踩在全是贝壳的岩石上，向红脚上全是一道道的血口子，但她从不叫苦叫累。年底，我到西安出差，就借机到剧组去看她，那天是周六晚上，他们剧组在西安郊区一个招待所租了两层楼，不大好找，等我找到时天已经黑了。很幸运，看门老头认识活泼外向的向红，告诉了她住的房间号。因为是周末，大家都出去玩了，整栋楼黑糊糊的，等我到了她的房间，从走廊窗户看去，就见她一个人坐在床上、裹着被子，盯着门口。看到我突然出现在门口，她又哭又笑，拉着我特别开心，临走时一再叮嘱我，第二天要早点来看她，我心里很不是滋味。

第二天我去看她时，和几个同组的演员聊了很久，其中一个男孩叫李辉（他在《闪闪红星》中扮演过春芽子，在《渔岛怒潮》中演铁蛋），此时已是一个年轻的导演了，他对我说，叔叔还是别让小妹妹过多出来拍电影了，不要像他从小时候就开始拍电影，影响了学业，现在对一些历史性、国际性的题材，很难理解，只能靠老导演一句句讲解，怎么说就怎么演，影响了

向红的电影剧照

自己的发挥。他的这个建议正合我的心意，我便趁机和女儿讲要好好学习，她很努力，在随队老师的指导下，语文、英语学得不错，基本没有落下。

这个电影先后拍了一年多的时间，由于地处西安，向红基本上没有正常到学校上课，虽说她很努力，但功课还是落下不少，特别是数学，随队老师指导不了这门功课，数学自学又不容易，等她回到北京后，离初中升学考试只剩下40余天，而她对方程式、四则混合运算处于"一看就懵"的状态，更不用说应用题了，这样肯定是升学无望。我一般不大管她们功课，只负责做饭，但这次情况实在危急，我便将每个题型都归纳为典型案例，每天中午抽出40分钟，分开揉碎，反复演练，到后来，向红拿到相应题目马上就能"对号入座"，我这才稍微缓了一口气。升初中考试时，向红数学考了满分，顺利升入北师大二附中。读初中前，我和向红深谈了一次，提出我和妈妈的建议，希望她现阶段能专心学习，不再出去拍电影，等打好文化知识基础，是否再去拍电影或去当演员，自己决定。可能是经历了"小升初"前的"数学煎熬"，她很认真地思考后，同意我们的建议，从此不再接拍电影。于洋导演、崔嵬导演几次看到我，都说很可惜，说向红走电影这条路将来肯定会大放异彩的。我把这些话转达给向红听，她只是笑笑，说她已经决定的事情就不再更改。她就这样一个性格，自己一旦认定的事情，任凭别人怎么讲，她都绝不回头。

在后来的学习中，向红的语文、数学一直不错，外语是强项，在高考填报志愿时，我们在外交部工作的一个朋友建议她报外交学院，说她在大众面前的表现能力很强，很适合从事外事工作。但她自己非报考北京大学不可，我向来尊重孩子们的个人意愿，只是提出建议，从来不强迫她们。向红考取了北京大学的外语系，我只是建议她在大学期间一定要读两套书，一是《鲁迅全集》；一是《莎士比亚全集》，她很认真地听从了我的建议，打下了不错的语言功底，本科毕业后被保送到本校"西方文学"继续攻读硕士研究生，后留校任教，走了一条不同于当时一起拍电影小伙伴的道路。

六、学报编辑十七年

1976年10月底，粉碎"四人帮"才半个月，我便由教育系被调到学报编辑部做编辑，当时我还在带着学生在外地实习、参观，等回来后，会计直接告诉我，到学报领工资去。我这才知道，我已被"组织分配"到学报编辑部了。当时说，学报工作需要，好像系里也不好安排我的工作，我自己也想换换地方。有人说，我到编辑部做编辑是"三满意"。我也是这样认为的，就高高兴兴地接受了。1993年10月底，我又被调回到教育系做教师。当时说，是因为教学科研、学科建设需要，我更多地感觉是"叶落归根"了。就这样，我在学报做编辑整整十七年。

十七年春秋，说长不算长，可说短也不算短。就现在来讲，我在北师大工作四十五年，做学报编辑的时间相当全部工龄的近二分之一。回到系里这些年，在学报做编辑的日日夜夜，所接触的人，所经历的事，仍不时地浮现于眼前，萦绕于脑际，激荡于心头，对学报的感情和同事间的情谊依然相当浓重，令人怀念和留念。每每忆起，备感亲切而饶有情趣。

我与北师大文科学报

北京师范大学学报（社会科学版）（通常简称为"文科学报"）创刊于1956年9月，是高校学报中创刊比较早的，主编由著名历史学家陈垣校长担任，民俗学家钟敬文教授、经济学家陶大镛教授任副主编，出版了创刊号，陈垣校长专门撰写了《发刊词》，对文科学报的指导方针、主要内容和特色做了明确规定，并高屋建瓴地指出了文科学报的未来发展的方向。

文科创刊之初，没有专职编辑人员，出版期数、印张并没有定制。如1956年就出了一期创刊号。1957年对副主编作了调整，著名历史学家白寿彝教授担任副主编，该年出版了两期，此后每年或四期或六期，不定印张，1964年出版1期后停刊。1973年9月复刊，刊名为《北京师范大学学报》（社会科学版）；由《北京师范大学学报》编辑组编辑出版，方铭同志负责学报工作，此时编辑部有两个人员，一是武静寰，一是潘国琪。1974年，更名为《北京师大学报》（社会科学版），双月刊，不定印张，1975年复名为《北京师范大学学报》（社会科学版），基本上每期5个印张。

我是1976年10月被调入文科学报的，此时方铭同志是学报负责人，她是老革命，曾任北师大教务处副教务长、社会科学部主任，从"牛棚"出来后，好像学校也不好安排她的工作，就让她到学报主持工作，她思维敏锐，做事干练，是一位"工作狂"，除了审读稿件和商讨工作外，她还经常深入到教师当中了解情况，搜集信息，约写文章，一天到晚忙个不停。她1978年调离师大，到中央文献研究室工作，我们在一起工作只有不到两年，但给我的印象很深。

纵瑞堂教授也是从"牛棚"里出来后到学报的，他和方铭同志共同主持学报工作，我们都叫他"老纵"。他学识渊博，为人随和，处事沉稳，工作张弛有度。他头脑冷静，善于思考，对问题的把握很有分寸，从而避免了办刊中一些不应该出现的失误。他审读稿件，首先注重从整体上、宏观上判断

学报同事合影

稿件的学术价值或理论意义，如能采用，再去处理某些微观问题。所以，每次谈审稿意见时，他总是能抓住要害，用最简洁的语言把问题说得明明白白。他的这种审稿方法，对我和其他同仁都颇有启发。老纵任编辑部主任，他曾任北京师范大学政教系主任，北师大副校长，就是他极力主张将我调到文科学报的，曾很认真地对我说："学报可是求贤若渴，可是把你当做一个宝啊，特别欢迎你来学报工作。"

我进入学报工作时间，编辑队伍中还有潘国琪同志、薛正凯同志、黄安年同志（他负责历史板块，1978年就调回历史系去了）等，人员基本配备整齐，在此基础上成立了北京师范大学学报编辑部，负责学报的出版工作，由于时间紧张，当年的第5～6期合刊，所以1976年学报出了5期。1978年，武静寰同志任学报编辑部主任。1978年起为双月刊，5个印张。1979年根据教育部《关于办好高等学校哲学社会科学学报的意见》文件的精神，新成立了学报编委会，受党委直接领导，并由一名副校长兼管学报工作，同时加强和突出了学报的学术性和特色。1980年潘国琪同志负责编辑部的工作，学报增为6个印张，封三始有英文目录。1987年，增至7个印张，112页。1988年，白寿彝教授担任主编。1993年我调回教育系，此时主编还是白先生。

我在学报做编辑期间，工作条件还很艰苦。办公室很拥挤、简陋。头几年在学11楼一层，几间学生宿舍便成了北京师范大学学报所在地。学校恢复大规模招生后，学生宿舍变得紧张起来，1980年前后搬到了南大门旁沿围墙的几间平房中。平房是由原来建筑工地的工棚改建的，低矮阴暗。夏天闷热，蚊蝇成群，无任何防暑降温设施，那真是汗流浃背，像蒸桑拿，吃重庆火锅一样，手臂的汗水常把稿纸浸湿。冬天酷寒，冻手冻脚。靠轮流值日生蜂窝煤炉子，烟熏火燎，还常常熄灭。写字时还戴着手套，或呵口气，搓搓手，才不致冻僵。办公用品极简单，几乎是只有一支铅笔、一支圆珠笔或蘸水钢笔、一沓稿纸。主要是经费紧张所致。当时，学报编辑部每年都要向学校打报告，争取经费，但所拨的经费十分短缺，差不多年年欠账。为了节省经费，我们就千方百计减少开支，稿纸反正两面用，旧信封也翻过来再用，还到印刷厂捡纸边当信纸，做笔记本。外出不坐车（公交车都不舍得坐），走路或骑自行车，搬运学报自己蹬三轮车取送。

条件虽艰苦，大家的精神状态很好，工作热情极高，都能全力以赴，全身心投入，无怨言，不埋怨，齐心协力，团结合作。在学报编辑部工作，好像养成了一种习惯，没有上下班的界限，没有节假日的概念，没有分内分外的争执，没有多做少做的计较。记得学报受过学校有关部门的两次批评。一次是学报将旧报纸、旧杂志当废品卖，卖的钱未全部上缴，用了一点钱买茶壶、茶杯、茶叶，好像还给每个编辑买了一支能换笔芯的圆珠笔。被认为是违反规定，点名批评。另一次是学报一位编辑，结婚没房子，在学报资料室的书架旁，搭了一张床，借住了一段时期，被批评为私住办公室，还宣布停止学报所有人员的分房资格。现在想来，有些好笑，但在当时是很认真、很严肃的事件。

有一次，王梓坤校长到学报了解情况，看望大家。之后，他在一次会上说："学报工作条件差，人手少，还能把学报办好，很不容易，编辑们很辛苦。"大家听了很受感动，知道领导关心我们，肯定了我们的劳动，很受鼓舞，我也留下了很深刻的印象。

现在办学报的条件虽然还有诸多不尽如人意之处，但和当年相比还是大大改善了，我每次到主楼的学报办公室去，颇有"鸟枪换炮"了的感慨。当年的那点精神还是很可贵的，还应当继承和发扬。

一字不能错

1977年9月8日，是毛泽东主席逝世一周年，学报第4期设专栏发表了一组怀念文章，其中有一篇是原教育部副部长董纯才写的《春风化雨育新苗——回忆抗日战争时期毛主席对人民教育事业的巨大关怀》。文章中写到他初到延安时受到毛主席接见的感人情景。描述了如何高度激动兴奋，焦急地企盼等待。在赶向接见处时如何匆忙急促，跑到狭窄通道的拐弯处，几乎和前来迎接的毛主席撞在一起。这个情景怎样准确表达，董纯才极其认真，反复修改四五次。先用碰在一起，感到不敬，改为扑到怀里，有些不雅，最后还是选择了撞在一起，虽然仍不甚满意，也只好勉强定稿了。究竟用碰、用撞、还是用扑，几经推敲。编辑工作要在处理稿件时字斟句酌，我有了一次真切的感受。

在这一期学报排印过程中，一天夜里11点多钟了，我接到紧急通知，说发排的稿件，引用的毛主席语录有错误，已印了近半停下了，要赶快处理。当时一听，头都蒙了。毛主席语录引错了没发现，印出来，发出去，可是政治性大错误，叫做篡改"最高指示"，罪大恶极啊。连夜跑到办公室进行核对。原来是董纯才在审阅最后一次核对的清样时，发现文中用黑体排出的"建设新中国"，排成了"建设新的中国"，多了一个"的"字。找出原稿一看，原稿上就是"建设新的中国"，并注明引自《毛泽东选集》，但未注卷数和页码。我很清楚地记得，当时依据原稿核对过，是没有错的。凡是用黑体排出的都是马、恩、列、斯、毛的著作或毛主席的最新指示，校对时特别精心，一点都不马虎。根据《毛泽东选集》中的《论联合政府》应是"建设新中国"不是"建设新的中国"。必须改过来。我只好重新查阅《毛泽东选集》，从夜间12点直到凌晨4点，终于在《毛泽东选集》中的《论持久战》中找到"建设新的中国"的提法，证明"建设新的中国"没有错，同样有根据。当时不管"建设新中国"与"建设新的中国"思想内涵有无区别，只要文字上没有错，都是毛主席说的，都在《毛泽东选集》中能找到依据就行了。于是通知印刷厂，不必修改，继续开印。

这场虚惊，给我留下深刻印象。抛开当时的政治环境、社会氛围，仅从编辑工作的角度看，也是一个值得吸取的教训。做编辑，处理任何稿件，都来不得半点马虎。字斟句酌，甚至咬文嚼字，是编辑的基本功。无错不成书，无错不成文，毕竟不是正常现象，而是编辑的失职行为。

学报的生命

我做学报编辑期间，学报办刊方向、性质、功能，有个明显的转变，由单纯地强调为现实政治斗争服务向重视学术质量转变。但是，我国的人文社会科学、哲学社会科学是不可能、也不应该脱离政治斗争的需要，搞纯学术是不实际的。最理想的追求应该是政治导向和学术水平的有机统一。但在实际工作中做到这一点是很不容易的，也是对每个编辑人员的实际考验，编辑人员也在实践中经受着锻炼，尝尽了甘苦。

学报1980年第1期发表了俞敏教授的《汉藏两族人和话同源探索》。这是一篇学术味道极浓的论文。在当时报刊上还难看到这样具有强烈的纯学术色彩的文章发表。记得这篇文章在编辑部大家传阅时，没有人能看得懂。还曾经请教过北京师范大学、北京大学中文系的专家教授，也都表示很难看懂。当时之所以能大胆地决定发表，首先考虑的是，文章讲"汉藏两族同源"肯定符合政治导向的大方向。当然俞敏先生的学术功力也是人所共知的。实事求是地说，那时确定还没有把学术标准放在重要位置上加以考量，因为编辑部没办法判断其学术水平和学术价值。后来的事实证明了这篇文章被公认是正确的政治导向和极高的学术价值完美结合的代表作。最有力的证据当然就是，这篇文章于1999年荣获新中国成立五十年来首届国家社科基金项目优秀成果一等奖，也证明了正确的政治导向和高质量的学术价值是应该而且能够完善统一的。

到了1988年，随着思想解放的深入，人们认识的加深，高校学报的办刊的"学术"功能已基本达成共识。该年7月中旬"全国高校文科学报研究会的筹备工作商讨会"在北师大召开，由我们学报编辑部承办，对会议的报道便是以"学报与高校同寿　学报与学术共荣——全国高校文科学报研究会筹备工作商讨会在京召开"，参加会议的有发起单位及各地区高校学报的代表，国家教委高教一司阚严河处长、中国人民大学校长袁宝华、副校长罗国杰、北师大副校长许嘉璐等同志参加了开幕式。发起组召集人李静同志代表发起单位作了大会报告，在会上，代表们认识到学术性是高校学报的生命源之一，应该得到进一步强调，为了提高编辑们的业务水平，加强交流，认为成立"高校文科学报研究会"刻不容缓，会议认真讨论了《高校文科学报研究会章程》（草），决定在11月上旬在湖南师大召开全国高校文科学报主编研讨会暨高校文科学报研究会成立大会。

高校文科学报研究会部分代表合影

1991年学报第5期发表了陈元晖先生的《中国教育学七十年》。这篇文章长达6万多字，在一期刊物上发表，是十分罕见的，照常规，一篇文章1万字左右就要做适当压缩了。那样，至少要三期、四期才能发完。经过商量，决定一期发出，主要是考虑社会影响、学术效果，也方便读者。连陈元晖先生本人也感到惊奇，还问我："是不是因为我是你的老师走了后门？"我告诉他说：这是集体决定的，他听了非常高兴，说：你们有气派，敢于打破常规。文章在讲到新中国成立后的教育学著作时，我发现不少的篇幅提到刘佛年先生主编1979年出版的《教育学》（讨论稿）。对该书及其出版发行谈了不少意见，很少肯定这本教材的积极价值和有益贡献，建议陈先生加上几句话，从总体上给予肯定，并告诉他：国家副主席王震同志在一次会上说过：刘佛年编写的教育学还不错嘛！陈先生反问道：王震同志真看过吗，还不是听秘书或什么人说的。这就是陈先生的性格，你越想用政治大帽子压人，他越不服气，越要坚持个人见解。不过，我还是说：还是加上更好些。陈先生很无奈地说：如果是你们编辑部的意见，你就替我加上吧。我真的替他加上了两句话。学报出版后，陈先生逢人便说：那两句话不是我写的，是王炳照替我加上的。且在1993年福建教育出版社出版《陈元晖文集》（上、中、下三册）收进这篇文章时，陈先生还是把那两句话删掉了。至今回忆起来，还觉得蛮有意思。

政治导向和学术水平的统一，不是抽象的原则，而是具有丰富内涵，多重视角的一种境界，全靠编辑自身细心领悟。

学报的活力

随着学术界拨乱反正的深入，学术争鸣和论争逐步活跃起来，学报稿件的内容也日益丰富多彩。营造学术争鸣、平等论争的环境和氛围成为学报呈现新面貌的重要体现，也是使学报充满活力和生气的有效保证，也是对编辑人员的学术视野和全面素养的考验和锻炼。

1981年学报第2期发表了庞长富的文章“哲学上的两条战线斗争”的命题《为什么不能成立——与吴江同志商榷》。文章针对吴江同志1978年10月出版的《历史辩证法论集》一书中，照样收入同年《哲学研究》第1～2期合刊上发表的《哲学上的两条战线的斗争》一文，仍然坚持认为“哲学上两条战线的斗争”这一命题是正确的，认定杨献珍同志的哲学观点是机械唯物论的，而继续加以批判，并认为这些哲学观点是为了“反对、篡改无产阶级专政革命路线，用修正主义路线来代替马克思主义路线”，都是为刘少奇的“右倾”路线服务的。庞长富的文章指出：在拨乱反正取得重要进展，党的十一届三中全会已经召开，为刘少奇主席平反昭雪已经成为定论的时候，仍然坚持错误的极"左"观点是很不应该的，这说明揭批"四人帮"的斗争，肃清其流毒，任务还很繁重。文章具体分析了"哲学上两条战线的斗争"的背景、内涵和实质，证明这纯属一桩冤假错案。吴江同志看到这篇文章后非常生气，直接打电话质问师大党委，为什么让学报发表矛头指向他的文章。师大党委听取了学报的汇报并审阅了文章，认为学报的做法没有什么问题，并转告吴江同志，欢迎他写文章进行反批评。不久，吴江同志送来了两个学生代写的文章，只是讲吴江的贡献、地位和影响，批评他会造成什么后果，"哲学上两条战线的斗争"是否还要坚持只字未提。学报审阅后，认为不能发表，再次请吴江同志本人写文章反驳。吴江同志再次亲自找师大党委状告学报，但一直未写答辩文章。看来要做到正常的、健康的、平等的学术争鸣和论争，扭转惯用的批判、斗争、否定、打倒的错误做法，还需要大家共同努力。关键是要有平静的心态，平等待人，服从真理，实事求是。

1996年学报第5期发表了黄甫全（华南师大教授）的文章《素质教育悖论》，对素质教育的概念、内涵、目标等提出了自己的看法，希望就此展开讨论，并对当时出现的认识模糊，思想混乱进行了分析。1997年学报第3期发表了张楚廷（湖南师大校长）的文章《论素质教育的科学性——与〈素质教育悖论〉商榷》，文章对黄甫全的文章进行了驳斥和批评。而在文章发表前张楚廷校长主动将文稿送给黄甫全教授听取意见，体现了平等讨论问题的良好学风。两篇文章发表后，有传说认为，师大学报发表黄甫全的文章受到领导的批评，说黄甫全的文章发出的是"噪声"，是对推进素质教育的"干扰"，而发表张楚廷的文章是迫于领导的压力，是为了挽回影响。据我所知，学报从来没有听到任何一位领导正式的批评意见，也没有任何一位领导直接施加过什么压力。张楚廷校长也否认他写文章是有人授意的。因此，我始终认为这是一次正常的学术争鸣和讨论。

我的愿望

在我做编辑时，常听到有人说，编辑是"杂家者流"，是"为人作嫁，代人受过"的差事，我觉得，这句话道出了编辑工作的甘苦，也形象地揭示出编辑工作"为作者服务，对读者负责"的职业特征，但这并不意味着编辑工作仅仅是个人的奉献和牺牲。恰好相反，编辑工作者在付出自己的劳动和心血的同时，个人获得了良好的锻炼、充实和提高的机会。古人云："见贤思齐焉，见不贤而内自省也。"从不断审阅、处理稿件中，逐步提高自己的学术鉴赏力，好文章给自己诸多教益，差文章给自己许多警示，在读文章中学会做文章，是做编辑特有的优势。

有人认为，做编辑时间长了会变成"万金油"，影响专业学术水平提高。的确，做编辑需要知识面宽一些，专业性广一些。但是，绝不是不要精深的专业修养。广博与专深并不矛盾，反而能相辅相成。我做学报编辑十七年，是指十七年中以做编辑为主业，十七年我的人事编制在学报编辑部。事实上，十七年中我始终没有放弃所学专业，一直在教育系兼课，协助老先生搞科研，带研究生，并自己主持科研项目，招收研究生，只是在教育系不记工作量，不拿任何报酬，被认为是"吃学报的饭，给教育系干活"。几个获奖成果都是在学报做编辑时完成的。1993年调回教育系之后六七年，在教育系从事教学科研工作，还一直兼做学报编辑工作，变成"吃教育系的饭，为学报干活"。我深感，在高校学报做编辑兼职承担一定的教学科研工作任务，教学科研人员兼职承担部分编辑工作，则大有好处的。

我始终认为，我是幸运的。十七年做学报编辑，兼搞教学科研，离开学报十几年搞教学科研，一直兼做编辑。两个舞台为我提供了学习锻炼机会。两个舞台我都喜欢，我都应该感谢。

客串教育史教学

20世纪80年代初期，毛先生开始恢复做一些研究工作，写一些东西，招收研究生。因为我在学报当编辑，课时和工作量没有要求。做编辑之外，我便开始利用业余时间，做一些和教育史相关的事情，写一些学术性文章，还帮忙上课。因为时间相对宽松，毛先生有什么事总喜欢打电话给我，于是，他要做什么我跟着做，他带研究生，我便跟着他再学一遍，他想编书，我便协助他联系人手，组织力量，自然变成了毛先生的一个助手。当然，这些都是"不计酬"的，被学报的同仁们笑称作"不务正业"。

北师大1977年重新恢复招收本科生，但正式上课却是1978级入学后，两届一起进行课堂教学，中国教育史在1978年恢复正常教学。当时，教育史方面的老先生中，毛礼锐先生和陈景磐先生还健在（陈元晖先生是兼职教授，"文革"后他没有再回来上课），两位老先生因为年岁已高，也可能对给本科生上课不是那么感兴趣了，所以就要求我们青年人顶上，尽管不在教育系，因为我是中国教育史研究班毕业，也被列入上课名单中。刚开始给本科生上"中国教育史"课程，没有一个人敢系统从原始社会的教育讲到新中国成立前，所以我们就仿照老先生的样子，分段来讲，一个人讲一个时期。连同教研室的几个年轻教师，大家一边上课一边准备，每周有固定时间在教研室集中备课，相互交流上课的经验和教训，就这样，上完一遍后就融通一些了，中国教育史的教学慢慢恢复起来。第一遍课讲的时候，分给我的一段是先秦时期的教育部分，我当时的讲义，后来几乎一字未改，成为1983年北师大出版社出版的《简明中国教育史》的第一章、第二章，这本书先后再版15次，修订了4回，印数15余万本，每次这两个部分改动都最小。三年时间，中国教育史大概上了两遍，期间还上过两遍教育论著选。等教研室同志们感觉他们自己能上中国教育史课后，就没有让我再上了，我已在学报工作，也没有什么话说。他们都忙于上课，恰巧我比较清闲，毛先生便找我帮他做一点事情。

发表学术论文

在研究班读书时，大家的主要精力多投放在教学上，老一辈学者在编写教材和基本资料编选，培养中青年教师，中青年教师边学习，边承担教学任务。直到"文化大革命"前，大家多围绕教学转，无暇顾及科研，能出科研成果的教师实在寥寥无几。"文化大革命"十年，更谈不上真正意义上的科研。

1978年6月，我在学报第3期上发表了第一篇文章，《"四人帮"批"智育第一"是对德育智育的全面破坏》，这篇文章实际上是命题作文，还带有那个时期特有的色彩，还算不上什么学术论文。实际上，除去本职工作，我更多的精力还是放在中国古代教育史研究上。1980年4月，在学报第2期上发表了《论"学而优则仕"》，这应该算是我真正意义的第一篇学术论文。

教育史领域的拨乱反正是以重新评价孔子的教育思想为突破口的。"文革"期间，以"四人帮"为代表的极"左"路线掀起的"批儒评法"、"批周批孔"，将"史为今用"片面推向极端，中国传统文化、传统教育被"砸烂批臭"，造成了对教育史学科的极大扭曲。"文革"结束，大家不约而同选择以重新评价孔子教育思想，其意义可能远远超出了对孔子本人教育思想和教育活动的重新认识，而是涉及教育史研究的指导思想和方法论等一系列问题。张瑞璠先生、杨荣春先生接连发表文章，对孔子的"有教无类"、教学教育方法进行了"再评价"。1980年创刊的《教育研究》还专门组织了一次规模较大的"孔子教育思想笔谈"会，约请教育学界、思想史界和历史学界的学者参与，毛礼锐先生等应邀到会，回来还专门给我传达了"笔谈会"的各派观点，感叹说，"已经敢有人把孔丘称之为孔子了，孔子又一次重见天日了。"

1983年编写《简明中国教育史》，我承担的是前两章的撰写任务（后来作者名字按照章节排序，我便排在第一位，该书变成了"王炳照等著"，郭齐家、刘德华、何晓夏、高奇等几位老师便成了"等"，每次上课，我都首先澄清一番）。在《中国教育通史》中我还就"《吕氏春秋》中的教育思想"作了挖掘等。逐渐地，不少人便视我为专门研究中国古代教育史的了，实际上我读研究生时是现代教育史方向。

文科学报为我开展学术研究提供了很好平台，从1978年到1985年前后，差不多每年我都会在文科学报上发表一篇学术文章，稿件缺乏需要编辑"亲自操刀"是一个原因，而自己对中国教育史的发自内心的热爱和老先生的指导是督促自己坚持下去的不懈动力，特别是陈元晖师、毛礼锐先生等的"压担子"、"给任务"，不断指引、扩展着我的关注视野。

奉师命研究书院

1980年5月下旬，陈元晖先生找到我，将一份古代书院的撰写提纲和几十页发黄的讲义交给我，说上海出版社要出版，时间比较紧迫，希望我能尽快整理、扩充成为十多万字的书稿。

面对陈老下达的任务，我感觉压力不小，尽管在研究班时抄过不少古籍，也翻阅过一些书院志，但对于书院从来没有系统涉猎过，陈老的提纲和讲义相对简单，对于是否能扩展为一本书，我没有太大的把握。但师命难违，我只好硬着头皮摸索去做。我仔细研读了陈老的总提纲和既有的稿子，从图书馆借了顾树森、胡适、舒新城等人有关书院的研究著作，在心里梳理出一个大致框架，然后利用一切业余时间到图书馆去筛选资料，各种书院志、《续文献通考》、《清会典事例》、《王安石文集》等，并选择江西、湖南一些相关县、市的地方志，如光绪年的《江西通志》、同治年的《福建通志》等，作为佐证资料来源，我还先后到北京图书馆、北大图书馆查阅过资料，幸好有研究班抄书的底子，我可以做到"一心二用"，一边抄写资料一边分类，心里想着将它们放在书稿中哪个位置，到7月中旬，资料收集基本结束，这时候在我心里书稿的样子已基本成型，准备从书院制度的起源、兴衰、书院的教育内容、书院的管理特点以及对今天教育的借鉴等来论述整个书院的发展历史，我把这个想法告诉陈老，他很赞同，连声说这个研究书院的框架好。此时刚好放暑假，孩子们由妻子照顾，是我赶活的"黄金时段"。每天分为三个时段，常常误了吃饭，在办公室待到深夜，孩子们抱怨"整天都看不到爸爸的影子"。

那年北京的夏天特别热，学报办公室的条件有限，屋子里像蒸笼一样，为了避免流下的汗水洇湿稿纸，我特别在手臂上戴上两个套袖，穿着白色的大跨栏背心，赤臂上却套着蓝色的"涤卡"布套袖，头发都是湿的，一缕缕地趴在脑袋上，样子很可笑，还好是假期，很少有人来打扰，书稿进展顺利。历经一个暑假的挥汗如雨，12余万字的书稿形成。

因为时间紧急，我便将草稿直接拿给陈老看，①陈老看过很满意，说"我就知道你能行的"，又说，"能不能将其整理成一篇文章，找个地方发表，看看大家的看法？"我随即将其缩写为约1.6万的篇幅，以《中国书院简史》为题目，集中在书院的起源、兴衰和组织及教学特点三个方面作了展开。陈先生原准备将这篇文章给《教育研究》，我正在誊写的过程中，学报主编无意间看到了这篇文章，白先生一下子就被吸引住了，说"就在北师大学报发吧"，我征得了陈老的同意，北师大学报（哲社版）在10月份第5期发表，我署名第二作者，反响很不错。

随即，书稿交给了上海出版社，次年以《中国古代的书院制度》为名出版②，有研究者认为"此书奠定了书院研究的基本框架，开启了新时期书院研究的先声"。到现在为止，研究书院的著作基本还是延续这个框架，很少有所超越。该书再版了两次，不少研究书院的青年学者看到我，总会讲，是

---

① 当时没有电脑，是一字一句手写在大稿纸上的。写东西前，我习惯在脑子里规划清楚，然后再动笔，往往想的时间很久，写起来却很快，时常是一气呵成，过后也不大更改。所以我的草稿"卷面基本整洁"。

② 我署名第三作者，第二作者是尹德新，时任教育系系主任，为该书的出版提供了一些帮助，和陈先生有师生之谊。就作者排序陈先生曾专门征求过我的意见，我主动要求排在最后。我常这样认为，也常常讲给身边的弟子听，一件事，能做多少就做多少，做完了就算过去了，如果别人还觉得你做得还可以，那就是最大的收获，不大去想事情背后的个人得失。

"看着那本书入门的"。

　　大概是由于当时发表学术论文、出版专著者还比较少，特别是像我这个"中青年人"，从此以后，在不少人眼里，我便成了研究书院的专家。1994年6月，湖南教育出版社出版了我和李国钧、李才栋教授合作主编《中国书院史》，1998年11月商务印书馆出版了我的《中国古代书院》（该书属于中国文化史知识丛书，主编为任继愈），在陈学恂先生主编的《中国教育史研究·宋元分卷》（我和郭齐家教授任分卷主编）中宋代书院部分也自然落在我的头上。在做《历代教育资料选编》的过程中，我们还专门请人复制、抄写了大量的书院资料；到全国各地开会，我总是喜欢寻访各地的书院遗址，拓印、拍照了不少资料。我带的几个博士生也选了书院方面的论文来做，如徐勇的《元代书院制度研究》等，所里的一些学生还选了民国时期的书院来作为博士论文选题，在做论文的过程中，他们都多次和我讨论，在此过程中，我也学习、收获了不少新的知识。全国性的书院学术研讨会也多次邀请我参加，我俨然扮演着书院研究专家的样子。

　　2006年，我申报了国家重点社科基金

参加书院的会议照片

"中国优秀传统教育的传承和创新"课题，我将书院制度作为中国优秀传统教育的一个突出部分，组织力量进行重点研究。近年来，我在《华东师范大学学报（教育科学版）》、《寻根》、《教育与考试》等刊物上发表了一些论述书院的文章。我一直认为，书院精神是书院教育在长期发展历程中不断积淀和凝练而成的优良传统的结晶，是书院办学传统的灵魂。随着时代的前进，社会的变革，书院制度的存废，书院办学型制的变异，时有发生，而书院精神却是永存的，自然成为中华民族教育遗产宝库中的珍贵财富。每当酝酿或推行新的教育变革时，人们往往会打开教育历史遗产宝库，获取智慧，寻求启迪和借鉴，并将前人的智慧和经验，运用于教育变革的实践中，在运用中进一步丰富和创新，而这进一步的丰富和创新，经过实践的反复检验，又逐渐沉淀和生成新的历史优秀传统。书院精神久为人们关注，并在历次教育变革中得到传承和创新，丰富了内涵，增加了生命活力。这也是我一直关注书院研究的最基本动力所在。

不考博士

北师大1978年恢复了招收研究生，研究生教育重新起步，学校决定，为了进一步提高学校的学术水平和教学质量、加强师资队伍建设，就必须集中人力物力，建设好一批重点学科，而大力发展研究生教育，提升培养层次是很好的促进渠道。1981年上半年，学校多次邀请专家学者召开会议，研究学校的重点学科建设问题，最终确定了21个校级重点学科，并确定各学科学术带头人，为向国务院申请博士点和导师做准备。当时学校还没有评定博士生导师的权力，要拿到国务院学科评议组去讨论、评定，由国务院学位委员会批准。

我常常在想，用校级学科的方式来培育新的学科生长点，是个很好的方式，1981年四五月份学校评定的第一批21个校级重点学科，文科有10个，对于这些重点学科，校、系两级在人力、财力上予以倾斜，在图书资料等方面给予支持，同年，学校拨出4万元作为资助文科重点学科的专款。在中文、教育、历史等系，学科历史比较悠久，基础较好，拥有一定数量学术造诣深厚的知名学者，采用建设重点学科的模式来推动学校学术和教学质量的提升，在1988年第一批全国重点学科评比中，教育学、历史学等率先通过。促进了一些有发展前途的中青年骨干教师迅速成长、很快脱颖而出，锻炼了队伍，培养了人才，培植了学科，是个很好的发展模式。

1981年11月3日，国务院学位委员会批准了师大第一批授予博士学位的学科和导师名单，共有18个专业22个教授入选，毛礼锐、陈景磐先生遴选为教育史方向的导师。博士点有了，导师也有了，但学生还没有。按照陈先生、毛先生的意思，他们希望能招收几个基础扎实、有工作经验的人来做学生，每个人都有了大概的目标。

毛先生、陈先生同时"圈定"了我，两位老先生是轮番动员，弄得我左右为难。就我本人来说，我不想再继续读书了。我当时已经47岁，超出了报考博士的45岁年龄限制，而且上有老、下有小，生活压力很大，且学报工作也一时离不开。毛先生说年龄、外语水平都不存在问题，他可以到学校去申请破格，只要我报考就行，对于老先生的盛情，我认真征求了学报副主编纵瑞堂教授的意见，他说你不读可以腾出时间干些事，再说过两年也该评副教授了，还读什么博士，我觉得他的意见很有道理。我把自己的想法如实告诉了毛先生、陈先生，并向毛先生保证，尽管我不读他的博士，但我一样给他做学生，随叫随到。毛先生看我态度坚定，劝说无效，也就算了，转而去动员其他人。听说蔡振生、雷克啸还有苏渭昌等，都在动员的范围之内，这些全是20世纪60年代初毕业的学生，当时都已超过40岁。可见，在刚开始招收博士生时，要找到合适的生源也是个不大不小的困难。

第一届中教史博士生

根据国务院学位委员会的统一安排，教育史学科从1978年开始，在全国范围内招收硕士研究生，俞启定、田正平等成为恢复招生以来的第一批研究生。1982年，北师大教育史博士点正式招生，毛先生招收了俞启定，陈景磐先生招收了吕达，他们成了北京师范大学招收的第一届教育史博士研究生。当时，和毛先生、陈先生同一批晋升为博士生导师的王焕勋先生招收了毛祖桓，朱智贤先生招收了林崇德。

我当时是毛先生的编外助教，正在协助毛先生为《中国教育通史》组织力量。俞启定原本是学中文的，脑子很聪明，古汉语底子扎实，他硕士期间就是在师大读的中国教育史方向，对先秦两汉时期的教育史很感兴趣。他是作为青年教师攻读博士学位的，入学后，他征得毛先生的同意，选了两汉时期这个时段，围绕"先秦两汉的儒学教育"作了博士学位论文，1986年毕业论文答辩得到了与会专家的好评，获得了教育学博士学位，成了新中国成立以来第一位教育学博士学位的获得者。

相对于现在来讲，当时的论文答辩可谓是豪华阵容，因为当时全国招收

和毛先生合影（左一为俞启定）

的博士生数目有限，论文答辩时便会邀请全国最知名的专家前来，俞启定作为第一个中国教育史博士生毕业答辩时，邀请了张瑞璠、陈元晖、陈景磐、张岱年、陈学恂先生等，我是答辩秘书，坐到俞启定对面，旁边桌子上放着两个暖水瓶，我负责给老先生们添茶加水。

俞启定总是称我为老师，常常在我的弟子们聚会时，笑称自己是他们的"大师兄"。实际上，我哪里称得上他的老师，他是毛先生的入门弟子，我是毛先生的助教，充其量我是个"大师兄"而已。他读书期间，我们一起陪老先生们到外地开学术会议，一起到东北师大访问马秋帆先生，有很多美好的回忆。他1981年研究生毕业留在教育系教育史教研室，当时我还在学报，《中国教育思想通史》、《中国教育制度通史》，两套大型学术著作他都承担了分卷主编，帮我做了大量的工作。近些年我们又一起为"211项目"《中国社会教育通史》共同努力，一起经历了不少事情，可以说是相知多年的朋友了。

带学生游学

1985年，毛先生招收了程方平、毕诚，他们本来就是教育系教育史专业的硕士研究生，基础都不错，毛先生年事已高，不大管他们，大多数的事务由我负责。印象比较深的是带他们游学。

游学当时是研究生学习的一种方式，学校提供一定数量的差旅费，在老师的带领下，研究生们到全国各地去拜访、访问本学科的知名专家、学者，当面请教一些问题，见识他们的精神风貌，大概是"言传身教"的最好诠释，我觉得这是个很好的方式，可惜现在因为经费原因，大多数学校都取消了这项活动。有时带队老师也可以缺席，如俞启定游学就是自己出去了一大圈，我只带他去了一趟沈阳师大，拜访了马秋帆先生。1987年四五月份，我奉毛先生之命，带着程方平、毕诚，开始了全国范围内的游学、访学时光，行走的路线，以有知名学者的师范大学所处省份来决定，我们从北京出发，先到杭州，拜访了陈学恂先生，再到上海拜访了张瑞璠先生、沈灌群先生，到厦门大学访问潘懋元先生，然后到华南师大，访问了杨荣春、周德昌先生，到长沙，看了岳麓书院，到武汉，到了华中师范大学，拜访了章开沅先生，然后到济南，到山东师范大学，周游了大半个中国。此时《中国教育通史》正在紧锣密鼓进行中，这次访学，不仅是带程方平、毕诚当面拜访一些老先生，熟悉各地搞中国教育史的人，同时到各地了解稿子的进展状态，存在着哪些实际的困难和问题。每到一处，拜访老先生，会见老朋友，大家见面极为热情，总要尽地主之谊，有时候一处要盘桓好几天，他们俩很是开心，总是讲"喜欢和王老师出去，到哪里都有人请吃饭"。就这样，这次访学差不多持续了一个多月，回来时还经历了一个小插曲。

到了济南，带他们拜访了赵一民等人后，学校临时有事，而程方平和毕诚还想到曲阜去看看孔庙，我们便约好，我直接从济南回北京，他俩从曲阜回学校。这一路上，我已经很习惯清早叫他们起床，晚上催他们睡觉，现在自己先回去，总感觉不大放心。看我不放心的样子，他俩都乐了，还很认真地打了包票，保证安全返回北京，一到学校就找王老师报到。等我回到北京后的第三天，下午一上班，毕诚直奔学报编辑部，满头大汗跑来找我，告诉我程方平丢了，什么时候丢的、在哪里丢的都不知道，我是又气又笑，告诉他不要着急，仔细回忆一下，毕诚说他开始以为程方平在其他车厢溜达，快到北京了才觉得不对劲，才发现他丢了。我们马上去车站询问，托人打听，急得团团转。傍晚时分，程方平一个人平安回来了。说他在火车中途靠站时，下去透透气，没有留意时间，车开了也不知道，身上一分钱也没有，后来找到车站站长，给送上了下一列回北京的火车，这才算平安返回，这件事让大家乐了好久，现在见面还会偶尔提起，成了他俩的一件逸闻趣事。

在他们读书期间，我开始协助毛先生做研究生培养的事情，1988年程方平答辩时，我还不是教授，协助毛先生接送答辩委员会成员，还算是"答辩秘书"吧。

程方平博士论文答辩

我与《中国教育通史》

"文革"结束后，伴随着中国教育史研究的重新探讨和对中国教育史地位的正确估价，中国教育史课程在高师教育系课堂地位得到了恢复并加强，人民教育出版社出版了《中国古代教育史》、《中国近代教育史》、《中国现代教育史》等一系列教育史教材发挥着重要的作用，专题教育史研究也在相继出版中，为教育史学科的教学和科研做出了重要贡献。但随着研究的深入，编撰卷帙浩大的通史提到了日程。早在1979年，中国教育学会成立时，毛礼锐、沈灌群等先生就提出组织力量编撰《中国教育通史》的建议，但老先生们大多年老体衰，"心有余而力不足"，极需要年富力强而有较强组织能力的科研梯队的加入。毛先生多次对我讲，"应该有一部通史，对于了解中国教育发展史的全貌，把握中国教育发展史的基本线索和总的特点，探索中国教育发展的基本规律，是十分必要的"，还说北师大教育系培养了那么多优秀的毕业生，分散各地，应该找机会组织起来干一点事情。

1983年年初，山东教育出版社计划出一套能反映国内较高水平的教育史著作，他们通过韩达同志找到了毛先生，毛先生连连说是"好事情"，组织力量编辑大部头的《中国教育通史》就这样定了下来。随后一次学术年会上，毛先生利用开会之机，和一群"青年学者"（实际大多已四五十岁）交流了想法，大家都积极响应。就这样，阎国华、李国钧、孙培青、郭令吾、赵一民、赵家骥、梅汝莉、罗佐才、谭佛佑、陈德安、吴玉琦等被组织起来，这些人，大多是北师大50年代中期、60年代初的毕业生，我大多熟悉，自然而然承担了外联任务。在开会讨论中，感觉华东师大应该有个老先生出来共同主持这个事情，以便于组稿、通稿，经过商议，大家都认为沈灌群先生最合适。当毛先生和沈先生沟通这件事情，沈老一口答应，参照北师大这边的"组织模式"，李国钧作为助手，协助沈先生编写《中国教育通史》，1984年正式启动。

《中国教育通史》编委会照片

随后，在韩达同志的组织协助下，编写组在济南召开了第一次会议。会上，编辑委员会成立，韩达担任副主任，确定了《中国教育通史》由毛礼锐、沈灌群先生担任主编，时段横贯整个中国教育发展历史，这次会议持续开了两天半，确定了大致分卷，拟分为五卷：第一卷为先秦时期的教育，第二卷为秦汉至隋唐时期的教育，第三卷为宋元明清时期的教育，第四卷为鸦片战争到五四运动时期的教育，第五卷为五四运动到中华人民共和国成立之前。在会上，有人提出，既然是通史，理应包括新中国成立后的三十五年来的历史，大家都认为提议很好，但鉴于一时难以找到合适执笔人，需要等待时机。每卷专人分工执笔，大概确定了各卷的执笔人，要求大家用一年至两年的时间完成初稿，先秦时期的那一段要加快速度，争取一年完稿。我和国钧分别担任主编助手，协助统稿定稿工作。

我们没有编撰卷帙浩大通史的经验，从第一卷1985年出版，到第六卷1989年与读者见面，其中经历了重重困难，我们常开玩笑讲"可以写一部玄奘取经了"。各执笔人分散全国各地，不断有新人加入，分属于不同的院校、研究所，且不说书稿要如何统一风格、统一体例，单说催稿就是一件特别让人头疼不已的事情，再遇上一催再催上来的稿子基本不能用，或最后期限被告知稿子没有写出来的情况，那更是苦不堪言。按照要求，第一卷初稿要在1984年4月份完成，稿子全部上来，是1984年七八月份的事情，这还算比较顺利，所以我们在1984年10月为第一卷出版撰写的前言中，满怀信心作了规划，"全书准备用三年时间，至1987年全部出齐"。但接下来的第二卷、第三卷就开始困难重重，特别是第二卷，东北师大的赵家骥教授负责的部分，由于其中一位执笔人因故拖延很久，最终也未能完成承担部分，只好重新组织力量，补上这一部分。第二卷的稿子统稿结束，已经是1986年的5月份，当时第三卷的统稿还在紧张进行中。为了实事求是，我们在第二卷的前言中对出版规划"悄然"作了修订，"全书准备用三年时间，至1988年全部出齐。"①

在全书启动之初，鉴于老先生们年事已高，编委会决定，"在主编指导下，由李国钧、王炳照负责全书的统稿定稿工作"。在实际工作过程中，在毛先生、沈先生指导下，我和国钧将稿子交换看过，将稿子里存在的问题、修改建议一一列出来，再连同原稿一起交给主编来看，然后再交给作者继续修改，可能是我们比较认真，大多数建议都被毛先生、沈先生他们认可了。从第二卷开始，两位老先生便不大过问稿子的具体细节。在这个过程中出现了一点问题，由于不少执笔人都是年长于我和国钧同志，是我们的"学长"、"师兄"，难免出现不同见解。就曾有人拍着桌子，说"王炳照你把我的精华都改没了"，还告到了毛先生那里去。毛先生还专门把我找去，说他仔细看过了原稿，支持我的看法，并已经给作者做过解释，说这些意见都是他的意思，王炳照只是转告而已。在毛先生的授意下，我开始"挟天子以令诸侯"，工作果然顺利了不少，大家合作很愉快。

由于编写《中国教育通史》是新中国成立三十多年来的第一次尝试，在第一卷定稿前，我们还专门邀请了历史系的白寿彝先生、何兹全先生，中文系的黄药眠先生、启功先生等，请他们提出修改意见，他们对书稿给予了很高的评价，启功先生还欣然为本书题写了书名。1985年4月第一卷正式付样，出版发行。出版后，受到国家教育委员会有关部门的重视，何东昌同志对我

① 曾有细心的青年学者比照了第二卷至第六卷的"前言"，发现了一个问题，1986年5月写的第二卷"前言"中既然申明"至一九八八年全部出齐"（1986年12月出版），可在1986年9月写的第三卷"前言"中，却赫然是"至一九八七年全部出齐"（1987年6月出版），之后的第四～六卷，全部用的是"至一九八八年全部出齐"。他专门写信向我问起这件事，为什么第二卷和第三卷的"前言"中会出现这样"先后不一致"的说法，是"笔误"吗？前几年，又有人问过我类似问题，还以探秘的口气，探究文字背后是否隐藏着什么东西，是否两位主编不合啊？实际上，这不是笔误，也不是什么主编不合，而是一种"投石问路"的策略。1986年期间编写组的几次开会商议，认为撰写中华人民共和国成立以来的教育史的条件已基本成熟，苏渭昌已开始动手收集资料，但到底能写成什么样子，是否能作为本书的第六卷出版，大家心里都不大踏实。由于部分稿子未能按计划完成，影响到了全书的出版时间，加上毛先生对共和国教育史的乐观态度，所以第二卷"前言"就出现了"一九八八年全部出齐"的说法。第三卷由沈先生负责定稿，等我把第三卷样书拿给毛先生看的时候，他笑着讲"沈先生谨慎啊"。1987年五六月份，编写组就共和国教育史作为本书第六卷达成了共识，"至一九八八年全部出齐"就成了固定说法。

在第一卷"前言"中，我们提出"作为一部教育通史，当然应当包括新中国成立后三十五年的教育，我们也在积极组织力量，待条件成熟时，将认真组织编写，作为本书的第六卷，或单独出版"。

们的设想很感兴趣，专门提出要加强新中国成立以来的教育历史的研究，全书正式列入了"七五"期间《高等学校教育类专业教材编写计划》，教育史界的同行们也对该书给予了充分肯定。这对于我们是个极大的鼓励和鞭策。

挖掘《吕氏春秋》教育思想

在《中国教育通史》最初的分工时，我被分写宋代教育部分。1984年，在一次开编委会时，毛先生对先秦两汉时期的教育思想梳理提出一点想法，他说：教育与政治之间的关系是很密切的，但教育发展有其自身发展规律，教育思想延续上不应该有所中断，春秋战国时期的教育思想那么丰富多元，大放异彩，虽说秦祚日短，但教育思想的发展不应该停滞，也不可能是一片空白啊，按照我们的章节安排，每个时期都会选择一种到两种有代表性的教育著作，从《学记》一下子就跳到了汉代董仲舒的《春秋繁露》、王充的《论衡》，感觉上不大合适。大家都很认可毛先生的卓见，但具体到秦朝，到底有没有那么一本代表作、选哪一本却犯了难，即便选出来，大家先期已经分工完毕，时限本来就紧张，由谁来承担？这也成了一个问题。

会后，毛先生反复斟酌，认为《吕氏春秋》虽从严格意义上是一部政论、历史之作，吕不韦编纂此书的主要目的也是为了总结统治经验和教训，探讨统治策略，但作为"杂家"的代表作，不可能不涉及教育问题。不过《吕氏春秋》中教育言论有多少，到底能不能形成教育思想，毛先生自己也没有把握。他对我讲，"这个试一试的工作就由你来承担吧，看能不能找到、归纳出一点教育思想"。我接到任务后，马上从图书馆借到几个版本的《吕氏春秋》，还专门去拜访了历史系的中国古代史专家何兹全先生、中文系的陆宗达先生、启功先生等，请教他们对《吕氏春秋》的见解和心得。经过两个月的努力，形成了30余页的一个东西。

当我把"《吕氏春秋》的教育思想"拿给毛先生，他留下稿子，三天后很高兴让我去家里，连声说"看来我的判断没错，《吕氏春秋》还真有教育思想，还真不少"。1985年4月，《中国教育通史》第一卷出版时，我"挖掘"出来"《吕氏春秋》的教育思想"就作为第三章"春秋战国的教育"中最后一部分，即第十三节，正式与读者见了面，在第一卷的"前言"中，还专门提到"特别补充了《吕氏春秋》的教育思想，为研究秦汉之后中国教育制度和教育思想的发展变化找到了一条重要线索"。在1994年6月出版的《中国教育思想通史》第一卷中，我在原有基础上扩展，以《吕氏春秋》教育思想为中心，考察了先秦教育思想百家争鸣终结的学术发展趋势，认为《吕氏春秋》的成书，不仅为秦统一后作了文教政治上的准备，而且还是春秋战国学术文化教育思想分化、融合的必然结果，正因为它的"杂"，所以能"罗古今图书，博采众说，采精录异，勒成巨编"，展示了各家学说相互批判又相互吸收的轨迹，反映了各家学说逐步融合的趋势，使后人得以窥见前秦诸子学术文化、教育思想演进的某些线索，具有不可替代的价值。之后出版的有关中国教育史的教材中，大多会对《吕氏春秋》的教育思想有所论及，成了体例。

三十功名尘与土

20世纪80年代以来，国家对古籍整理、文献资料汇编逐渐重视起来，为了贯彻落实中共中央关于整理我国古籍的指示，1983年10月，全国高等院校古籍整理研究工作委员会召开首次会议，决定整理出版"中国古代教育文献丛书"，这个主张得到教育史学界的积极响应。在大家的共同努力下，组织了中国古代教育文献丛书编辑委员会，负责组织和编辑本丛书的工作。该委员会聘请了熊承涤、杨荣春为顾问，陈景磐先生担任主任委员，1984年年初，在陈景磐先生的极力推荐下，我接替主任委员，副主任委员由李国钧、尹德新、孙培青、吕达担任，王彬兼设秘书，王彬、尹德新、吕达是常务委员，委员由李国钧、吴宣德、邵祖德、高时良、马秋帆、孙培青、喻岳衡、赵家骥组成，着手编辑大规模的教育文献丛书。

编辑一套"中国古代教育论著丛书"首先得到了大家的认可，并讨论有五大目的，在"中国古代教育论著丛书说明"中专门列出：（1）为了搜集、整理和保存我国古代教育论著，以便更好地研究我国古代教育思想、理论和措施，发展和繁荣我国的教育学科的研究工作；（2）为了批判地继承我国的教育文化遗产，发展我国的社会主义教育事业；（3）为了充实师范院校教育学科师生的教育读物，提高该科教学的理论水平；（4）为了使读者了解我国源远流长的教育理论和实践，增加民族自信心，培养热爱社会主义祖国的情操；（5）为了给国外教育学界提供中国古代教育一种系统的研究文献。作为新中国成立以来第一次编撰的教育文献大型丛书，列出的这些目的，反映了我们当时既有的认识水平和真实心情。

我国古代教育论著往往与其他论著混在一起，需要花很大精力加以抉择取舍。经过多次讨论，大家认为，不论是历代教育家的教育论著，还是历代帝王、思想家、文学家、政论家、科学家，等等，只要能比较全面地反映出我国古代教育理论的水平的，均可收入，"取精用宏"。范围大致如下：（1）反映当时的教育学术水平，对当时和后世教育影响很大的；（2）有一定教育理论水平，对当时和后世教育影响较大的；（3）对当时和后世教育虽无大的影响，但是确有独到见解的；（4）总结当时教育经验，反映当时的实际教育情况的；（5）对当时教育（包括科举）的意见、建议和批评的；（6）哲学方面人性论、认识论、道德论等与教育、教学原理有关的论著。当然，也对丛书资料的入选边界作了一些限定，对于一些有联系的相关领域，如伦理教育与伦理学、审美教育与美学、音乐教育与音乐理论等，要认真甄别，这些领域中有涉及教育的就选，不涉及或模棱两可则舍去。

按照我们的设想，"中国古代教育论著丛书"按照朝代编纂成册，分为先秦、秦汉、魏晋南北朝、隋唐五代、北宋、南宋、辽金元、明代、清代前期和清代后期教育论著选，共十卷，每卷根据教育文献的多少，分别编成一册或数册不等。每卷都有编者的话，介绍该卷的大致内容与编选情况，相当于一个导读。各卷选入的内容，时段有的是奴隶制社会，大多数是中国封建社会时期、半殖半封社会时期的教育资料，它们所反映的教育思想，必然会打上时代的、社会的、阶级的烙印，对于这些内容，有些我们已经认识得比较清楚，有些还有待深入，还处于学习探索中，最后决定统一采取"编者未加评论"的方式，在"丛书说明"中予以交代，希望"读者在阅读和运用本丛书的文献时，须用马克思主义的立场、观点、方法，进行剖析，以便去粗取精，古为今用"。该丛书得到了著名史学家、全国人大常委会副委员长周谷城先生、人民教育出版社社长兼总编辑叶立群同志的大力支持，丛书的责任编辑吕达付出了很多的心血，周谷城副委员长为该丛书题写了书名，叶立群社长应允该社将资助出版此类丛书。

1986年5月以"编辑委员会"的名义撰写的"前言"中，专门对该书的范围、形式、出版时间作了一个前景性的规划，本着"取精用宏"的精神，搜集上起金文甲骨、下至清朝末期各种典籍，举凡教育理论、教育制度、科举、书院等，不论学术流派、不遵政治方向，凡是确有教育史料价值的，"均将广泛搜集、有选择性地收编"。在编辑过程中，根据文献性质和教学科研的要求，分别采用选编、标点、校勘等形式，必要时酌加注释，以分卷形式陆续出版。这也成了该丛书的一个明显特点，早在出版的前十年，丛书的前言、说明、编辑体例等内容便已拟好，这也符合"没有规矩不成方圆"的习惯，"有章可循"，这个特点保证了丛书任务的落实。当然，也存在着一些认识水平上的局限性，如选择"文献性质和教育科研要求"作为资料编选形式依据，文献性质没有问题，但"教学科研要求"的依据标准就埋下了一点隐患，就当时的认识水平，不免会限制或出现"剪裁史料"的问题。假使将来有机会再版，会在这个方面作进一步的努力。

编辑教育史料的工作相当烦琐，而属于"为人作嫁"，一向不大受人们重视。本丛书的编纂工作，得到有关单位的大力支持，各卷主编为组织、参加这一工作，付出了辛勤劳动，但该项工作属于新中国成立后第一次尝试，我们缺乏相关的经验，加上史料的收集工作量很大，从编纂工作启动到1997年出版，前后经历了十多年的时间，此间的艰辛难以尽说。值得高兴的是，在编纂期间，该丛书先后获得了"全国教育科学研究规划重点项目、全国高校古籍整理研究工作委员会规划重点项目"等资助支持，算是对大家"坐得冷板凳"的鼓励和肯定。

《中国古代教育论著选》只是"中国古代教育文献丛书"中的一类丛书，这套书出版后，得到教育史界同行们的肯定，我国台湾的一些研究教育的专家也给予很高的评价，台湾师大的周愚文教授就专门向我谈起过这套书的功用。我们希望能再接再厉。

在20世纪90年代初开始筹划编辑"中国古代教育制度文献集成"，实际上在做《中国教育思想通史》的同时，大家就有等将来有机会做教育制度通史的想法，先把史料收集、整理出来，为制度史编写打好基础。1993年下半年，我们利用在重庆的西南师大开会之机，采取分段专人负责，作了初步的分工，东北师大的吴玉琪教授负责先秦部分，孙培青教授负责隋唐部分，赵家冀教授负责魏晋南北朝部分，两宋部分由我负责，李国钧教授负责明清部分，田正平负责近代部分，现代部分由苏渭昌负责，每卷篇幅约100万~120万字之间，计划用三年时间完成。会议后期转到东北师大，会议结束后大家还一起到天池去游玩，上去时还是云雾缭绕，随行的向导说我们上去也很难看到天池的面目，等真正上到了上面，却是雾散云开，看到了深藏在云雾之后的美丽天池，大家都很欢欣雀跃，都说这是我们编写"中国古代教育制度文献集成"的一个好兆头，预示着这个项目能顺利完成。

事与愿违，这个事情却是一波三折，至今尚未完成。按照约定的交稿时间，即1996年年底、1997年年初，陆续有分卷稿子完成，田正平完成得最快，120万字左右的稿子，给我寄到北师大来。当时，赵家骥那一部分出了状况，原本由几个人分担，一个历史系的老师临近交稿却未能完成，延误了进度，等临时换人完成后，其他稿子却找不到了。出版社希望能将"中国古代教育制度文献集成"一次性推出，赵家骥教授本人也希望能将这卷重新整理出来，我当时想缓一下也好。随后我的大部分精力投入到"中国教育制度通史"的编撰中，而且出版社出于经济效益的现实考虑，对这类资料类的丛书少了兴趣，而赵家骥教授"出师未捷身先死"，这套丛书就此搁置下来。

但在我心里一直挂念着这套资料的出版，数次到上海开会，专门和孙培青、马镛、杜成宪等几位教授商量过就如何推动"中国古代教育制度文献集成"的事情。2006年，人民教育出版社又重新启动了这套丛书的出版事项，好多稿子已经发黄，纸张已有点发脆，校对起来相当不易，一些编者已先后谢世，必须再组织力量，将这个事业继续下去。原由李国钧同志负责的稿子转由马镛来审校，赵家骥教授那部分稿子由王建军负责，我负责北师大这边的稿子，为了尽快推动这套丛书的完成进度，也为了在实战中培养学生的古文献素养，几个在读的博士生也加入校稿的行列。2008年暑假，我负责的稿子完成了新一轮的校对，交给了人民教育出版社，田正平的那一部分也已交稿。

我常常和他们开玩笑讲：不知道在我有生之年，能否如愿看到这套丛书的出版。对于中国教育史学科来讲，要想进一步推动教学、科研的提升，要有"源头活水"，大型文献资料的收集、出版尤为重要，对于教育研究者来讲，可以培养科研的历史意识，了解研究成果的发展历程。我从20世纪80年代初开始折腾中国古代教育文献丛书，前后差不多快30年了，其中有干成了的事，也有正待完成的事，当然也有想干还未来得及去做的事情，比如，我曾想过《中国社会教育通史》这套书完成后，能配套出版一套"中国社会教育资料汇编"或"集成"，为后来研究者提供一些史料方面的帮助，现在来讲，这还只是个远景规划，或是梦想而已。拉杂记来，也算是"三十功名尘与土"吧。

不评高级编审

1987年年初，毛先生和陈先生向学校联名提出，为了教育史重点学科的健康发展，希望能尽快解决中国教育史的学术梯队问题，因为他们年事已高，而师大的教育史教研室，按照要求，中国教育史博士点必须有3位教授；而且《中国教育通史》的后五卷在陆续出版中，需要我投入更大的精力；他们希望学校能尽快解决我的职称问题。当年职称评定时，学校直接给了教育系一个指标，"戴帽下拨"，但当时我的关系不在教育系，当时中国教育史教研室还有数位同志也在等待评正高，据说系里还有其他人有不同的想法，所以这个指标就浪费掉了。看到这个情况，文科学报的主编就找我谈话，说你也可以申报高级编审啊，它和正教授是同一级别的，你只要申报，我保证你肯定能过。编辑部主任潘国琪同志更是将申请表拿来给我，让我填写。我婉言谢绝了他们的好意，我喜欢教学，而且我原先评的就是副教授①，我还是希望能在教育系评正教授，走教学科研系列。

到了1989年，教育系的各个博士学位点面临检查，形势更加严峻，学校就下了决心，给了教育系两个指标，并且明确指出一个是给我的。就这样，教育系把我报到了学校。6月份，学校组织的文科学术委员会听取申请者报告，在主楼七层一个会议室召开，之所以印象这么深刻，是因为当时在楼前的广场上，学生们正在高喊口号，正在集合准备上街游行。随后正高职称正式批准下来，人事处副处长和我很熟，平日里见面总爱开玩笑，他拍着我的肩膀和我开玩笑，说他拿到批文才看清，原来你这个家伙是1987年评的副教授，还不足两年，评正高绝对是破格，既然人家都给你全票通过，说也就放你一马了。1990年11月，我被批准为博士生导师。外教史的吴式颖教授同时晋升博士生导师，这样，中外教育史博士点的学术梯队算是建立起来了。同

---

① 我是1987年评的副教授，之前做了13年助教，1978年后全国开始评讲师，我就成了老讲师，当时我还在学报工作。1986年《中国教育通史》第一卷出版，在国内学术界反响很大。学校与系里协商，我很顺利评了副教授。

年12月，我进入了国务院学科评议组（教育学科），听他们讲，我当时是遴选博士生导师中唯一全票通过的人。

我与国务院学科评议组

我是1990年12月进入国务院学位委员会学科评议组（教育学）的，一干就是十年，有很多感触。

国务院学位委员会学科评议组1981年成立，国家从推动学位改革和发展的全局出发，从高校中选拔一些知名专家学者，主要负责高校的学位点授权、评估等工作，属于一个专家智囊团的性质。1981年6月，我校有8位教授被遴选为第一届学科评议组成员①，王焕勋、顾明远教授成为教育学学科评议组成员，1985年2月换届，黄济先生接替王焕勋先生成为第二届学科评议组（教育学科）成员，1990年12月换届，我接替黄济先生进入学科组，一干就是两届（第三届、第四届）。到2002年第五届换届时，我和顾老师一起退出，王英杰和劳凯声进入。

在我的感觉中，学科评议组成员属于一个社会兼职，这个位置给自己提供了更多了解、认识我国学位工作和研究生教育的改革和发展的机会。当我加入国务院学位委员会第三届学科评议组（教育学）时，我当年55岁，是组内最年轻的成员，同组的有顾明远老师、厦门大学的潘懋元先生，还有华东师大的金一鸣教授、张人杰教授，东北师大的王逢贤教授，北大的汪永铨教授等，张斌贤是教育学科组的秘书。

学科组大概5年进行一次换届，1997年5月第三次换届时我和顾老师继续留在组内，担任国务院学位委员会第四届学科评议组成员，厦门大学的刘海峰教授接替了潘懋元教授，加入第四届学科组，成了最年轻的成员。

---

① 我校遴选为国务院学位委员会学科评议组第一届成员如下：陶大镛（经济学学科）、钟敬文（文学学科）、白寿彝（历史学学科）、王焕勋、顾明远（教育学学科）、严士健、黄祖洽、汪堃仁（理学学科）。

　　我在这十余年的时间内，认真履行了学科评议组成员的有关职责，到过不少地方、不同的学校，对其研究生学位点进行评估工作。在工作中，接触过不同风格的校长，结识了不少朋友，其中印象最深的是华中师范大学的朱九思校长，在国家教委是出了名的"个性校长"，我们结伴游过三峡，夜晚抵足而谈，很多话题聊得很投机。朱校长对国家教委对高校管理模式有一些看法，认为应该给高校更大的自主权，他开玩笑地讲，我一个大学校长，连在学校盖个厕所都要向教委请示啊。他举了一个例子，1994年他们学校向国外订了一套大型的化学试验设备，抵达武汉时已是暑假期间，运载设备的车辆却因为高度问题，怎么也进不了学校。当时武汉连日大雨，精密仪器要是遭了雨淋，后果不堪设想。学校连夜召开了常委会，朱校长力排众议，决定把正门拆掉，让车子进来再说。后来有人把这件事告到国家教委，说他独行专断，把大学的校门都私自拆了，教委专门派人调查，最后以"这个人向来胆子大"就不了了之了。

　　在工作中，也经常为一些老先生对学科建设的认真、负责的态度所感动，印象最深的是河北大学的滕大春先生。早在大学读书时，曾拜读过滕先生的专著《卢梭教育思想》，是国内知名的外国教育史家，他和毛礼锐先生、陈景磐先生、沈灌群先生、张瑞璠先生等老一辈中国教育史学者始终保持着亲密的关系，经常相互切磋，我也逐渐和滕先生熟悉起来。河北大学1986年就获得了外国教育史博士学位授予权，这是国内第一个外国教育史博士点，直到1991年仍是全国唯一的一个外教史博士点。滕先生为培养博士生付出了极大的心血，他严格要求，坚持学术标准，坚决抵制和反对在招生、答辩中的不正之风，杜绝人情、关系、权力、地位的干扰，保证了博士生的招生和培养质量。在20世纪90年代中期，滕先生主持的外国教育史博士点梯队建设上出现了困难，面临博士点被停止招生的巨大压力，他心急如焚。为此，顾明远老师及我多次和滕先生交换意见，我先后两次到保定，听取他的想法和建议。尽管解决学术梯队问题"迫在眉睫"，但滕先生仍然坚持增补博士生导师的高标准，他多次表示："保点"至关重要，但为了"保点"而降低导师的标准，学科损失更大，形势再严峻，博士生导师也要宁缺毋滥。十多年过去了，滕先生当时的焦急的心情和严肃的态度，至今仍历历在目，令人难忘。

1994年，博士生导师资格评审首次由国务院学位委员会学科评议组下放给有关大学后，我们的工作轻松了一点，但当时处于过渡阶段，还需要校外专家到学校参加学科评审会，投票通过后由学校学位委员会评审，报给教育部，然后将名单送给各位学科评议组成员，都没有异议才算正式通过。当年，厦门大学申报了刘海峰遴选博士生导师（当时也面临博士学位点的学术梯队问题），当时，全国范围内尚没有35岁以下的文科博导，当厦门大学邀请我担任校外专家之时，我反复几次看了刘海峰的成果，还专门和顾老师作了沟通，觉得这个年轻人有不错的学术积淀，做博导不一定要有年龄限制啊。我到了厦门大学，学校的评审很顺利，刘海峰当年补充为博士生导师。他后来也成为学科组最年轻的成员。

2002年年底，国务院学科评议组又一次换届，我和顾老师一起，光荣"退休"，作为对我们工作成绩的肯定，还有一个铜版制的嘉奖状。回顾这十余年的学科组兼职经历，期间是我国研究生教育突飞猛进发展的十年，这个社会兼职，给我提供一个很好了解全国范围高校学位点的布局、研究生培养、考核等机会，掌握了大量高等教育高级人才的培养一线资料，也有一点自己的体会。就现在来讲，各个高校都争着上学位点，专科想要本科，本科想要研究生，有了硕士生，还想有博士生，有了博士生，还要一级学科授权，完了还要有博士后流动站，都往这儿奔。你能怪他们吗？不奔这一步的话，他们怎么活啊？如果就是一个本科院校，那些博士怎么留啊！谁到你这儿教书啊！一个课题也拿不到！必须要争硕士生，有硕士生就有硕士生导师了，博士就可以在你这儿干啦。这些学校很苦很苦。这一比不得了，各种各样的方式、手法全来了。怎么就不能办一个特别好的本科院校呢？这一批院校就是本科院校！干吗你非得要培养研究生呢？可是现在不行啊！你不培养研究生，人留不住，生源也不行，什么都没有了，这是个生命攸关的问题。所以，我常常半开玩笑地讲，幸亏我从学科组"退休"了，要不看着就替他们着急，我真的不知道该怎样去评。

我常常想，研究生培养是否分流，实用型和学术型是否可以分开培养，就像在高校评审职称那样，喜欢并擅长教学的可以走教学系列的职称评定，就评为教学的副教授、教授，不用"取长补短"，花大量时间去从事自己不大擅长的科研。这个想法我曾和顾老师交流过，他也有同感。前几年，大家有了招收教育博士的动议，有媒体找到我，问我对这个事物的看法，我认为招收教育博士的尝试，与原先的教育硕士从形式上、阶段上接上了轨，对于实践型高级人才的培养是一种很好的探索方式，但要避免"官员化"的倾向。北师大作为教育学科发展重镇，学校有关部门已经召开多次专家会议，讨论教育博士的具体操作方式。2009年6月底，各种条件基本成熟，学校向教育部呈交了招收教育博士的申请，准备从2010年始招收教育博士，这是一个很好的探索新型研究生教育的尝试。

《中国教育思想通史》启动

《中国教育思想通史》的编写起因很偶然，有点"无心插柳柳成荫"的味道。大概是1989年年初，在重庆开一个学术会议，会上，韩达同志、毕诚和湖南出版社联系，拟编撰出版一套"中国科举制度"或"少数民族教育史"等方面的专题史，而当时湖南出版社教育理论编辑室主任陈民众正在策划出版《中国教育思想通史》，也正在积极寻找承担人。四五月份，陈民众同志通过韩达同志找到我，说明他们社的想法，希望我能组织力量，将编撰《中国教育思想通史》的任务承担下来。刚开始，我有点犹豫，一是因为我工作任务日益繁重，文科学报工作在逐日加重，而且我的教学任务也大量增加（不仅要协助毛先生带博士生，从1987年开始我自己招收研究生），不再像以前那样"闲云野鹤"；二是这种众人参加的项目协调困难，好多时间、工夫都耗费其中，《中国教育通史》由毛先生、沈先生担任主编，出面组织尚有诸多不易，我不愿再将精力耗在"调节协调"上，更愿意干些实事。陈民众同志很执著，先后两次专程从长沙到北京商议此事，韩达同志也积极游说，力促此事。我向来是个不善于说"不"的人，盛情难却，就答应试试看。

实际上，当时之所以敢答应陈民众同志编写《中国教育思想通史》，我心里还是有一定的把握：一是有一支十余年合作基础的写作队伍，从1983年启动的《中国教育通史》开始，到1987年组成了《中国教育史》、《中国书院研究》丛书编委会，在十多位教育史界老前辈的指导下，全国范围内30多位教育史学者汇聚在一起，通力合作，做了不少事；一是随着我们研究的深入，对中国教育史的研究范围也在不断扩展，我们逐渐认识到，"教育史研究既要探究教育思想与教育实践辩证发展的历史过程和规律，又要探究教育思想与教育实践各自独立发展的历史过程和规律。前者主要是教育通史或教育断代史研究的重要任务，后者则要由教育思想史和教育制度史分别承担"，大家认识到做一套中国教育思想通史是很有必要，待日后时机成熟，我们再积极组织力量，编撰教育制度通史。我以"中国教育思想通史"为题，申请了全国教育科学"八五"规划中华社会科学基金研究课题，课题的顺利批准，也证明了我们研究方向的正确性。

我的性格属于很随意的，"没大没小"，喜欢和青年人打成一片，喜欢轻松的气氛，朋友很多，忘年交很多，和老先生、同龄人、年轻人我都处得很好，大家在一起合作得很愉快，有人讲"王炳照有很好的人脉"，"能拉拢好多人给他干活"，我听到后也只是笑笑，大家集中力量做好一件事总不是坏事吧。接下任务后，便在原先《中国教育通史》队伍基础上组织了编写队伍，陈桂生、徐仲林、苗春德、郭齐家、张如珍等新进加入，担任分卷主编，出版社拨来启动基金，大概有2万多元，梅汝莉负责财务开支。

《中国教育思想通史》作者合影

1990年9月份，第一次编写组会议在兰州召开，西北师大教育系和湖南教育出版社一起，承办了这次启动会议。会上专门邀请了韩达、孙培青、李国钧等同志为专家参与。大家集思广益，商定了四条编写原则：（1）坚持以马克思主义的历史唯物主义观点为指导，充分体现中国教育思想史的专史特点；（2）努力突出以研究教育思想流派、教育思想为主的特点，力求改变过去那种把教育思想史变成人物排队或传记汇编的写法，把主要精力放在研究教育思想流派、教育思想的基本内容和特色以及它们之间对抗、论争和相互融合的关系；（3）在研究教育思想流派、教育思潮时，兼顾宏观教育问题和微观教育问题的思想成果；（4）力求展现中国教育思想发展的整体面貌、总的发展轨迹和走向，揭示其发展的连续性与阶段性的辩证统一。在基本确定全书的编写原则后，还就全书编写框架、卷帙、各分卷的负责人进行了商讨。

大家经过商量，决定《中国教育思想通史》分为8卷，虽然分卷不等于历史分期（因为要考虑各卷容量的大体平衡），但也包含着我们对中国教育思想史发展阶段划分的某些思考。第一卷为先秦时期，是中国古代教育思想萌芽和奠基阶段；第二卷为秦汉、魏晋南北朝、隋唐时期，是中国古代教育思想确立阶段；第三卷为宋元时期，是中国古代教育思想的进化阶段；第四卷为明清时期，是中国古代教育思想的衰变阶段，并孕育着近代教育思想萌芽；第五卷为鸦片战争到辛亥革命前，是中国近代资产阶级教育思想从中国古代教育思想中脱胎而出的阶段；第六卷为辛亥革命到十年内战前，是中国近代资产阶级教育思想胜利发展阶段；第七卷为十年内战到新中国成立前，是中国资产阶级教育思想蜕变和马克思主义教育思想争取主导地位的阶段；第八卷为新中国时期，是马克思主义教育思想独占主导地位并向新的高度发展的阶段。全书采取"两级主编负责制"，除设全书总编外，各分卷各有主编，负责分卷的组稿、通稿和定稿工作。在会上，大家讨论通过全书由我和

大家中秋吃月饼的照片

阎国华教授（他1953年毕业于北京师范大学，毕业留校给陈景磐先生担任助教，后到河北大学工作）担任主编，负责全书的统稿、定稿工作。

这次会议恰逢中秋，我们买来了汽水、啤酒，月饼和水果，晚上围坐在一起，一边赏月，一边把酒言欢，青年人还即兴表演了几个节目，大家欢声笑语，很是开心。

会议结束后，东道主西北师大教育系主任张如珍教授组织大家去敦煌考察，一行20多人，乘坐一辆大巴车，浩浩荡荡地上路了。由于前期书稿讨论得很愉快，一路上大家心情开朗，沉浸在迷人的塞外风光之中。一出兰州，路边便不时出现卖白兰瓜的瓜棚，白兰瓜是当地的特产，香味浓郁，糖分很大，特别好吃，越朝外走，瓜棚越多，而且价格也越来越便宜，三四分钱一斤，张如珍教授很热情，不断停车买白兰瓜给大家吃，买了就放在车座位下，随着车子的开动，这些瓜逐渐挣脱袋子的束缚，滚得全车厢都是，大家的脚边全是白兰瓜。刚开始，大家都是放开肚皮吃，年轻人还在打赌"肉眼判瓜甜"，不能借助手捏鼻闻，单凭一眼望去，就要评判出瓜的甜度，优胜者优先吃瓜。到了后来，大家都吃不动了，任凭甜美的白兰瓜在脚边滚来滚去，都是"心有余而肚不足"了。

除去白兰瓜，还有西瓜、羊肉泡馍、羊肉串，大家一路上吃的是尽了兴，过足了瘾，可能是路边小店的卫生不能保证，也可能是大家吃得太没有节制，接二连三，除去几位老先生，大部分人都得了急性肠胃炎，病倒了一大片。最严重的是田正平，他原本就比较瘦弱，上吐下泻，还发了高烧，整个人都烧得糊里糊涂的。当时我们"驻扎"在一个小旅馆里，以前这一带是古驿站遗址，没有什么人家，只有几个相邻的旅馆，也没有药店，距离城市还有一天左右的路程。大家随身带的常用药给田正平服下去，效果不明显，大家都很着急。我突然看到旅馆旁边的小食品店里出售冰棍，灵机一动，就买下所有的冰棍，差不多有四五十根的样子，用几个布袋子分装起来，放在田正平身上，用来降温。大家都很诧异，不知道这样是否有效，我心里也没有多少底，但想用冰块试试降温再说。两三个小时后，田正平的体温慢慢降了下来，吃了药，平稳地睡着了，大家都松了一口气。经过两天休息，大家都基本恢复了正常，重新启程，依然是一路笑声不断。

鸣沙山合影（大家或卧或站，很随意）

会后，大家各自回到工作单位，苗春德在返程的路上还发生了一件有趣的事情。因为天气闷热，晚上休息时，他随手将衬衣长裤脱下，连同随身的皮包，放在床前的小桌子上，那时候的火车条件比较简陋，没有什么空调，因为是夏天，车窗都开着。第二天一早，等苗老师醒过来，发现衣服和包不翼而飞，钱包和车票全都不见了，只有床铺下的四个兰州白兰瓜还安然无恙，乘警过来查看，判定可能是夜里停车时被车窗外的小偷"顺手牵羊"了。乘警看苗老师很狼狈的样子，给车站的人说明情况，他才得以从检票口顺利出站，但河南大学在开封，到郑州火车站后还需要乘坐长途汽车才能返家。苗老师给售票的说尽了好话，他们终于同意到站后付钱。事情过去了多年，老苗一看到我，就给我讲他"穿着大背心、大裤衩子，背了四个白兰瓜"返回开封的情形，每次都笑出了眼泪。

1989年前后，韩达同志主持的"中国少数民族教育史"获得了国家教育科学规划领导小组立项，也开始编写工作，因为作者和《中国教育思想通史》之间多有交叉，有两次会议我们还在一起召开，共同讨论过一些基本问题，如历史分期、地望分布、选取内容及一些卷的大纲、框架问题。相对于中国教育思想史，中国少数民族教育史组织起来更为不易，一些基本问题的条分缕析更为重要，比如地望分布问题，不同于汉族"重土安迁"的民族习惯，一些游牧民族"逐水而牧"，变迁频繁，有的尚可参照历代的行政区划，有的却因区划史料过略或遗缺而无从考究。经过几次讨论，基本认定了以中华人民共和国现有的疆域范围为基准，按现有行政区划分、大体指代少数民族"彼时活动之彼地"，对于那里历史上一度或一再迁移者，逐次注明其变迁路线，基本上与《中国教育思想史》的地望同步对接。与"中国少数民族教育史"同步推进，讨论，这些都对《中国教育思想通史》很有帮助。《中国少数民族教育史》先后历时10年，后来由广东教育出版社、云南教育出版社和广西教育出版社联合出版，三大卷共500万字，很不容易。

大概在1992年三四月份，《中国教育思想通史》各分卷稿子大体完成，我便开始找寻时间，"周游各省"，在各分卷主编处看稿，最后一站是到保定，去的次数较多，和阎国华教授交换意见，确定进一步修改的方向。每次去保定我大多利用周末，不耽误正常的工作。刘虹协助阎国华教授通稿，稿子全部上来后，我到保定去看一下情况，刘虹也同时从石家庄赶到河北大学，中午到，下午、晚上集中时间过一遍，不知不觉天已经亮了。清早洗把脸就赶往车站，返回北京，当时感觉自己还年轻，没有感觉到累，实际上我当时已是近60岁的人，大概是干着自己感兴趣的事情，"乐而忘忧，不知老之将至矣"。

大概有一年的时间，各卷各安其事，统稿工作按部就班进行着。在此期间，全国教育科学"八五"规划中华社会科学基金到位，在出版社和有关学校的支持下，我们先后在呼和浩特、长沙等地开过编写组会议，就各卷出现或遗留的问题提出针对性的解决办法，在这个过程中，也出现了一些作者因为种种原因稿子未能及时完成、"临阵换将"的情况，各分卷主编的最终阵容确定下来，第一卷徐仲林、谭佛佑、梅汝莉；第二卷赵家骥、俞启定、张如珍；第三卷郭齐家、苗春德，吴玉琦；第四卷李国钧、金林祥；第五卷阎国华，刘虹；第六卷田正平；第七卷董宝良、陈桂生、熊贤君；第八卷苏渭昌。各分卷主编是一个老中青三结合的队伍，基本上是在《中国教育通史》的队伍基础上加上一些青年骨干组成，担任本书各分卷主编和撰稿人中的大部分成员已有近十年合作研究的基础，合作得很愉快。

1994年三四月份，各卷稿子陆续交到了出版社，5月份，稿子清样出来，急需主编前去校稿。当时刘虹在我这里作高访，阎国华教授便委托她和我一起去统稿，她负责来订火车票，但具体哪天走一直定不下来，当年宋大川面临毕业，我正等着看他博士学位论文修改后的稿子，导师看完签了字才能走申请答辩的程序。等我看了他的论文后，临时通知刘虹订票，车票很紧张，只订到了两张上铺，刘虹担心我难以爬到上铺去，满车厢地找乘务长要换张软卧，我劝阻了她，给她讲以前我们坐火车能有个好的站脚的地方就感觉不错、如果买到座位就觉得特别好了，压根就没有想到过卧铺，窝在上铺挺好，省得在火车上走来走去，节省了空间。

长沙当时正是梅雨天气，又潮又热，湖南出版社为了给我们提供相对舒适的环境，专门安排我们住在市内有空调的招待所里，他们把全部书稿搬了过来，在我房间里堆成了小山的模样，刘虹负责校第五卷，帮我分担了一部分内容。前几日，屋子里空调开着，感觉还是比较凉爽的，床上堆满了校对的稿子，统稿进行得还算顺利。眼看着只剩下了一卷了，心想再有一天进度就差不多结束了，但最后一天空调却坏了，屋子里马上就变得炎热无比，像一个大蒸笼，不仅大汗淋漓，而且胸口感觉喘不上气来，衣服全贴在身上，头发一缕一缕的，全被汗水洇透了，整个人就像一个"水鸭子"，特别狼狈。刘虹要和我调换房间，将她在三楼空调没坏的房间换给我，我当时想那么多书稿上下搬动，过于麻烦；而且招待所是湖南教育出版社联系的，我们不认识招待所的领导，我制止了刘虹给出版社领导打电话的冲动，劝说她明天我们就准备回去了，不要在周末去麻烦人家。

为了尽可能降温，我便想了一个土办法，从水房打来凉水，放在电风扇前面，以便能有丝丝凉意，可惜效果不大，吹出来的全是热风，而且很容易将稿子吹乱。后来，我索性关了电风扇，找了两块毛巾垫在胳膊下，以防汗水打湿稿子，第二天稿子交给出版社后几乎是"逃离"长沙，在《中国教育思想通史》出版的庆功会上，出版社才知道我的这次"酷暑遭遇"。多年后，刘虹见面总和我讲起这次"酷暑通稿"的经历，笑称从来没有看到王老师如此狼狈过，见识了王老师的超强忍耐力和做主编编书的艰辛。

全书定稿时290余万字，被称为"迄今卷帙最为浩繁的中国教育史论著，因其巨大的篇幅空间，在内容安排上做到了广收博采，展现了中国教育思想发展的丰富多彩的特点"。1994年6月出版后先后获得了教育部人文社会科学一等奖、国家首届社会科学基金项目（教育学科）二等奖、北京市第四届哲学社会科学优秀成果一等奖等，得到了教育史学界的肯定，不少参与其中的青年人开始崭露头角，培养了人才，锻炼了队伍。[1]

从全书完成的情况来看，各卷主编下了很大工夫，基本上完成了既定任务。在全书启动之初，我们曾提出"要努力突出以研究教育思想流派、教育思潮为主的特点，力求改变过去教育思想研究中每个历史阶段几个孤立的教育家的写法，教育思想史变成人物排队或传记汇编"，希望该书能将主要精力放在研究教育思想流派、教育思潮的形成、发展和演变，加强关于体现教育思想流派、教育思想之间的对抗、论争和相互融合的关系的要求，有的分卷进行了一

---

[1] 参与编写的有几十位年轻人，张传燧、张捷、陈旭远、王卓民、林宏耀、李海鸥、王瑾、韩红升、孙秀棣、王凌浩、杨雅文、吴中齐、刘锡辰、牛梦琪、程方平、施克灿、吴宣德、朱汉民、毕诚、杜成宪、陈汉才、孙传钊、于述胜、金林祥、白莉民、马镛、刘琪、轩辕轲、王建军、阎广芬、陈山榜、高烽煜、刘虹、吴洪成、胡艳、吴霓、周谷平、童富勇、熊贤君、喻本伐、周洪宇、余子侠等，都在书中承担了部分章节。

些尝试，但总起来看，深感不足。如有机会，很想再做些努力。

正式的副导师

学校从20世纪80年代中期开始，为了尽快促进中青年教师的成长，培养学术梯队，试行过一段"副导师"模式，1990年，我的名字出现在毛先生后面，成为中国教育史博士点的副导师，实际上和以前没有什么变化，还是给老先生们当助手，只不过"师出有名"了。有一次学生们聚会，谈起入学前后、排行排名时，对冯小林和宋大川谁是"开山大弟子"争论不休，等我裁决，等我给大家讲了这段往事，澄清了冯小林是以毛先生名义招收的，"我是正式的副导师"，大家听到我很是自豪的口气，都哈哈大笑。

毛先生年事已高，没有精力去管学生的具体事情，我作为"正式的副导师"，自然负有管理他们的责任。冯小林入学后，头脑活络，胆子也很大，不像其他循规蹈矩的学生，我便频频接到各式各样的"投诉"，当时我还在学报工作，有一次教育系的一个负责人还找上门来，说冯小林在宿舍"大闹天宫"，宿舍里到处是"鬼画符"，问我还管不管他。看他很气愤，我便马上放下手边工作，和他一起赶往宿舍。果然，宿舍里床上、墙上、桌子上，甚至地上都摆满了花花绿绿、有点怪异的脸谱，冯小林正在那里起劲地画。问了才知道，冯小林接了一个对外商店的活，便利用课余时间，按照图纸画两千个脸谱，卖给日本人的。他自幼便习画，来北京读书经济上比较困难，这也算是利用自己特长勤工俭学吧，我觉得没有什么大的问题，只叮嘱他几句要注意宿舍卫生、不要影响同屋的同学休息的话就出来了。加上以前我对待潘莉娟事情的态度[①]，后来就传出了"王炳照胆大妄为，他带的学生像他

---

① 潘莉娟是我带的第一个硕士研究生，很聪明，但很贪玩。他们告潘莉娟谈朋友，还坐在自行车的前梁上在校园里"招摇"等事，要我狠狠批评她。我总觉得老师和学生之间是平等的，不能因为你是导师就有权力对学生的一切都指手画脚，特别是个人感情生活，导师不可介入太多，只要不触犯学校纪律，具体怎么生活是学生们自己的事情，没有必要管那么多，他们对我这样的态度很生气。

一样"。我听到后一笑了之。

我与《教育史研究》

《教育史研究》创刊于1989年，到今年已经20年了，是国内唯一的教育史学科的学术刊物。从1991年年底开始，我担任刊物的副主编，开始看稿子，后被任命为编委会主任，多年负责每期稿子的终审。《教育史研究》创刊以来，一直都面临着经费困难、没有正式刊号的危机，至今尚没有解决，作为参与其中的一员，见证了《教育史研究》20年来的风风雨雨，对其每一步成长，面临的问题等，都有亲身的体会。回顾《教育史研究》创刊以来这20年的曲折历程，我感受最深的就是参与其中的人们对事业的热忱和坚持。正是有了这份对事业的热忱、固守和坚持，才使得《教育史研究》得以创刊、发展，为教育史学科建设作出了应有的贡献。

创办《教育史研究》刊物，最初动议来自国家教委老主任董纯才同志，他在主持全国教育科学"七五"规划国家重点课题"中国革命根据地教育史研究"时，曾建议应该办一个有关专业刊物，来推动中国革命根据地教育史研究工作的进展。中央教育科学研究所（下简称"教科所"）教育史研究室的负责同志唐关雄、宋恩荣是这个课题的主要参加人，他们开始积极筹办刊物。宋恩荣还专门就办刊征求过毛先生、陈先生他们的意见，老先生们很支持他们的举动，并建议不妨将刊物涉及面扩大一些，办一个能覆盖整个教育史研究领域的学术刊物，这样意义更大一些。人们常讲，愿望是美好的，但真正落在实处却是困难重重，"白手起家"来办一个刊物谈何容易？当创办《教育史研究》的初步意向确定下来后，办刊经费、编辑部办公地点、编辑人员、稿源等实际问题必须一一解决，教科所的同志们开始四处奔走，"托钵化缘"。

稿源解决得最快，1989年，全国教育史研究会举行学术年会，教科所的金铁宽同志在会上把酝酿办教育史专业刊物的信息向大家作了通报，大家都很积极，与会的一些老先生，如毛礼锐、陈景磐、马秋帆、许梦瀛、许椿生、王天一等先生，带头"认领"任务，教育史研究会作为该刊的主办单位之一，作为中青年教师参会的我们，自然是积极响应号召，稿件的问题迎刃而解。

办刊的经费问题困难不少，宋恩荣多次和我谈起那段"峥嵘岁月"。中央教科所没有办刊经费，为了找一个能提供稳定办刊经费的合作单位，他们便寻找各种资源，先后和湖北、山西、陕西、河南、山东等有关单位进行联系，但大多没有结果，河北大学教育系主任阎国华教授很支持这件事，但他们也没有钱，只能"出人力"。后来，一次偶尔机会遇到时任河北教育学院副院长的曹剑英教授①，他对开展教育史研究有很深的感情，当他听说了这件事，就十分爽快地答应"出钱出人"，编辑部就设在河北教育学院。有了曹老师的鼎力相助，经费、人员问题也基本解决了。1989年9月，由全国教育史研究会、中央教科所教育史研究室和河北教育学院联合主办的《教育史研究》创刊号在河北石家庄出版，著名史学家周谷城题写了刊名，中国教育学会专门写来贺信，张承先会长作了"总结历史经验，发展教育科学，推动教育改革"题词；董纯才老部长专门致函中共河北省省委，希望河北省委对《教育史研究》给予大力支持。应该说，《教育史研究》的创刊是多方努力、关心的结果。

创刊的《教育史研究》主编由河北师范学院许椿生教授（曾长期在教科所工作，是元老之一），副主编由三方主办单位推荐曹剑英、王天一、江铭、阎国华、黄学溥、唐关雄、宋恩荣担任，河北教育学院党委副书记王谦担任编辑部主任，副主任由阎国华和教科所宋荐戈担任，编辑部成员有河北教育学院的刘茗、赵俊杰和教科所的方晓东、毕诚组成。《教育史研究》杂

---

① 曹剑英教授是北师大1955届毕业生，留校后在教育系做党务工作，曾兼任过我们教育史研究班的班主任，后到河北工作。从20世纪80年代开始，他主持编撰"河北省教育志"，也是河北省参加"中国革命根据地教育史研究"课题的负责人。

志还聘请了毛先生、陈学恂、张瑞璠等16位先生担任刊物的顾问，由三家主办单位推荐而来的27人，组成了阵容庞大的编委会，我也是其中之一。很显然，这样一个老中青组成的超大编辑团队，囊括了当时教育史界的全部精锐部队，从专业水平来讲不逊色于其他学科的专业刊物。由于经费有限，全部成员为兼职，没有任何报酬，办公条件很艰苦，我和宋恩荣一起去过几次编辑部，每次都住在兼作男宿舍的办公室桌子上，方晓东等女同志来了就住在刘茗家，她家还兼作了食堂，但大家对稿件的审阅、校对以及其他编务、发行工作，都是兢兢业业、一丝不苟地做好每项工作。

1991年前后，因曹剑英教授退休，《教育史研究》面临着经费和人员的困难，编辑部从河北迁回北京，教科所承担起主办刊物的责任，编辑人员作了新的调整，主编由教科所副所长曹青阳同志担任，我和宋荐戈担任常务副主编，方晓东任编辑部主任，教育史研究室的同志们担任了编辑人员。除我之外，他们都是教科所的工作人员，我是兼职不兼酬。这样大概干了十年左右，开始每期给我发50元的酬劳，在2005年前后涨到了100元，2008年我成了编委会主任之一①后，看一期稿子给发200元劳务，我总爱和他们开玩笑，"不要给我发了，咱们想想办法，弄一笔钱来，把刊号攻关下来。"

《教育史研究》创刊之初是以内部刊物发行的，原计划积累几年办理经验，待时机成熟后便可以申请正式刊号了。尽管教科所多次努力，想了很多办法，国家教委领导也多次批示，多次为《教育史研究》向国家新闻出版总署申请刊号，但由于种种原因，始终未能如愿。因为没有公开刊号，《教育史研究》在1996年、1997年前后几乎遭遇"灭顶之灾"，此时新闻出版总署规定，凡内部刊物一律改名为"内部资料"，《教育史研究》办刊经费受到很大限制，优质稿源日益枯竭，举步维艰，几乎办不下去。1998年，我作为国务院学科评议组成员到山西师范大学参加学位点评审工作，期间和该校教

---

① 2008年，根据教科所机构调整及其职责任务的新规定，《教育史研究》成立了编委会，由所长袁振国、朱小蔓和我担任编委会主任，方晓东任主编，称呼变了，但我依然负责每期的最终审稿工作。

育科学研究所所长陈德安教授聊起此事，在山西师大党委书记宋守鹏教授关心下，该校成为《教育史研究》刊物的主办单位之一，不仅提供办刊费用，而且陈德安、山西师大学报编辑于兴汉等参加了编辑部工作，《教育史研究》工作恢复正常。其后，河北师范大学也加入进来，成为主办单位之一。后来，因为教育部相关规定，一个杂志只能有一个主办单位，《教育史研究》便成了教科所主办，中国教育学会教育史专业委员会、河北师范大学、山西师范大学协办。这种运行方式延续下来，先后又有山西教育学院、太原师范学院、沈阳师范大学、中国地方教育史志研究会、青岛市教科所等单位参加了《教育史研究》的协办工作。

尽管一直没有正式刊号，但从整体上来讲，《教育史研究》办刊的质量还算不错，特别在20世纪90年代。在《教育史研究》的创刊号上，发表了毛礼锐先生、滕大春先生、马秋帆先生等人的文章，反映了当时教育史学界的最高学术水平。《教育史研究》创刊以来，作为教育史学科的唯一学术刊物，为广大教育史学界的同仁们提供了一个展示科研成果、交流思想的平台，20年来发表教育史方面的文章近2000篇，翻看一本本发黄的刊物，我常常会浏览那些作者的名字，大多研究教育史的学者都在这个杂志上发表过文章，有的已经作古多年，随着曾经熟悉、正在熟悉的名字一一略过，那些或深或浅的音容笑貌、趣闻逸事总能在眼前浮现，心里总有一些感慨，通过《教育史研究》这个平台，可以看到老先生们治学的从容，曾经的年轻学者逐渐从青涩、稚嫩的文风、论断走向成熟、老练，形成了自己的"一家之言"，而在这里，新的年轻学生正在起步，不时会有"后生可畏"的年轻才俊崭露头角。我不禁想，如果有心人去研究教育史的学术史，《教育史研究》20年的作者群成长应该是一个很有价值的历史线索、记录。

作为专业刊物，《教育史研究》采取倾向性的方式去培育、扶植了教育史研究中的薄弱环节，如革命根据地教育史研究、中华人民共和国教育史研究、地方史志研究、校史研究等。特别是前两个领域，新中国成立以来，我们加大了对中国革命根据地教育史研究的力度，陈元晖先生等在这个方面作了一些开拓性的工作，可惜因"文革"而中断。改革开放以来，由国家教委老主任董纯才、何东昌依次挂帅，中国革命根据地教育史研究和中华人民共和国教育史研究先后被列入教育科学规划"七五"、"九五"国家重点项目研究课题，《教育史研究》及时通报课题研究动态，约请专家评介课题项目的研究成果，优先发表专题论文，营造氛围，推动了这两个领域深入发展。近年来，为了加强、推动地方教育史、地方史志和校史的研究，《教育史研究》采取有倾向性的方法，对这些方面的研究成果予以优先发表。此外，《教育史研究》还有意识地发表了大量介绍中国历代、世界各国的优秀教育传统、经验的文章，对现实性的教育问题予以关注，从历史角度提供可借鉴的方法，发挥了一定的"资政"功能。

近几年来，由于教育类的核心刊物不断增加，特别是高校科研考核条件的限制，没有公开刊号的《教育史研究》面临着更大的困难，优质稿源问题更为突出，没有刊号约不到好的稿子，而没有好的稿子更难申报正式刊号，形成了"恶性循环"。作为教育史学科的专业刊物，学术水平是其生命力的重要保证，我希望有关部门、有关领导能集中力量解决一下，毕竟，《教育史研究》作为教育史学科的唯一学术刊物，我们已经为之努力、坚持了20年。

我与中国教育学会教育史分会

"文革"结束后，高等教育百废待兴。1979年，中国教育学会成立，第一任会长由张承先老先生担任，各个教育分支学科也在积极筹备成立各专业委员会。1979年12月下旬，全国教育史专业委员会（后来改称为教育史分会）成立并召开第一届年会，会议在杭州屏风山召开，北师大的毛礼锐先生、陈景磐先生、王天一先生、夏之莲先生、高奇老师参加了会议，当时会议规模不大，而且规定副教授才有资格参会。从20世纪50年代开始，已经有将近20年没有评定职称了，所以这次40岁以下的人参加的寥寥无几。我没有资格参会，我给教育史专业委员会写了一封长信，说了北师大中国教育史研究班的情况，委托陈先生提交给大会。

这次在杭州举行的中国教育学会全国教育史专业委员会成立大会，是多年来第一次全国性的教育史学术会议，结束了全国教育史工作者没有学术组织的"一盘散沙"的局面，所以组织和团结全国教育史工作者，开展学科建设是学会工作的重要内容。在第一届年会上，主要是在教育史领域进行了"拨乱反正"的工作，重新对中外教育史学科进行了评价，对一些教材、课题进行了初步讨论，进行了初步的队伍建设。刘佛年先生当选为第一任教育史专业委员会的理事长，陈学恂先生担任副理事长，具体负责学会的工作，考虑到刘佛年先生年事已高，秘书处便设在华东师范大学，江铭同志行政组织能力很强，且是教育史研究班毕业生，深得刘佛年先生赏识，刘先生提名让江铭担任秘书长，作为民间学术团体，这些职务都是没有任何报酬的。这次会议是"文革"后大家第一次聚会，好多人都不知道彼此是否还活着，随着"文革"的结束，大家终于可以有机会重新做些专业的事情，怎么能不开心呢，不欢欣雀跃呢？大家都很兴奋。好长时间过去了，毛先生还在讲这次会议，说它是老朋友们"劫后重逢"，激动心情溢于言表。陈学恂先生时任杭州师院教育系主任，是这次会议的东道主，田正平此时正在跟从陈先生读研究生，他多次讲，北师大的老先生们好神气，每人都是深色呢子半长大衣，很是意气风发，和他在师大读书时看到他们被批斗时的模样截然不同，体现出来的绝对不仅仅是"思想解放"的风貌，对这些老先生是"仰视"的感觉。

一批老专家学者担任了研究会的领导工作，组织和团结全国教育史工作者在拨乱反正的基础上进行中国教育史的学科建设。在中国教育史学科拨乱反正的进程中，学术研讨十分活跃，对中国教育史学科的若干基本理论问题进行了再认识，在恢复和肯定20世纪五六十年代取得的基本共识基础上，取得了不少新进展。如关于中国教育史研究的目的任务，强调要研究中国教育发展的历史过程，展现丰富珍贵的教育遗产，反对历史虚无主义。关于研究对象和范围，强调突出专史特点，应以学校教育为主，兼及社会教育；以汉民族教育为重点，加强少数民族教育史研究。中国教育史研究对象和范围应适当扩展，但不能泛化为政治史、哲学思想史、社会文化史。关于教育历史遗产的批判继承，强调了继承的可能性和必要性，强调批判应当是分析，强调古为今用，不是简单对号，而是提供借鉴。关于史与论的关系，强调了史论结合、史论统一，尤其强调了以史料为基础，以史实为依据的重要性。关于中国教育史的历史分期和学科体系问题，提出了以教育本身发展为主线划分阶段和建立学科体系的设想，力图改变以政治斗争、革命运动为主线的传统做法，也开始了某些尝试，但并未取得根本性的进展。

大会议定了两年一次大会、期间分年召开中国教育史、外国教育史的小年会的会议制度。1980年12月，全国教育史专业委员会在武汉召开了中国教育史分年会，围绕"中国教育史学科体系"进行了专题讨论，我陪同毛先生、陈景磐先生到会。1983年9月，外国教育史小年会召开，围绕"外国教育史学科体系"进行了集中讨论，北师大的王天一、夏之莲等先生参会。这两次讨论会分别是新中国成立以来中外教育史工作者就学科体系问题举行的首次专题学术研讨活动，就讨论的主要内容看，中外教育史存在着不少共性，如研究目的、任务、研究的范围、指导思想、发展的主线和分期等问题，是教育史学科需要关注的共同问题，这两次学科大讨论，可以看做是一次教育史学科的自觉反思，虽然讨论中所涉及的不少问题未能达成共识，一些达成共识的问题也没有得到妥善解决，但它是教育史学界拨乱反正、解放思想的重要突破，产生的影响几乎延续了20世纪后20年，引领了新时期教育史学科的建设、发展。

第二届年会1981年在古城西安举行，这次参会人员的职称就不像杭州会议要求那么严格，一些小字辈的也得以参加会议，我是陪着毛先生去的。这次会议由陕西师大承办，教育系系主任对老革命根据地教育史很有研究，会议主要完成了两件事，一是围绕"老革命根据地教育史"展开了集中讨论，还专门邀请了中国教育学会副会长张明安参加会议，就一些问题达成了共识；第二件事是内部的理事会调整，刘佛年先生没有与会，专门写来贺信祝贺教育史第二届年会的召开，并坚辞理事长一职。理事会就理事长、理事等学术兼职犯了愁，陈学恂先生累得吐了血。原本考虑理事长产生在北师大，但毛先生、陈先生之间很难平衡，只好作罢。最后经过多方协商，由陈学恂[①]先生担任理事长，秘书处继续留在华东师大，秘书长仍由江铭同志担任。毛礼锐先生、陈景磐先生、沈灌群先生、陈元晖先生还有暨南大学教授王樾先生被聘为教育史专业委员会的顾问。

西安年会时研究班的同学中有6位与会，苗春德、何晓夏、邱瑾等，我们6个年轻人分为两拨，一位老先生处有3个学生，清早去请老先生吃饭，出去参观时就随侍左右，我是分给陈先生的，第一天早上，我和毛先生随行的同学交代一点事情，一起走到餐厅，陈先生从对面走来，笑着讲："毛先生厉害啊，你的跟班比我多一个啊。"第三天去参观大雁塔，两位老先生就暗暗较劲，进行登塔比赛，有同学便来回跑，不停向他们通报另外一位到哪一层了。当陈先生听说毛先生在第二层就下去时，就说"咱们再登一层"，很是自豪比毛先生多登了一层。下来后，却得知毛先生进藏经阁了，毛先生下塔时，刚好遇到省博物馆的人来藏经阁，组会方介绍毛先生是来自北京的专家，他们就邀请毛先生一起进去，这是个很难得的机会，藏经阁轻易不让外人进入。等陈先生下来时，藏经阁的门早已关闭，进不去了，陈先生很是不高兴，随行的学生还专门找了办会方，也未能进入藏经阁。这也算是西安年会的一个小花絮吧。

---

① 　　孟宪承先生在浙大工作时，陈学恂先生曾长期担任孟先生的助教，孟先生调往上海后，由于和杭州距离较近，孟先生有什么事情还会经常招呼陈学恂前去上海，在50年代开办教育史研究班时，陈先生仍然是作为孟先生的助教身份，研究班的"五虎上将"对陈先生均以"师礼"待之。这也是陈先生接任理事长的前提之一。

西安年会时的照片

孔子思想研讨会照片合影

接下来，便是1983年的厦门会议，是厦门大学高等教育研究所承办，潘懋元是我们北师大的校友，和陈景磐先生有师生之谊，会后，我们还专门到了鼓浪屿，考察了解教堂、教会的一些情况。接下来便是1986年在武汉召开的第四届年会，由华中师范大学承办。其间，还在上海、安徽黄山召开过教育史专题会议，集中讨论教育史的学科性质。此后，由于种种原因，加上当时很难找到学校继续承办这类学术会议，从1986年至1996年，十年之间教育史年会再也没有召开，出现了"十年无会"的断档期。

　　1996年3月，国务院学科规划组到桂林参加广西师范大学的硕士学位学科点评估，在考察的过程中，他们副校长钟海清同志以及教育系主任王楠同志对教育史比较有感情，席间听我谈起"十年无会"的尴尬局面，慷然答应由广西师范大学来承办第五届教育史专业委员会年会，不仅在经费上给予了支持，还承担了全部的会务工作。12月1日，相隔十年，来自全国各地的教育史工作者又一次聚集在一起，进行学术讨论，中国教育学会会长郭永福专程到会祝贺，广西壮族自治区教科文卫委员会主任韦善美同志、雷沛鸿教育思想研究会顾问、90高龄的马清和女士（雷沛鸿先生的夫人）自始至终参加了本届年会，有114名正式代表和非正式代表参加了这次年会，收到会议论文51篇。

　　令人悲痛的是，在这十年间，专业委员会中的一些德高望重的老先生相继离世，专业委员会的顾问陈景磐先生、毛礼锐先生、沈灌群先生、陈元晖先生、王樾先生先后离世，专业委员会的理事长陈学恂先生、理事孟宪德先生（河南大学教授）、马秋帆先生（沈阳师院教授）和陈本铭先生（福建师大教授）离开了我们，开幕式上大家用"全体起立，默哀一分钟"来表达对这些已经去世的老一辈专家的缅怀之情。这次会议完成了两项任务，一是开展学术讨论活动①；一是进行理事会换届选举。经过各个会员单位的推荐，理事会的选举，孙培青教授接任理事长，我和田正平当选为副理事长，杜成

---

　　① 围绕4个题目展开：（1）教育史研究的回顾与展望；（2）教育史研究的方法论问题；（3）中国传统道德教育与社会主义精神文明建设；（4）20世纪外国教育回顾与中国教育改革。三天会议期间，代表们回顾了教育史学科发展的历史，讨论了与教育史学科建设有关的一些问题。

宪担任秘书长，这样，华东师范大学同时出了理事长和秘书长，又恢复到教育史专业委员会成立之初的模式。

桂林年会成了一个转折点，从此之后，教育史专业委员会的年会又恢复了正常，每两年召开一次大会，隔年召开中国教育史、外国教育史的小年会。

接下来，1998年在济南山东师大、2000年在广州的华南师大、2002年在云南师大，接连召开第五届、第六届、第七届教育史专业委员会年会，期间根据中国教育学会的要求，教育史专业委员会改名为教育史分会，2004年11月，在武夷山召开第八届学术年会，面临又一次换届。

每次换届前，秘书处照例会在半年前给各个单位会员发出通知，由各会员单位提出理事候选人，然后秘书处汇总，再和各个常务理事进行沟通，商定理事会成员，也就是说，在年会召开之前，如果理事长要换届，基本上提前是沟通好的。早在6月份，理事会就委托秘书长杜成宪和我商量，希望我能接任理事长的职务，孙培青同志也多次讲，说从为学会做的贡献来讲，这个理事长早就应该由我来做，是实至名归。我很感谢大家对我的信任，但当年我已经70岁，不论对于教育史分会还是教育史学科发展来说，都需要年轻一点的研究者来奋起担当。我专门给理事会写了一封长信，在信中，我讲了自己为什么不能担任理事长的理由，并坚请就此辞去副理事长的职务，应该在我们能看得到的时候，把年轻人扶上马，希望用我们积累的经验教训，能送上他们一程。在信中我也作了保证，作为一名学习、从事教育史研究50余年的老兵，教育史早已化作我生命中的一部分，只要我能爬得动，此后历届年会我都会参加，不会因为我不担任职务而减少对教育史分会的关注，对教育史专业的热爱，在信中，我还开玩笑讲，我多年积累了"不当一把手照样管好多事"的丰富经验，就让我继续将它发扬下去吧。因为前期沟通得比较充分，这次换届比较顺利，张瑞璠、孙培青和我成为名誉理事长，田正平担任理事长，秘书处依然设在华东师大，杜成宪继续担任秘书长，北师大的俞启定、华东师大的单中惠、华中师大的周洪宇当选为副理事长，张斌贤由副秘书长转为副理事长。理事长处在浙江大学，秘书处在华东师大，恢复到第二届年会时的格局。

我坚守我的承诺，2005年在浙江金华由浙江师大举行的中国教育史小年会、2006年在西安由陕西师大举行的第九届年会，2008年11月在河北保定由河北师大承办的第十届年会，我都如约出席。2005年年初，应《河北师范大学学报》（教育科学版）之邀，我撰写了"应该开展教育思想论争史的研究"的文章（发表在该刊的第一期），3月2日国家教育行政学院举办的天津市高校博士管理干部高级研究班上所作的专题报告，学生根据录音做了整理，以"中国近代高等教育发展中的几次论争"为题，发表在《国家教育行政学院学报》8月份的杂志上，前后两篇文章的主题，引起了大家的关注，在11月，中国教育学会教育史分会以"教育论争史"为会议主题，在浙江金华召开了中国教育史分年会，参会人员近200名，提交了100多篇论文，从各个角度对教育论争展开了讨论。在会议结束时，浙师大给大家提供了一个农庄

中国教育史第八届年会照片

把酒言欢，同行的乔卫平老师是性情中人，在大家的起哄下，豪饮了几大杯杨梅酒，有点醉意，早已不是往日的内敛模样，侃侃而谈，率先提出要我喝酒，要批评我。第二天早上，等他酒醒后，大家都吓唬他，说他昨晚如何威风，还提出要批评王老师，看到乔老师紧张的模样，我和大家都哈哈大笑，我这个人就是个"没大没小"的性格，喜欢和年轻人打成一片。

从顾明远老师当选为中国教育学会会长后，我和中国教育学会也有了更多的联系，成为中国教育学会的学术委员会委员，经常要到西单的大木仓胡同开会，对其他教育专业委员会的学术会议开展也有了一些了解。相对来讲，近些年来，课程教学论专业委员会等活动开展得比较频繁，这和国内正在进行"新课改"的大趋势有很大关系。2006年，我还被评为中国教育学会的先进个人，这是我从事多年社会兼职工作获得的第一次嘉奖。等我讲给大家听时，大家都很诧异，继而会心大笑。

2006年4月份，我收到了山东教育出版社寄来的2436.2元稿费，是毛礼锐、沈灌群先生主编的《中国教育通史》再版后的酬劳。因为毛先生、沈先生已经作古，参与此书编写的一些老朋友也陆续西去，这些酬劳分配到各个作者难度很大，我便和阎国华、孙培青、梅汝莉、谭佛佑、陈德安、吴玉琦等参与此书的作者进行了沟通，大家都很赞同我将这笔钱捐助给教育史分会的想法。2006年10月，在第九届教育史中国教育史小年会闭幕式上，我代表大家将这笔钱捐给了理事会，想必毛先生、沈先生等泉下有知，应该会支持我们的想法。钱的数目不大，但代表老一辈教育史工作者的殷切心情，我觉得还是有意义的。

2008年11月，在河北保定召开了第十届年会，河北大学承办。在大会开幕式上，我专门讲了这些年先后辞世的老先生，如河南师大的许梦瀛老先生、华东师大的张瑞璠先生，他们这一辈老教育史专家人生阅历丰富，长期从事教育史教学和科研工作，是现代教育史学科体系创设、成长的见证人和推动者，应该加强这一代人口述资料的抢救。在会议的第二天，恰是顾明远先生80寿辰暨从教60周年庆典大会，一些与会的代表，如厦门大学的刘海峰、北师大的张斌贤、华中师大的周洪宇等都要赶去北京，我专门给顾老师打了祝贺的电话，他说我知道你在外地开会，你不要赶来，等你80岁寿辰时我们再在一起庆祝。

从1979年教育史分会成立以来，迄今已有30年发展历程，在各兄弟院校大力支持下，先后在杭州、西安、厦门、武汉、桂林、济南、广州、昆明、武夷山、保定等地举行了十届年会，在古城西安先后两次开了年会，陕西师大教育系做出了很大的贡献。除去"十年无会"期之外，每两年举行一次，期间隔年召开中外教育史的小年会。而我自己，除去第一届年会无资格参会，此后历届都会抽出时间，积极参加，并尽可能对会议召开做一些力所能及的事情。从历届年会来看，参加的人数从最初的几十人，到第十届年会已达到200余人，年轻学者，特别是在读研究生愈来愈多，积极参会，为学会的发展注入了新鲜血液，增加了活力。收到的论文数量和质量逐年也在提高，说明大家对这个学术交流的平台很为重视。尽管也有曲折，也有各种不同的声音，但教育史分会的这个民间学术团体，在历届理事会、秘书处的同志们努力下，对改革开放30年的教育史学科的发展，起到了应有的推动作用。近些年，我常常在各种场合呼吁，中国有文史不分家的传统，希望我们教育史学科要加强与其他学科，特别是历史学科之间的交流和合作。我们教育史学科距离完善的学科体系还有不小的一段距离要走，我们现在的教育史年会，有越来越明显的"自说自话"、"闭门造车"之嫌，我希望在召开教育史年会时，我们可以邀请一些历史界、文学界等学者与会，加强学科之间的交流，不同学科有各自的研究范式，思考角度，对待同一个问题，角度不同看法相异也正常，甚至有交锋也不是什么坏事情，道理是越辩越明，我们要以开放的心态，关注其他学科对一些教育问题的不同声音。我先后参加过4届"科举制与科举学"学术年会，他们每次都会邀请不少历史、文学等专业的研究者，还有海外研究科举的知名学者，强调从多维角度来研究科举制度，我认为很有意义，值得我们教育史的学术年会借鉴，2008年在保定的学术年会有所改进，先应该在这个方面加强努力。

我与《教师教育研究》

《教师教育研究》原名《高等师范教育》研究，创刊于1989年1月。实际上，早在1988年曾经出过一期试刊，内部发行。我是1990年1月开始担任副主编，至今已走过了19个春秋。

创办这个刊物，起初定位并不是师范教育，1988年年初，在一次全国性的高等教育会议上，学习了颁布不久的《中共中央关于教育体制改革的决定》、《义务教育法》等，教育部领导向大家通报了近几年高等教育发展势头喜人的消息，希望在座的高校管理者们集思广益，再接再厉，为中国高等教育进一步发展贡献力量。与会的人员都很兴奋，几个部属师范大学的同志们聚在一起，北师大社科处处长马樟根同志、科学处处长吴祥祯同志，华东师大的教务长王铁仙同志等晚上"开小会"，商议师范大学如何利用自身优势为高等教育的发展"添砖增瓦"。当时，师范大学虽然也属于高等教育的重要组成部分，由于主要是为基础教育培养合格师资，培养人才的目标与综合性大学有很大的区别，研究能力、学术水平存在着一定的差距，实际地位并不容乐观。大家认为，高师之所以没有地位或地位较低，很大一部分原因是大家认为师范教育不是一个学术问题，更多的是一项工作，教育科学研究成果一般只局限于研究中小学的教育教学问题，缺乏理论高度，高等师范院校本身就存在着一个建设和提高的问题。而要提升研究的理论高度，就必须将高等师范教育研究自身问题纳入研究范畴；由于历史原因，我国教育科学理论工作者大多集中在高等师范院校，要发挥历史形成的这个优势开展高等教育研究。而要提升高师理论研究水平，就必须尽快给他们创设这样一个平台。这个想法得到师范教育司司长金长泽同志的支持，决定由北京师范大学、华东师范大学和教育部高校师资培训交流北京中心三家单位合作，依托六所部属师范大学的科研力量，来筹备、创设这个刊物。实际上，从最初办刊的设想出发，办这个刊物是为了将师范教育研究纳入到高等教育研究体系之内，给高师院校争来高一点的地位，能够和普通的综合大学"平起平坐"，并不想去凸显"师范"两个字，最初是希望能以"高等教育研究"之类来命名，但一查发现类似的命名都"名花有主"了，如当时华中理工大学办的《高等教育研究》杂志，影响还不小。不得已，只好以《高等师范教育研究》来作为刊名，从后来《创刊词》中规定的办刊宗旨可以明显看出办刊者的初衷："探索具有中国社会主义特色的高等教育规律，解决我国高等教育，特别是高等师范教育自身提高和发展中的一些理论和实践问题。"[①]

我当时在学报工作，据说是"既有教育专业又有学报编辑业务方面的综合优势"，顾老师就把我拉了进来，听过大家几次谈起这个事情，我特别能理解刊名不愿意带上"师范"二字背后的苦衷，绝不是师范院校自身的"妄自菲薄"，而是当时的大环境使然，而且从学理上来说，高等师范教育研究原本就是高等教育研究不可或缺的一大部分，加不加"师范"都无关大局。尽管请了书法大师启功先生题写了刊名，北师大、华东师大各推出一个学术领军人物来担任主编、副主编，其他四所部属师范大学也各推出一名知名教授来担任编委会成员，[②]阵容可谓强大，但《高等师范教育研究》创刊之初，

---

① 《创刊号》封底刊登"征稿启事"也传达了同样的讯息："本刊欢迎下列方面的稿件：研究高等师范教育理论与实践的论文，研究一般高等教育理论（包括高等教育发展的基本理论、高等教育与社会政治、经济、文化的相互关系，我国高等教育发展战略）的论文，探讨当前高等教育特别是高等师范教育、教学改革和发展的重大理论问题与实际问题的论文，卓有成效的高等教育、教学改革的试验研究报告，有材料、有理论分析的高等教育调查报告，高等教育理论研究动态、综述及学术报导，国外高等教育理论与高等教育经验及中外高等教育的比较研究，高等教育历史研究，等等。尤其欢迎针对当前高等教育工作中具有决策意义的重大理论问题与实际问题的有理有据的争鸣文章。"如创刊号上就刊登了"关于社会主义商品经济与高等教育关系问题的讨论"座谈会的发言摘要，编辑部专门邀请了黄济先生、成有信、孙喜亭、夏之莲、靳希斌等参加。

② 按照师范教育司的建议，《高等师范教育研究》的编辑委员会由16人组成，把名额分配到部属六所师范大学，具体是：北师大和华东师大各5名，就北师大来讲，这5名由副校长、社科处处长、科学处处长、文科学报和师大出版社各1名组成，即顾明远、马樟根、吴祥祯、王炳照、王德昭组成；东北师大、华中师大、西南师大和陕西师大各出1名，教育部高校师培北京中心和教育部师范司各1人，后来师范司的名额因国家政策规定而撤销。刊物采取了三级组织机构，编辑委员会—主编—编辑部，编辑委员会为刊物最高决策机构，主编兼任编辑委员会主任，在主编领导下开展工作。顾明远先生担任主编，副主编由瞿葆奎先生、马樟根同志担任。刊物的执行机构实行一部一室制，徐金明同志担任编辑部主任，编辑部设在北京（北师大校内），下设有上海编辑室（华东师大校内），杂志为双月刊，编辑部负责4期（第1、3、4、6期），上海编辑室负责2期（第2、5期），这个传统延续至今。

稿源却很困难，编辑部的同志们尝尽了约稿的艰辛。为了能约到优质稿源，常常是登门邀稿，有些教授明确表示，他不赞成办这样的杂志，师范教育有什么可以研究的，直接说不会把稿子给《高等师范教育研究》。在最初的几年里，由于研究师范教育的人比较少，研究成果也不多，《高等师范教育研究》发的70%以上的稿子是教育基本理论研究、高等教育改革等方面的，真正研究师范教育的文章很少。师范教育司有人提出异议，很不满意刊物"名不副实"的状况，但"巧妇难为无米之炊"，尽管大家都很努力，通过各种渠道邀稿、约稿，但这种情况并没有得到根本性好转。

可以说，各主办单位是本着认真、实事求是的态度来办理刊物的，如刊物的英文译名，专门请教了伦敦大学教育学院等的专家学者，他们建议翻译"Teacher Education Research"，说对于欧美等西方国家"师范教育"已经是20世纪六七十年代的"过去时"，他们现在更通用的是"Teacher Education"。经过集体讨论，我们决定依照国际惯例，采用"Teacher Education Research"作为英文译名，这样有利于和国外教育界同行交流，而在国内，根据中国国情，《高等师范教育研究》更为贴切。这个英文译名一直沿用至今。

我是1990年1月接任马樟根同志（他调任教育部条件设备司做司长，不便兼任）担任副主编，协助顾老师工作，顾老师和我笑着讲这也是瞿葆奎先生的意思，说我算是"名实相符"了。顾老师之所以这样讲，是因为杂志创刊后，顾老师作为主编要完成决审工作，因为他时任副校长，行政工作特别繁忙，就让我来代他"行使决审权"，审查期刊的出版计划、出版方案，对每期拟刊发的文章在学术质量和政治上把最后的关，实际上，一些重要的活动或事情依然由顾老师来拍板，定夺，是我一个很好的学习机会。瞿先生是我一直很敬重的老师，我在读研究班时听过他的课，趁他来北京开会之机教育系便请来和我们见面，我是班长负责接送瞿先生，逐渐便熟悉起来。"文革"期间，我有一次到上海出差，便顺路去看了瞿先生，他当时在农场劳动，人很瘦弱，看到我去看他很激动。这件事他还专门讲给编辑部的刘东敏同志，说他被打倒、下放农场后，是个"大右派"，好多人都避之不及，甚少有人"拜访"，王炳照却不远千里看他，很是感叹。

到了20世纪90年代中期，在世界银行贷款等项目大力扶助下，全国范围内的师范专科学校、教育学院得到大的发展，随着师专的迅猛发展，对其师资队伍的科研工作量有了新的要求，其中公开发表学术论文是重要一项，对于他们来讲，《教育研究》、《高等教育研究》等核心刊物要求高，也没有那么多的版面来刊登讨论师范教育发展问题的文章。在这种情况下，《高等师范教育研究》就是一个特别好的平台，稿件源源不断大量涌来。编辑部多次召开会议，对一些问题进行集中讨论，根据对师范教育的发展趋势，在每年的选题计划中有所侧重，因势利导，我建议对来稿中理论性文章过多、过长，对有的问题来稿较多、有的较少等稿源研究失衡等问题进行"宏观调控"，把握刊物的特色、重点，选几期质量好的文章在主要媒体上介绍、推介，加强刊物的宣传工作，在大家的努力下，刊物逐渐有了名气。当然，这个时期的文章大多是研究项目的阶段性成果，多和师专、教育学院的教育教学问题有直接关系。随着《教师法》颁布，教师资格证书制度、教师专业化等出台、实施，"师范教育研究"已经得到越来越多学者的认可，《高等师范教育研究》的作者队伍空前扩大，文章的理论性有了很大的提升，杂志顺利入选核心期刊方阵，得到广大教育理论工作者的认可，最初不大情愿带着的"师范"却成了刊物的最大特色，有人讲你们是"无心插柳柳成荫"、是"歪打正着"，我却更倾向说是大家顺应时代发展而共同努力的结果，美好初衷得到了初步实现。

办一个刊物不容易，需要整个团队的团结合作。我常常讲，遇到问题大家有不同意见很正常，我希望大家能坐下来认真讨论，少数服从多数，意见可以保留，但集体一旦决定的事情要积极推进，不要因意见不同而产生内讧，那就不划算了，在实践中我也是这样要求自己去"践行"的，我本人就有两次"保留意见"的经历。一次大概是在1992年前后，有编委提议刊物要仿效学报那样分固定栏目，既对编辑工作提供了方便，也有利于作者、读者双方有的放矢投稿、查看。我认为，固定栏目的优势显而易见，但它的弊端也比较多，且不说"高等师范教育研究"本身就是一个指向性明确的研究领域，但就教育问题来讲，它可能涉及各个方面，很难清楚界定此疆彼界，在实际编辑过程中反而会自设藩篱。经过大家讨论，设立固定栏目占了主流意见，我就笑笑，"大家决定的我坚决贯彻，但意见保留。"接下来的工作依然顺利开展，但一有机会我还是会表达我的观点，比如在设置一些固定的、稳定的长期栏目的同时，留出一些机动，可设置些短期栏目或临时性栏目，以便弥补固定栏目的"刚硬"。但鉴于各方原因，我的这个"意见"一直"保留"到2005年《教育学报》创刊时，才得以"舒展"，"不设固定栏目，根据论文的主题和内容组成若干板块"，效果还不错。

另外一次"保留意见"是刊物改名时，我充当了"保守派"。1999年6月，以教育部颁布《中共中央国务院关于深化教育改革全面推进素质教育的决定》为标志，高等师范院培养教师"一统天下"局面被打破，综合院校也加入其中，逐步呈现开放性培养教师的培养体系。2001年颁布的《国务院关于基础教育改革与发展的决定》中，"教师教育"第一次在官方文件中出现，代替了以前通用的"师范教育"。随之，"教师教育"成为时髦的名词，不少刊物开始刊登这个方面的文章。此时，编委会成员开始有人提议给《高等师范教育研究》改刊名，用"教师教育"来取代刊名中的"师范教育"。我不大赞同，主要是有一种担心，《高等师范教育研究》走到现在很不容易，在国内教育类刊物中已有了不小的知名度，不少刊物改名后就开始走下坡路，《高等师范教育研究》会不会也重蹈覆辙？但随着国内学术界对"教师教育"认识的加深，编辑部在2003年七八月份，向有关机关提交了更改刊名的申请书，11月份，第6期正式以《教师教育研究》取代了《高等师范教育研究》。更名后，在几次小范围的座谈会上，我就刊名的改变、更名的读者对象、研究内容和编辑队伍建设提出自己的想法，我建议大家要在"热中有冷静的思考"，大家都在热议"教师教育"，但对于教师教育内涵的变化却甚少涉及，我们作为一个以"教师教育研究"为刊名的杂志，有责任和义务去搞清楚这个问题；而且要培养什么样的教师，怎样培养，不能只宏观地、空洞地去讲大道理，而应该具体落实到教育理念、师德、学科水平、教学技能与方法等方面，去研究怎样提高，在哪些方面要突出重点，这些都需要讨论清楚；而我们的刊物，要搞清楚自己的读者群，刊登的教师培养、提高等方面的文章究竟是给谁看，要定好位；而对于教师教育研究，我们也要定好位，一个刊物不可能什么都管，这样办不好刊物，要明确刊物研究的点和面，要通过每年的选题计划去积极引导；而随着刊物的发展，需要进一步加强专职编辑队伍的建设，办刊需要条件，编辑部力量是最主要的问题，一个编辑部至少要有3个肯投入、有水平的专业编辑；等等。大家认为很有道理，一些建议得到逐步落实。

我之所以讲这两件事，并不是要判定孰是孰非，也不是想表明自己有什么"虚怀若谷"的胸怀，而是想说几句题外话，每个人考虑问题的角度不同，就会有不同的结论出现，有时候甚至会出现夸大一点、不及其余的情况。当出现不同意见时，多从对方的角度考虑一下，这样就会豁然开朗，也就不会有太多的烦恼存在，大家合作就会愉快。而且随着时代的发展、大家的努力、各种条件的不断创设，原本存在的问题、困难可能就不再是问题，困难也迎刃而解，说不准另外一方的意见就有了实行的机会。每进行一步改革，要尽可能全面去考虑到利弊两个方面，不能浮躁，如《教师教育研究》编辑部全体并入教育学院后，有人提出要办成月刊，编辑部的压力很大，我和顾老师沟通后，坚持了双月刊的出版，因为编辑部人力有限，如果贸然改成月刊，势必会出现"降格以求"的现象，结果会害了刊物。在遇到问题时我喜欢历史地、辩证地去看待它，这可能也是学史的一点职业病吧。

七、重回教育系

1993年7月，据说是为了教育史学科建设的需要，教育系把我重新召回，我又回到了阔别17年的教育系教育史教研室，有点叶落归根的感觉。尽管我已经59岁，但老先生们先后退休、谢世，像我这样的感觉还像是中青年一样。此时，吴式颖老师已从中央教科所调回，何晓夏同志也历经周折回到了师大教育系，原本教研室有王天一先生、高奇先生、郭齐家教授、刘传德、俞启定，史静寰、张斌贤、乔卫平，加上我的"归队"，教育史学科队伍逐渐整齐起来。

"五无"院长

1995年暑假前后，学校为了进一步整合优势学科，决定将教育系和心理系合并在一起，成立了教育与心理科学学院，我被任命为院长，当年我已经61岁。

11月24日，在北京师范大学英东学术会堂，教育与心理科学学院举行了隆重的成立大会，声势很宏大，校长陆善镇、党委书记周之良、副校长袁贵仁等学校领导及教育与心理科学学院所属单位教师、有关单位领导近200人出席了成立大会。陆校长和周书记在会上讲了话。他们热烈祝贺教育与心理科学学院的成立。认为教育科学和心理科学在北京师范大学占有重要地位，在国内外也有重要影响，是学校的"特色"学科。经过几代同志的努力，我校的教育与心理科学已发展到拥有两个国家重点学科，七个博士点，十几个硕士点，有近二十名博士生导师，学科齐全，队伍齐整，在全国师范院校中的优势是明显的。当前教育与心理科学发展迅速，竞争日益激烈，要想保持这种优势并在全国发挥"排头兵"的作用，力量分散是不行的，必须联合起来，形成"合力"。学院的建立就为形成并发挥这种学科群的"合力"作用奠定了一个很好的基础。他们希望，学院建立后，更好地进行资源配置，更好地协调各个学科的发展，更好地开展对外交流，开辟新的学科领域，上大的研究课题，使我校的教育与心理科学有一个新的腾飞，使北京师范大学在全国的教育改革中发出更有分量的声音。①

教育与心理科学学院下辖两系三所，即教育系、心理系、儿童心理研究所、教育科学研究所、国际与比较教育研究所（原外教所），当时是个"学术联合体"，不是实体单位。所以这个院长外头名头很响亮，却有官无权，是个虚职，我自己常笑称是"五无院长"："没有办公室，没有电话，没有工作人员，没有公章，没有经费，"最后一条最重要，没有钱啊。既然是虚职，那就一虚到底，我便和学校商议，每个系所的负责人便是当然的副院长，这个想法得到学校的支持，就这样，我担任院长，裴娣娜、曲恒昌、劳凯声、舒华、董奇同志为副院长。副院长各管各自的系所工作，我什么具体的事情也不管。我们一个月开一次"务虚会"，一个院长，五个副院长，满满一小屋子，很有气派，我常开玩笑讲是"部落联盟"，坐在一起将各自系所的事情汇报一下，我负责记录、总结后汇报给学校，工作进展很顺利。

每当院里举行大型的学术会议，我这个平日里的"五无院长"挺威风，要坐到主席台去主持会议，我常讲这是"临时摆设"一下，不大当回事儿，也没有指挥一下、发号施令的习惯，大多会早早来到会场，和负责会务的同志、学生们一起张罗。有一次院里承办了一个比较教育的国际会议，我照例和学生们一起招呼，可能是我穿得比较普通，一个报到来迟的年轻人看到我早早来到会场，就认定我是打杂的，一会儿吩咐去拿水杯，一会儿又抱怨路程的劳累，让我帮他把行李送到住处。我一边给他倒水，一边帮他找人办理报到手续。等大会开始后，当他看到我居然坐在主席台上，还是院长，惊得合不拢嘴。会后专门找我道歉，我笑着安慰他："没事儿，我这个院长就是打杂的。"

教育与心理科学学院到了2001年名存实亡，首先是2001年8月31日，北师大教育学院正式挂牌成立，教育系和教育科学研究所、国际与比较教育研究

---

① 详见1995年12月的《北师大校友通讯》。

所分割出去；接着2002年4月19日，北师大心理学院正式成立，心理系、儿童心理研究所划了过去，原本教育与心理科学学院拥有的两系三所各自"花落其家"，或许它成立之初便是一个非实体单位，所以到后来也没有部门下文废止，也没有人再提起这回事。在编辑师大百年校史过程中，在查找、梳理校内系所沿革时间，2001年学校年鉴中出现了教育与心理科学学院、教育学院并列的情况，徐勇负责这段校史的撰写，还专门就这个"公案"问起过我，实际上就是一个非实体单位和实体单位的交接而已。

《中国教育制度通史》启动

1995年前后，《中国教育思想通史》完成不久，山东教育出版社找到我，希望能编写一套教育制度通史，我起初有点犹豫，原先做思想史的主编们大多到了退休年龄，组织一支新队伍谈何容易；出版社同时也在力邀李国钧教授出山，他也和我有相同的顾虑。出版社很执著，我向来不善于说"不"，国钧也已经被说动，我们便"老夫聊发少年狂"，组织队伍，再担重任。

实际上，早在编写思想通史时，我们曾有过编写制度通史的想法，1993年启动的"中国古代教育制度文献集成"就是一个初步的尝试。教育发展的历史是一个整体，研究教育发展史通常从教育思想和教育制度两个角度入手，或进行专题研究，或进行综合研究，都曾经有骄人的成果问世。比较而言，教育思想史的研究成果似乎多于和好于教育制度史的研究。事实上，教育制度对教育发展的影响十分巨大，甚至可以说，某种教育思想往往通过制度化的形态才能更实际有效地作用于教育实践，影响教育发展的进程，决定教育的成败得失。因此，在继续重视教育思想史研究的同时，进一步加强教育制度史的研究，十分必要。这一点，我们认识得比较清楚，也因为如此，我们也有很大的压力。教育制度史到底该研究哪些问题？以什么形式展现？

要达到什么样的目的？对于后者，我们讨论了多次，最后达成了共识，作为深化研究的一个基本前提，教育制度史的研究不能仅仅把对已有研究成果的总结作为自己的研究任务，也不能仅仅局限于对历代教育制度作出历史文献史料的描述，而更重要的，是应该在重新审视中国历史上教育制度的形成、发展和变化的历史时，回答教育制度作为一个历史存在物的存在特性及其与现实存在的教育制度之间的关联，探讨现代教育问题的历史根源，贯彻"古为今用，以史为鉴"的史学原则，为当代教育制度改革提供必要的历史依据。《中国教育制度通史》被列入了国家新闻出版署"九五"重点出版规划选题。

在组织编撰队伍时，由于老一辈的教育史工作者大多退休，这次基本是以青年力量为主，开始给中青年学者压担子。各卷的主编依序为：第一卷，俞启定、施克灿；第二卷，宋大川、王建军；第三卷，乔卫平；第四卷，吴宣德；第五卷，马镛；第六卷，金林祥；第七卷，于述胜；第八卷，苏渭昌、雷克啸、章炳良。这是一支较年轻化的队伍，但都有一定的积累，他们大多都参与了《中国教育思想通史》的部分章节撰写。青年人

《中国教育制度通史》编委会合影

思路开阔、敏捷，勇于创新，不大容易被条条框框束缚，但他们还需要在实践中得到进一步的历练。通过这次制度通史的编撰，锻炼了队伍，培养出一批人才。

这套书大概用了3年多的时间，我和国钧同志各负责4卷，我负责第一卷、第二卷、第三卷和第八卷，那时候的科研考核条件比较宽松，有利于这种校际之间大型项目的合作，我们先后在济南、上海、杭州、北京召开了编写委员会会议，对编写体例、目标、原则、主要内容、各分卷框架、大纲做了充分讨论，大家分头撰写。当时，我作为国务院学科评议组的成员社会活动比较多，时间有限， 1998年年底书稿交上来后，俞启定以及新留校工作的施克灿协助我做了不少统稿工作，保证了书稿按时交给出版社。

2000年7月，《中国教育制度通史》由山东教育出版社出版，全书331万余字，是"新中国成立以来卷帙最大的教育制度通史"，先后获得了第四届吴玉章人文社会科学一等奖、第五届国家图书奖等，成为山东教育出版社品牌图书、礼品书，龙永图担任新闻出版总署署长的时候，一次回母校座谈，他还对我讲："王先生的书我拜读过，是山东教育出版社的拳头产品啊。"实际上，本书的撰著出版，我个人的力量是微不足道的，是大家历时多年通力合作的结晶。

海外教育见闻

20世纪90年代以来，北师大与海外、国际上的交流日益增多，有了更多的合作交流的机会，我先后到了一些国家和地区，学习、考察了它们的教育情况，有了一些比较直接的接触，留下了不少感触颇深的印象。

与日本的学术合作

日本作为中国一衣带水的友邦，从唐朝开始就和中国有了密切的教育往来，大批的"遣唐使"学成回国，使得中国文化在日本有着特殊的地位。特别是近代以来，两个国家都经历了西学东渐背景下的教育改革，有很多可以交流的地方。1995年下半年，当时的教育与心理学院副院长、教育系主任裴娣娜教授在日本学艺大学进行学术交流，她回来后转达了该大学拟和北师大合作搞项目的消息。在此契机下，双方进一步沟通、协商，何晓夏同志受大家委托，起草了一个"西学东渐背景下的中日教育比较"的研究框架，得到了学艺大学的积极响应，双方便围绕这个题目，组织研究力量，北师大这边组成了一个6人的研究团队，由郭齐家教授、何晓夏教授、我和俞启定教授，还有两个外语系的日语专业的教师，林洪、宛金章老师，他们两位很敬业，口语很好，每次访问他们便同时充当翻译。学艺大学也成立了以教育系原聪介教授为首的研究团队。

中日项目组的合影

这个项目得到了东京学艺大学的大力资助，从1994年正式启动，持续了五年左右，每年围绕一个研究专题，主要采取学术互访的形式进行。每年的

5～6月份；我们一行到日本，9～10月份，学艺大学的教育系同行们回访北师大，费用均由学艺大学承担。1998年该项目结束时，形成了一本厚厚的会议论文集（内部资料，未公开出版）。

1994年5月，我们研究课题组一行6人，赴日进行过学术交流，随后几年来日本，主题报告均在学艺大学校内举行。学艺大学位于日本东京小金井市，是一所师范类国立综合大学，历史悠久，前身是建立于1873年的"东京府小学教则养习所"，1949年改名为东京学艺大学，日本国内一般简称其为"学大"、"学艺大"或"东学大"，是日本国民教育体系教师教育的主要承担者。学艺大学采取学部、大学院和专修科的运行模式，学部即教育学部，包括两个系，即教育系和教养系（1980年代后逐渐发展起来），教育系主要培养从幼儿园到高中各个阶段的教师，获教学学士学位，学生毕业时必须取得教师资格证；而教养系更多地强调学生深入矸习"学艺"（学问和艺术），毕业时获得的是教养学士学位。在日本，曾经有过这么一段"高中

在东京学艺大学校门前留影

教师为东京教育大学出身占大多数，而小、中学校教师则为东京学艺大学出身者占大多数"的时期，但东京教育大学被筑波大学改组而成为综合大学以后，东京学艺大学实际上成了日本国内教育学科的代表，因而受到日本教育界的高度评价。

5月的日本，景色很是秀美，而学艺大学校园内已经一幅草长莺飞的景色，校园里有一条林荫道上遍植樱花树，大的有合抱粗，枝繁叶茂，每次来，我们都错过了樱花的大规模盛开的季节，没有欣赏到如霞如蔚的樱花美景。有一次，由于天气寒冷，东京的樱花开得迟，我们赶上了"樱花祭"（类似樱花节）的尾巴，一阵微风，便有万千樱花飞离枝头，真切体现了"落红阵阵"的感觉。樱花花期很短，日本人却很喜欢它，喜欢它生时的灿烂，离去时的决然、干脆，绝不拖泥带水。我在北京玉渊潭公园也欣赏过几次樱花，不知不觉中也有几分喜欢。

我们在开研讨会之余，学艺大学也安排参观、考察了它们的附属中小学、幼儿园，参观了东京大学，还到东京附近的箱根山去实地领略日本风土人情。箱根山位于东京西面90公里处，40万年前就曾有过几次火山爆发，形成一座与富士山相似的圆锥形火山，大火山喷口处就形成了的芦之湖，周围群峰环绕，可以和中国的天山相媲美，是日本最具代表性的旅游胜地之一。箱根山由于地质特征，其中心地区仍可望到冒出蒸汽和硫烟的景色，有大量蒸汽腾腾的日式露天温泉。箱根作为日本指定的国立公园，是赏樱花最有特色的地方，日本人喜欢一边泡温泉一边赏樱花，还可以远眺沉静幽美的富士山。我们没有欣赏到樱花，却领略了男女混合泡温泉的民俗，不过水当中是有隔板分开的。

除去东京，我们还先后到过京都、神户、大阪等地考察参观，感觉日本街道上很整洁，大家都很遵守规矩，感触最深刻的便是日本民众的排队意识，即便只有两个人，他也会规规矩矩地排在那里；过马路等红绿灯时最为明显，即便没有一个车辆，没有警察看管，红灯时民众依然会认真地等在那里。国人常嘲笑日本人不懂得"权变"，后来到英国、西欧的一些国家，发现那里的民众也是如此"迂腐"，真切体会到"化与心成，习与智长"的制度性保障已化为民众自身的修为的一部分。相比这一点，我们国人应该有更多的检讨，从"五四"新文化运动开始，我们已经习惯了用"运动"来推动一切改革，近年来，一些诸如最基本的生活准则如"五讲四美三热爱"、科普知识大多以运动周的形式推进，运动一来，大家轰轰烈烈，运动一过，成果烟消云散，难以持久。还有，我们的教育理念出了问题，出现了不按照教育规律办事的怪事，在幼儿园、小学阶段的学生守则中"为共产主义奋斗终生"的宏大革命目标被列在最显眼的位置，到了大学"不要随地吐痰"、"不乱扔果皮纸屑"却赫然在目。早在宋代朱熹就讲明"小学学做事，大学明理"，"洒扫进退应对之举"的培养应在小学阶段完成，而现在我们却颠倒了次序，事倍功半，得不偿失。日本近现代的教育改革带给我们很多的启示和思考。

通过这次两所大学的项目合作，大家有了较多的相互了解，对西学东渐背景下的中日两国的教育进行了深入的比较研究，两个国家在"中体西用"和"和魂洋才"理念的指导下，进行了不同道路的教育改革探索。通过这个合作，北师大和日本不少教育史研究专家建立了很好的合作关系，不仅仅限于学艺大学，如后来施克灿还到名古屋大学去作了博士后研究。在这个过程中，大家的合作始终是在严肃而活泼的气氛中进行的，两个研究团队成员之间建立了深厚的友谊。原聪介教授成了我很好的朋友，他在2002年北师大百年校庆时访问师大，一起回忆起合作中的不少趣事，说对我阐释"模范丈夫"印象最深，那次大家聚会，茶余有人提议，每人讲一个"模范丈夫"的故事，我就讲我为妻子做了30年的饭，无怨无悔，而且始终遵循一个原则，妻子喜欢吃的我可以一口不吃，这还不够，妻子不喜欢吃的我能全部吃掉。话音一落，大家就笑成一团，都说这个故事够重量级。

北欧教育考察

1996年9月，原本是教育部组织各个高校的校级领导，到瑞典、丹麦、挪威等国去考察高等教育情形，为期两周，顾老师推荐了我，同行的有师大公外部的马炎华教授，担任翻译。这次去的主要给各高校的副校长、副书记、教育部的官员，好像只有我是个小小的学院院长，且属于有职无权的"五无院长"。由于团里成员的身份问题，大家考察更多的是西欧各国的教育政策、教育制度等宏观问题，各个国家接待的更多的是教育部官员，而非大学教授。

这次教育考察的重点是北欧的高等教育，第一站是瑞典，我们是9月8日到达瑞典，先后参观考察了斯德哥尔摩、于默奥等地。瑞典地处欧洲北部，自然条件不太好，大部分矿产资源短缺、日照不足、年平均气温低，使绝大部分土地不适宜于农业耕作，但是它们的教育、特别是高等教育却相当发达，人口不足千万的瑞典却拥有乌鲁萨拉、隆德大学、皇家工学院、查尔姆斯理工大学和卡罗琳斯卡医学院等享誉欧洲乃至全世界的名牌大学。一年一度在瑞典颁发的多项诺贝尔奖，不仅为瑞典赢得了极高的国际声誉，也有力地促进了国内教育与科学事业的发展。在瑞典办高等教育是一种国家行为，高等教育包括私立学校必须接受政府的指导，对政府负责。而政府则依据国家法律来履行行政管理的职能，中央政府设有教育与科技部，主管包括高等教育在内的全国各级各类教育和科学研究与发展方面的工作。最有特色的是，瑞典将所有

在瑞典进行学术交流时当地媒体刊发的照片

高中后的教育都划入高等教育的范畴，还专门为高等教育制定了两部法律，一部是《高等教育法》，另一部是《高等教育条例》，为高等教育的有序发展提供法律保障。

瑞典的高等教育体系发达，可以说满足了每个愿意进入大学学习的申请者的要求，实现了高等教育的普及化，此时国内高等教育还属于"万人挤独木桥"的境界，瑞典的高等教育发展给予了我们很大冲击。可能我是队伍中唯一搞中国教育史的，当地媒体还刊发了对我的采访，教育部的官员对我这个"草根"特别有好感，单独请我吃饭，在斯德哥尔摩市中心的一个高层餐厅，借助马炎华教授的翻译，饶有趣味地听我讲遥远东方的教育故事。

中国香港之行

1998年1月初，我们受香港中文大学邀请，到香港进行了为期9天的学术交流。主要考察了香港中文大学及一些中小学，顺访了香港大学教育学院，和香港研究教育的同行进行了广泛的交流。

香港中文大学很有特色，是一个联邦制的书院联合体的大学，20世纪60年代初由新亚书院、崇基书院和联合书院等三家私立书院组合而成，以"结合传统与现代，融会中国与西方"为办学宗旨。校址位于香港沙田马料水，依山傍海，树木繁茂，很安静，在校园里随处可见鸟儿在枝头雀跃，被誉为亚洲最美丽的大学校园之一。该校继承了中国传统书院的优秀品质，强调学生的自我修养，虽大多数课程以英语为授课语言，但"博文约礼"校训来源于《论语》的"君子博学于文，约之以礼，亦可以弗畔矣夫"；而其校徽以紫色和金色为底色，飞翔着一只中国传说中神鸟"凤"，这些都使得整个校园洋溢着浓厚的中国文化传统色彩。

我印象比较深的是香港中学大学的图书馆，该校居然有7所之多，藏书丰富，真的是一个自修的好地方，其中包括著名的新亚书院钱穆图书馆，用以纪念其创办人、新儒学大师钱穆先生。我常常想，钱穆、唐君毅、张丕介

在香港中文大学门口留影

等新儒家当年在特别简陋的条件下创办新亚书院，上溯宋明书院讲学精神，旁采西欧大学导师制度，他在开始从事新教育之始，就与书院结下了不解之缘，深知书院教育的弊端和精华。在力矫书院之弊的同时，吸纳书院之精华，并创造性地运用于新式学堂。新亚书院既注重培养学生的道德理想，又注重训练学生的专业知识，把中国传统的书院教育和西方近代以来的学校教育结合起来，且不说当年培养了多少人才，单凭这种探索、这种执著就足以令人敬佩。

以色列之行

1998年11月中旬，随同学校的其他同志一起，到被称为"教育王国"的以色列进行了为期10天的学习交流，同行的还有黄荣怀教授，他是研究教育技术的，是教育口的同行，随行翻译依然是马炎华教授。

以色列是一个矿产和水资源极为缺乏的国家，大半土地是沙漠和荒山，又面临与周围阿拉伯国家长期敌对的特殊外部环境，但经过半个多世纪的努力，却将一片贫瘠的荒漠建设成为了一个科技、经济和军事强国，"国运兴衰，系于教育"，以色列在20世纪后半叶的迅速崛起有力地印证了这句话的深刻内涵。

以色列教育经费投入比例之高，是世界闻名的。教育优先是以色列的基本国策，政府的教育投入长期保持在财政预算的8%以上，使以色列教育事业迅速发展，成为世界上教育水平最高的国家之一。高等院校作为培养人才及科研开发基地在经济发展和文化建设中发挥了举足轻重的作用。以色列人有重视教育的悠久历史传统，教育成为价值观的基本体现，并被认为是"通往未来的钥匙"，建立在犹太人传统的价值上，以色列人认为教育系统就是要将不同种族、宗教、文化、政治背景下的孩子们培养成民主多元社会中负责任的成员。

以色列的高等教育体系完备，拥有希伯来大学、魏茨曼科学研究所、巴以兰大学等7所综合性大学，还拥有20多所专科学院和24所师范学院。比较独特的是，对以色列的高等教育开发与筹资方面起重要作用的不是教育部，而是高等教育委员会，它是一个公共咨询机构，由学术人员和以色列总统任命的社会领袖组成，完全独立于教育部。以色列的高等教育机构享有充分的学术和行政管理的自由，向所有那些符合入学条件的人敞开大门。不够入学资格的新移民和学生，可以参加专门预科班，如能圆满完成学业，就可提出入学申请。

我们这次重点访问的是位于宗教圣地的耶路撒冷希伯来大学，耶路撒冷是个有着5 000年建城历史的城市，是犹太教、伊斯兰教和基督教世界三大宗教发源地，三教都把耶路撒冷视为自己的圣地。希伯来大学校创办于1925年，是以色列第一所大学，也是犹太民族在其祖先发源地获得文化复兴的象征，校园有四个校区组成，除斯科普司山校区外，还有吉瓦特拉姆校区、雷霍伏特校区和英科雷姆校区。大学开设的学科包括了从艺术史到动物学的几乎所有学术领域，教学用语为希伯来语，拥有以色列国家图书馆。由于战争，希伯来大学经历了数十年的流亡生活，直至1967年随着耶路撒冷重新统一才得以结束。我们在和他们学校代表进行交流时，他们对中国抗战时期的西南联合大学特别感兴趣，特别愿意了解中国的"流亡大学"。

据陪同我们的以色列教育部官员介绍，他们的大学申请者的目光主要集中在综合性大学，仅7所大学招生额占全国大学生的85%，就以色列的科研力量来讲，主要来源于这7所大学及所属的院系，一批一批的高质量毕业生为以色列科研发展、经济腾飞提供了强大的智力储备库。不过，近些年来，学生的选择发生了明显的变化，逐步倾向于报考专科学院，因为其课程实用性强，毕业后就业容易。如今报考专科学院的硕士生每年增长17%，而报考大学的仅为2.5%，有专家开始担心招生率下降将会造成人才短缺，会直接影响科研。

我们一行还参观了该市的部分幼儿园、小学，由于国家对整个教育比较重视，基础教育设施很先进、完备，小学、幼儿园配备有投影仪，幻灯片，

参观以色列小学留影

还有计算机等辅助手段，课程丰富，孩子们动手能力很强，强调养成良好的学习习惯。我还专门问了几位小学生，他们放学后家庭作业不多，也没有课外班，能感觉到他们读书的快乐，不大像国内小学生放学后"走马灯"一样穿梭在各个课外补习班，负担很重。这和整个国家的教育资源配备有关，和重视教育传统无关。

以色列给我印象最深的，是建筑物的楼顶上到处都是太阳能，到处成排摆放接收、储藏雨水的装置，以色列政府在诸如此类的细节上如此"花费心思"，一定程度上缓解了资源短缺的情况。在当时中国，环保、节能的概念还没有流行起来，我们还以"文明古国，地大物博"在自豪地浪费。

参加伦敦大学教育学院百年庆典

2002年10月中旬，是伦敦大学教育学院百年华诞，教育学院成立于1902年，是伦敦大学唯一一所提供教育和社会科学的研究生课程的大学，它一直被公认为是世界一流的提供教育学课程及研究的大学。时值百年华诞，校方邀请了不少国家知名师范大学前去交流，参加庆典活动。我代表北师大教育学院参加，一同前往的还有周作宇同志，他当时是学校的社科处处长。

我们提前一天到了伦敦，在该校攻读研究生的北师大教育系的学生们闻讯而来，带领我们参观了校园风光。伦敦教育学院位于伦敦市中心的Bloomsbury区，这里风景优美，历史悠久，周围都是古建筑和被成荫的绿树所环抱的广场，校园中随处可以见到合抱粗的古树，保存很好的老建筑上随处可见到枝蔓繁盛的爬山虎，当时已是深秋，爬山虎叶子变成了深红色，与古老的建筑搭配在一起，愈加映衬出伦敦大学教育学院的幽静、古老，我们行走其中，有一种穿越历史时光的感觉。

据同学们介绍，伦敦大学的一些学院也在附近，包括亚非学院（SOAS）、伯贝克学院和伦敦大学学院，一个个独立的校区组成了伦敦大学，有点类似我们现在国内的分校区。校园旁边就是著名的伦敦西区，这里

在伦敦教育学院红色爬山虎前留影

云集着剧院、电影院、俱乐部、餐厅和形形色色的商店。学校位于伦敦市中心，使得学生有更多的机会感受到英国中心城市的文化和社交生活，大英博物馆和图书馆就在附近，其他很多名胜古迹和音乐、艺术、电影、设计、体育场馆及购物中心也距此不远，如果喜欢艺术和历史，这里有90多家的博物馆和美术馆，可以让你过足了瘾。

伦敦大学教育学院的百年庆典有一系列活动组成，大量的主题学术讲演是主体部分。在它们举行的庆典大会现场，气氛很肃穆，有一种古老的、神圣的氛围弥漫在大厅之中，在即便激动时刻也很内敛的英国学术传统中流动。观礼的有好多国家著名的教育学院、教育系的代表，给国际教育界同行提供了一个很好的交流平台。学院图书馆的教育类书籍资料藏量居欧洲首位，校方给我们提供了到图书馆内部参观的机会，让我们叹为观止。图书馆拥有30多万册书籍和近两千种世界各地的刊物，他们内部管理很科学、规范，不仅取书、借书相当便捷，在图书馆的每一层，都有专业人员提供指导咨询，还有复印机，可以为读者提供更为便利的服务，这些都给我们留下很深的印象。

我们还参观了另外一所历史悠久的古典大学——剑桥大学。剑桥大学位于伦敦北面，1209年建校于风景秀丽的剑桥镇，著名的康河横贯其间。是世界知名学府之一，73位诺贝尔奖得主出自此校。这所举世闻名的大学没有围墙，也没有校牌，剑桥各学院分散在全城各处，和剑桥融为一体，没有通常意义上的完整校园，但是又可以说整个剑桥市都是它的校园，城里保存了许多中世纪的建筑，具有浓厚的历史气氛，这个小城连同居民共计10万余人，由剑桥大学各个学院组成，似乎与城市规模不相称的众多剧场、美术馆、博物馆等设施，更使得这座大学城散发出一股浓浓的文艺气息。尽管整个剑桥外观是现代化的城市，但它和英国其他城市一样，依旧散发了浓郁的英格兰的田园风光。整个城市郁郁葱葱、散发着一种恬淡的气韵，南北走向的康河在市内形成一条大弧圈向东北流去，河上修建了各式风格的桥梁，岸边垂柳依依，康河很浅，清澈见底，水中鱼儿清晰可见。黄昏日落之际，这里是划舟散步的好地方。被称为"最有灵性"的康河，一年四季，总是"浓妆淡抹总相宜"，颇有田园风光。当年才子徐志摩在"再别康桥"一诗中吟出了"在康河的柔波里，我甘愿作一条水草"，实在是深娴剑桥传统，我们大家都被深深吸引住了。

剑桥大学实际上只是一个组织松散的学院联合体，各学院高度自治，但都遵守统一的剑桥大学章程，该章程是由大学的立法机构起草通过的，每年还会修订。剑桥大学只负责考试与学位颁发，而招收学生的具体标准则由各学院自行决定，并自行招生。校长是女王丈夫菲利浦亲王（他同时兼任牛津大学校长），设一名常务副校长主持日常工作。在剑桥，你可以充分感受到历史与现实的美妙交融，这所有了800余年历史的古典大学，本身就是传统与现代的交汇，"剑桥之美融合了乡间的宁静，古典建筑的精美，凸显出它跨越时代的特质。这里新旧结合，充满了对比，景色四季变化多端。狭窄幽静的

在剑桥大学校园留影

小巷，有时豁然开朗通入广大的庭院。闹市与庄严的学府，比邻而居。小河两边，牛羊与古老的教堂，相映成趣。昔日王朝建筑的风采，在小城依然可见。中国古人出世入世的烦恼已然被化解为绕城的一泓静美"，这段文字的确传神地描述出剑桥之美，我禁不住搬来借用。漫步大学城，许多地方依然保留着中世纪以来的风貌，到处可见几百年来不断按原样精心维护的古城建筑，许多校舍的门廊、墙壁上仍然装饰着古朴庄严的塑像和印章，高大的染色玻璃窗像一幅幅瑰丽的画面，我喜欢摄影，有一个特别强烈的念头，剑桥这个地方实在是个适合摄影爱好者的天堂。

新西兰的见闻

2005年11月，接奥克兰大学的邀请，我应邀到新西兰去参加"世界华人教育研讨会"国际学术会议。之前，我受白莉民委托，利用北师大培训中小学骨干教师的资源，发放调查问卷，收集国内部分中学教师、校长对学生留学新西兰的态度、意向，先后有300份问卷。白莉民是华东师大李国钧同志的学生，从20世纪90年代初就熟悉，交往也比较多，她在90年代中后期到新西兰留学、工作。这次新西兰之行，便是在她的极力动员下成行的。

从北京到新西兰，路途遥远，且要在悉尼转机才能到达奥克兰，几经周折，将近16个小时的长途飞行，才辗转到达目的地。奥克兰大学坐落在新西兰的最大城市——奥克兰的市中心地区，大学创办于1883年，是新西兰规模最大、科系最多的高校。奥克兰是新西兰的门户，本身就是一个非常好的旅游胜地，风景独特，它位于绿波荡漾两大海港之间，城市四周丘陵起伏，这里原是火山群，市区内火山锥到处可见，毛利人利用它们建筑梯田，修建房舍，在战争年代作为堡垒用以抗敌。奥克兰拥有360多个公园，不少公园就是在死火山遗址上建立起来的，公园内遍种花草，在主街女皇大街上矗立着一尊手握大棒的毛利勇士铜像，格雷夫顿大街上的战争纪念馆内珍藏着毛利人的文物和艺术品，有毛利人早期航行至此的各种独木舟、农渔猎工具、作战用的刀叉等。市区现代化的建筑和古色古香的维多利亚式建筑沿海湾相间分布，街道整洁、宁静，会议期间刚好赶上兰花展，整个城市都洋溢着淡淡的幽香，是个有点儿童话般美丽的海滨城市。

在新西兰留影

奥克兰相当国际化，多元文化在此交流，所以可轻易学习多国语言，奥克兰大学有学生4万多人，有来自全球近80个国家的4700余名留学生在此学习，中国留学生也比较多。学生住宿条件不错，我们这次会议就安排住在学生公寓里，我住在18楼，由于烟瘾还在校园里玩了一次失踪①。白莉民此前做的一个课题便是"华人留学新西兰"，在此期间，有机会接触到不少在新西兰留学的中国留学生，和他们自然地交谈，体会到他们的不少甘苦，感慨良多。

我接触到一个国内重点大学来此留学的男孩子，他是遵从父母的意愿来新西兰读研究生，本身很不情愿。在这里，他那良好的中国教育背景使其在新西兰的中国留学生中脱颖而出，显得成熟，有自己的人生目标。但他郁郁寡欢，不满意自己在新西兰留学，这种心情在不少中国留学生中很普遍。比较而言，新西兰作为一个新兴的留学目的地，门槛比其他留学大国相对要低，这便使一批由于种种原因不能去其他国家留学的学生纷纷将视线投射到这个位居南半球的美丽小国家。从20世纪90年代末起，在短短几年里，中国留学生去新西兰的人数就骤增至三万余人。在这个仅有四百万人口的小国，三万多中国学生是个庞大的群体。这个群体中少数人的"垃圾行为"因此就很容易引人注目。中国政府2003年发出的第一号红色预警，就有关于对新西兰留学状况的警告。新西兰也因此成为一个新兴的"留学垃圾"集散地而成为众目聚焦的国度。

"城门失火，殃及池鱼"，"留学垃圾"名声连累到新西兰的文凭，加上新西兰在国人的眼里，不是大国、强国，这就决定了新西兰大学的文凭不能与大国、强国的大学文凭相比。从教育的实际性和实用的角度出发，新西兰的教育较之中国的教育，有更多可圈可点的地方。但从毕业前景看，新西兰的文凭在就业上，尤其是在回国就业上，其价值就比不上美国、英国或者是澳大利亚大学的文凭。现在中国大学毕业生本身就存在着很大的就业压力。这些被原来就定义为中国教育制度下的失败者的"海归"（现在好像叫"海带"），又是拿着一张来自于小国家的文凭，在就业市场上很自然地就

---

① 整座大楼都属于非烟区，白天开会一天都没有抽烟，晚上十点多，我到楼下抽烟，在校园里走了大约800米，在一个中心花园的地方过足了烟瘾，却怎么都找不到回去的路了。我手里只有一个房间的门牌钥匙，说不清楚是住在哪个楼上，语言也不通，加上校园里十点多已很少见到学生，不知道怎么问路，也无从问起。我只恍惚记得是个白色的建筑，就凭着感觉在校园里摸索，感觉像在公园里散步，差不多半个小时后居然到了楼下，和前来寻我的白莉民不期而遇。

缺少了竞争力。这就使他们回国后找工作，尤其是想找到理想的工作，困难重重。这一方面折射出当前"海归"回国后就业难的问题；另一方面也说明，在相当大的程度上，国内大学毕业生的就业形势决定了留学生对洋文凭含金量的评估。

在交谈中，能感觉到中国留学生对新西兰的环境、教学方法还是比较赞赏的，认为新西兰的教育很先进，在教育理念上更强调实践。中国学生对新西兰教育，尤其是教学方法的欣赏，是与他们所知道的中国教育相比较而言的。而新西兰教育的实用性似乎又与中国留学生实用主义的追求相吻合。可是，在对新西兰学历和文凭的评估上，中国学生却又认为新西兰文凭没有含金量，或含金量不高，这显然是与他们对新西兰教育及教学方法的欣赏相矛盾的。这看似是一种悖论，但细细想来，这是和中国的教育价值观相一致的。

中国的教育和文化讲究的是奋斗，为将来而奋斗。读书即是年轻学子的奋斗。古时候所谓的"书中自有黄金屋，书中自有颜如玉"，就是在鞭策学子们努力向学；而这个"学"，在中国传统的概念中，又常常是限定在读书上。西方人追求的经历和探险，在中国的教育概念里，不算是"学"，至少不能算是有用的或正正经经的"学"。比较而言，国外的留学生，比如那些从北美、欧洲或澳大利亚去新西兰留学的学生，"选择新西兰就是追求一种'新西兰的经历'，所以他们将自然景色、文化和生活方式，以及旅游、探险等因素看得比较重要"。这种留学动机上的差异，还反映在对现代化的不同理解上。中国改革开放以来的对现代化的追求，在很大的程度上追求的是物质上的现代化，而高楼大厦则成了中国式的繁华和现代化的象征。这种对现代化的理解，对中国学生的影响很大，来新西兰的中国留学生普遍对缺少高楼大厦感到很失望，觉得这与他们在出国前想象中的西方国家的差距太大了。

实际上，这里面蕴涵着一个很有意义的问题，即究竟如何看待教育的价值；或者说教育的价值究竟体现在哪里。中国这些年来一直在提倡"素质教育"，但是这"素质教育"始终难以落到实处。我们的教育，无论是在小学或是在中学阶段，考试分数始终占主导地位。学生、老师和家长都用同一把尺子衡量着成功和失败；进入重点大学的便是成功者，考试落榜者便是失败者。这把尺子不仅给学生打上了成功或失败的烙印，也是考核老师业绩的标准，家长关注孩子教育的重心所在。尤其是在城市家庭里，独生子女占多数，没有一个家长不指望自己的孩子成龙成凤的。这样，大学扩招的政策虽然让更多的高中毕业生进入了大学，但是各行各业似乎变得更重文凭，就业竞争中对学历的要求更是水涨船高。中国的教育模式促使了学历社会的形成，而学历社会又使中国教育难于摆脱固有的模式。国外的教育模式让中国的莘莘学子看到另一种大学教育，另一种学习方式。然而，洋文凭，尤其是新西兰这样的小国家的文凭，在中国就业场上的贬值，付出和回报不成正比，又使人失落，这就促使中国留学生对新西兰的教育和文凭含金量形成了相当矛盾的评估。这实际上也说明，教育价值和文凭的价值其实是两个不同的概念。中国现实的教育讲究的是对文凭价值的追求，失落的是教育的价值。

至今为止，似乎还未有人去调查研究从海外归来的留学生的就业状况。如果有学者能展开这么一个项目，即调查这一代留学生回国后的就业率，并把从不同国家回国的"海归"的就业率、他们的工作和生活状况进行比较研究，从而发现一些有价值的东西。这样的研究，可能不但会给出国留学提供很重要的信息，而且也会对我们的教育改革有所启发。

中国台湾之行

2009年4月下旬，应"2009两岸高等教育革新与发展——哲学与历史观察学术研讨会"的邀请，到台湾地区参加学术会议，同行的还有孙邦华同志，虽然两岸开始直航，但航班次数较少，而且我每周五上午有本科生的课，我们便

中国台湾之行

转机香港的航班。之前，去过两次台湾，对他们的教育有一些直接的感触。

这次会议实际上是2007年华中师范大学举办的"余家菊与近代中国"学术研讨会的继续。余家菊先生曾在北师大就学、教书，是国家主义教育思潮的代表之一，他以传统儒家思想来研究中国教育思想，在民国时期影响很大。1949年他去了台湾，在之后的大陆学界，余家菊教育思想研究一直是个禁区，20世纪80年代以来才有大陆学者陆续关注到他。"余家菊与近代中国"学术会议，是大陆学术界首次大规模公开研讨余家菊教育思想，正如章开沅先生在开幕式时所讲那样，回溯历史事件，打破学术成见，开拓新的研究领域，还原历史本相，他愿意做一个"历史的守望者"。

会议由亚太科学技术协会和华中师范大学共同举办，余子侠教授和台湾国立中央大学前校长余传韬先生（余家菊的二公子，现任亚太科学技术协会理事会理事长）费力很多。这次会议大陆去的同行不少，他们邀请了国内12所大学30多位同行，如华中师范大学的章开沅先生、涂艳国教授、余子侠教授，华东师大的金林祥教授、浙江大学的田正平教授等，这次会面更多是老友相见，很是融洽。我们的学术研讨会在台北"台北市立教育大学"召开，这所大学是专门培养教师的，采取的日本体制，就像东京学艺大学那样，相当于国内的师范大学。两天的会议安排很紧凑，我以《教师教育的改革创新与新型人才培养——北京师范大学的战略转型和实践探索》为题，做了专题讲演。从台湾方面所做的会议日程表上，可见台湾的中西文化交汇的不少细节，如午餐用"Lunch"，但一天的会议结束时却称之为"赋归"，这明显是书院讲会或传统文人聚会的用语。

正如办会方所讲，这次会议以专题讲演和学校参访形式进行，在两天的集中讨论后，我们一行30余人进行了为期6天的学校参访，其中有小学、职业学校和大学，先后参观、访问了台北教育大学试验小学、师范大学附属中学，嘉义大学、台湾中山大学和辅英科技大学，我们的行程从台北出发，沿着嘉义、台南、高雄一路南下，参观了中山纪念堂、"故宫博物院"，集集小镇、日月潭、台南的赤崁楼和大天后宫，旗津半岛等地，然后回到台北教育大学，领略该校的校园风光。

对于一个在高校工作的教师，有机会到海外走走，开阔一下眼界，和国际同行有所交流，是一个很好的事情。现在的条件比20世纪八九十年代好了很多，国际间学术交流的机会也大大增加，我们的现代教育体系很多方面还需要虚心向发达国家和地区学习，在交流的过程中，既要虚心，也不要妄自菲薄，海外的教育发展经验是国际教育经验宝库中的组成部分，同样，中国悠久流长的传统教育也应在其中占有一席之地，在国际学术交流中相互学习，互相交流，发展中国教育，弘扬中国教育优秀传统，应该是我们积极开展国际交流的本来之意。

应该加强新中国教育史研究

早在20世纪90年代初，按照中共中央办公厅和国务院办公厅转发《中华人民共和国编撰工作研讨会纪要》的要求，原国家教委决定把《中华人民共和国教育史》的研究作为其承担《中华人民共和国国史》的研究课题，列入全国哲学社会科学"九五"规划的重大课题，何东昌同志为牵头人。总课题组下设了16个子课题，我不仅承担了"中华人民共和国教育的历史传统与基础"子课题，还担任总课题组的学术顾问之一，参与"国史"的研究、编写工作。我觉得中华人民共和国成立以来教育上取得了很大的成就，也有着一些惨痛的经验教训，需要我们去认真研究、总结经验。

由于这个课题的性质，不少教育部的领导参与其中，每次开会，我作为学术界的代表，常常是"知而尽言"，不喜欢附和别人的意见，何东昌同志曾多次笑着讲，"炳照同志是学者，他思考问题的角度很独特，我们应该好好研究一下。"我知道，我讲的话常被他们记录到"还有人说"之列，属于知名的"胆子大"、"敢讲话"的人。

这几十年教育实践十分丰富，教育理论和思想建设十分活跃。这几十年是中华人民共和国教育史的重要篇章。尽管有一些大大小小的波折，我们还是总体上真正地沿着有中国特色的社会主义教育的道路前进。这几十年在教育上有许多重大突破，如教育战略地位的确立起来了。我认为，教育应该为政治服务，政治也要为教育服务；教育要为经济服务，经济也要为教育服务。这样，教育才能真正成为战略重点。但是这种认识恐怕还没

《共和国教育史》编写组合影

有深入人心。有些地方经济发展了，但教育却萎缩了，我们应该强调服务是互相的，而不是单向的。还有学习外国的问题。教育的现代化一开始就碰到过中西教育关系的问题。应该解决好这种关系。中国特色第一是要解决好继承和发扬民族传统教育的问题。我们应该为有中国特色的社会主义教育确定几个标志。

从2004年开始，我在北师大教育学院开始开设"中华人民共和国教育史"的公选课，是个半学期的课程，9周。为什么要开设这门课呢？我每次上课都会先给同学们交代一下，有3点原因，第一点是中华人民共和国成立已有60年的历史，走过了半个多世纪的风风雨雨，已经成为中国历史的一个重要组成部分，而且是内容极为丰富的一段历史，已经进入了历史工作者的视野。作为教育方面，半个多世纪的发展可以用16个字来概括，"成就辉煌，失误严重，经验宝贵，教训惨痛"，成就和失误、经验和教训都是一笔财富，而且至今仍影响着教育的发展，值得我们认真总结，对于现有的课程体系来讲，甚少将新中国教育发展历史延伸进去；第二点是我在"八五"期间，"中华人民共和国教育史"作为一项国家重大项目获得立项，我一直以学者身份参与此项工作，有许多感受；第三点是我个人的亲身经历，我已经进入"从心所欲不逾矩"之年，1934年出生，属于生在旧社会，长在红旗下的一代，从7岁开始，做了20多年的学生，当了40多年的老师，一直未脱离教育第一线，亲身经历了中华人民共和国教育发展史上的大大小小的事件，回忆起来，仍历历在目，饶有兴味，我愿将自己的感受与年轻学子一起分享。因为这个课程还在试验期间，以前没有哪个学校开过，没有教科书，而且只有9周，每周2课时，怎样讲是很费琢磨的问题，我想来想去，决定按照历史顺序，围绕每个历史阶段的重点问题归纳成几个专题，从社会背景、基本事实和留给我们思考的问题讲起。至今，这门课至今已经坚持了六年，学生反响还不错，每次课上完后，我都会请同学们讲上这门课的感受，可长可短，但一定要是真心话，同学们希望能拓展成为一学期，要留出讨论的时间啊，或是要加强现代化教育手段的应用，这些意见也有相左的，有的同学就坦言他更喜欢老师板书，而不是一屏一屏给大家放提前做好的PPT。从小纸条来看，大家觉得这门课开设很有意义，我希望能坚持下去，而且数年积累的教案已基本形成了教材模样，正在作进一步整理，希望能尽快出版。

腰伤复发

2001年年初，新学期刚开学，院里办公室通知有我的包裹，是山东教育出版社寄来的三套《中国教育制度通史》，我照旧自己去邮局，用自行车驮回来。三套书24本满满一大箱子，比我想象中的重了不少，我在提起箱子时猛一用力，就感觉腰被扭了一下，当时没有在意，继续将书搬回办公室。几天后，腰部疼痛加剧，我想坏了，可能是年轻时被马车轧过的旧伤复发，因为这一学期有本科生的教育史课，我就试着自己慢点调整，希望腰伤能慢点缓过来。事与愿违，逐渐走动起来都比较困难，坐在床上，手很难够着脚，穿双袜子都很困难，不过还能骑车。为了不耽误上课，我便6点就开始起床，寻找感觉，一点点挪到床边，以蜗牛速度穿上袜子，到穿戴整齐出门差不多需要一个小时，到楼下后很艰难地将一条腿迈过自行车横梁，平常10分钟不到的路程用了将近40分钟，一般能提前十分钟到达教室，上课时用手支着讲台，还可以板书，同事们都劝我在家休息。就这样坚持到5月份，实在不行了，连去医院检查都走不了，好几次都是学生米靖背我上下楼。医院也没有什么奏效的办法，到了6月份，就完全躺在床上，动不了了。

这一躺就是3个月，完全动不了，而且还疼痛难忍。当时老伴虽退休，却还在外面干些事情，我觉得她没有必要在家陪着我，只要她每天清早出门前，将饭、烟和便盆放在我手能够着的地方，我就自己一个人待在家里。我还有很多事情要干，对于躺在床上的状态很着急，对这么一直躺着很不甘心，家人、同事和学生也四处打听各种治疗方法。后来，有朋友介绍东城区一诊所的"小针刀"给我，说有几例成功案例，但缺点是比较疼。试了几次之后，效果还真的不错，半个月后，居然可以下地自由走动了，恢复得不错，又开始以办公室为家的生活。老伴多次劝说我不要太拼命，我常常想，这可能是老天佑我，我要抓紧时间把事情干好。

我与《中国教育大百科全书》

《中国教育大百科全书》的主编是顾明远老师，我应邀担任其中的"教育史卷"的主编，《中国教育大百科全书》工程量很大，很烦琐，一般人都不愿意承担这个工作，顾老师接下来时，我还和他开玩笑讲，这又是顾老师"心太软"①的结果。

《中国教育大百科全书》大概从2001年开始启动，是中国教育学会与上海教育出版社共同策划编纂，此前，我曾参加过类似书籍的编写，算是积累了相关经验。《中国教育大百科全书》采取分卷主编负责制，或按国别、或按性质、或按阶段等再分若干编，如"教育史卷"中分为中、外教育史两编，我担任教育史卷主编，具体负责中国教育史部分，外国教育史部分由吴式颖老师负责。编写辞书，需要翻阅大量的资料，是一项要求非常高和十分艰难的科研工作，对编纂者是个大的挑战，也是个锻炼学生的好机会。我组织了编写队伍，几经讨论，圈定了条目，分工进行释文的撰写。中国教育史大概列了200多条词条，经过反复筛选，最终确定了158条，再分为大、小词条，大的词条约3 000～3 500字，小的词条在2 000字左右。期间，上海教育出版社还组织了几次编委会开会，集中讨论在编选过程中出现的问题。

---

① 在顾老师《民族文化传统与教育现代化》出版座谈会上，我专门讲了顾老师这个特点，说顾老师是我的老师，我一直都在向他学习，他当过学校领导，有很强的行政组织能力，这个我学不了，想学也没有机会啊；我发现顾老师有一点我是可以学习的，而且这么多年学习得还不错，就是"心太软"，不善于拒绝别人，"把所有问题都自己扛"。大家听我引用流行歌曲来诠释顾老师的性格特点，都哈哈大笑，都说很形象，顾老师本人也说很有道理，细想起来还真是这么回事。

《中国教育大百科全书》编写组合影

　　在编写词条过程中，先后有六七名博士生参与，是一个很好的锻炼机会。刚开始进行词条编纂工作时，规定大家要每月定期开会，讨论、解决在做的工程中可能会出现的问题、困难。最初有的学生思想上相对松懈，认为不就是查找几本资料，然后汇总就行了，我当时只是笑了笑，分给他们每人两个词条，规定了时日，让他们在实践中去慢慢体会。三周过后，等大家再一次坐在一起讨论时，纷纷谈到了这个工作的艰巨性，对资料的取舍、挖掘需要下很大的工夫，原本有点松懈、轻敌的态度一扫而光，编纂《中国教育大百科》，是个对研究者很好的学术锻炼机会。

七十寄语

　　2004年，刚进入12月份学生们就背着我，开始大力张罗，要为我来庆祝七十岁生日。对于过生日，我向来不大赞成，我本来是一个农家子弟，后来读了大学，留校做了老师，没有什么功劳需要每年来庆祝一番，虽然我喜欢和年轻人凑热闹，但害怕麻烦别人，特别是毕业了的学生，各有各的工作，抽出时间来为我过生日，感觉很麻烦。但每年学生们都很热情，积极张罗，每次总讲借给我过生日之机，师兄弟之间可以聚一下，我觉得也是好事，只好听从他们的安排了。

这次生日，在外地的学生大多赶了过来，他们还专门策划了一些小节目，订了大花篮，将饭店包间布置成寿堂的模样，中间主桌后还悬挂了烫金的大寿字，冯小林还作了一幅祝寿字画，并代表全体学生写了祝寿词，坚持要亲口念给大家听，中间有一个联语：

生日照片，还有冯小林的祝寿画

"风雨七十，迢迢走来，是庠泮青灯，稷下墙壁。承绝学于乱世，传薪火于熙微。杏坛春秋，桃溪李下，钟声木铎，挚语淳淳，炳烛千秋照传人。

师严一代，坦荡情怀，恩义重如山，不弃艰难。无私欲而刚正，守信念敢担当。世事冷暖，云烟过眼，家忧国是，人生笑谈，秀出南山英万寿。"

冯小林很有才气，也很重感情。对于学生们张罗的这一切，说真的，我很感动，为这帮孩子们的热心和真诚。他们要我讲几句话，我即兴讲来，大家听得很动容，学生还专门记了下来，我想原样录在这里，继续和大家共勉。

大家要我发表生日感言，我就讲两句。实际上，我是不主张过生日的，我一直说小孩过生日庆祝一下，盼着他长大，老了以后过生日，盼着他长寿，我这现在还属于自己觉得半老不老的时候，所以我是不主张过生日的。什么时候过生日呢，过了八十，然后再盼着长寿，过个生日还有点纪念意义，但是现在大家这么热情地来张罗这个事情，我也不好拒绝。但我又一想啊，大家有这么个机会聚一下，也是一件挺好的事情。刚才冯小林给我写的那些东西里面，我觉得把那个能找到的人间的那些个非常高的评价大概差不多都搜罗到了，这实在是不敢当。就是在今年，启功先生是92岁，给他过生日的时候，他从头到尾一直说的一句话，就是"不敢当，不敢当"，那在我来说，是"更不敢当，更不敢当"。但是有一点可以说的是，毕竟活到70岁，人间的世态炎凉啊、酸甜苦辣啊毕竟比你们经历得多了一点，不过我前几天在想，酸甜苦辣，过去形容一生很不容易的情景，尝尽了各种滋味的岁月，实际上，酸、甜、苦、辣这些个全是现在的健康食品，你看吃酸的，醋是有好处的，甜过去是认为最好的，现在反而不能多吃了；苦，现在那个苦瓜是个好东西，又降血压又降血脂，也是好东西；辣现在更是被人喜欢的，咱们今天吃饭的饭店据说川菜也是很有名的。所以，酸甜苦辣也不算什么了。但是毕竟经历得多呢，总有一点感受吧，我想我这个人呢，如果说最大的特点，就是不喜欢张扬，就是一个人你能做什么事情，老老实实地把这个事情做好了，做得自己觉得可以了，这个事就算了了，不希望张扬。现在想起来呢，可能也有点好处。

还有呢，人总是会碰上这样那样的矛盾，碰上一些矛盾的时候呢，更多地从这些矛盾当中能够增加一点体会、一点体验，别把这些矛盾看做是怎样的困难啊、苦恼啊，不要更多地去想这样，遇到矛盾、遇到困难，我想这也是给你提供了一个机会，让你经历一下这个事，经历了以后呢就增加了一点认识，所以一定不要怕那些矛盾，也不要怕那些困难，也不要怕那些挫折，这算一点体会吧。还有啊，我们这里在座的，你们都是博士啊！博士啊，按照现在来说还是最高层次的人才，但是你们实际的工作条件呢可能各不相同，我有两个想法，一个是你们在任何工作单位、在任何一种情况下工作，我一直强调的一个思想，你们一定要学会要在你认为不如你的人手下好好工作，因为你认为人家不如你，人家未必真不如你，即使真不如你，你在人家领导下工作，你能工作得好，这才是你的修养；还有工作中你认为工作层次比较低的那些人，你千万不要看不起人家，尤其是要特别尊重人家，就是比尊重那些学问高的、地位高的那些人还要加倍地尊重，这样的话你遇到其他一些事情、人际关系处理上就会带来很多的好处，其实没有别的意思，刚才大家一直讲这是家宴，那我就讲一点自己的人生感悟，我还是比较感谢大家的。

等我讲完，学生们一片欢呼，举杯言欢。我喜欢看到他们其乐融融的样子，说真的，这次过生日，在深圳工作的潘莉娟、河南的何红玲、大连的王冬凌等都特意从外地来京，我到了现场才知道，让我很是感动。我常常讲，我一生最大的财富的是这些学生，多一个学生，就多一份财富，学生越多，财富越多，看到他们就感觉有一种很大的成就感，这也可能是我喜欢做老师的最大的原因。

热爱教师工作

作为一个高校教师，我认为，最本职的工作还是教书，我喜欢上课，喜欢和年轻学生在一起，我马上就75岁了，多年来，不管科研任务多么繁重，我一直坚持每学年给本科生上一门课，我始终乐于做教师、热爱自己从事的专业，热爱教学。这是努力提高教学水平的内在动力。教师应有高度的责任心，对党和国家负责，对学校发展负责，对学生负责，也对自己的人格负责。教师应有饱满的热情，需要全身心地投入，学术上孜孜以求，工作上任劳任怨。学而不厌，诲人不倦，是教师的天职，学为人师，行为世范是教师终身追求的目标和行动的准则。四十多年来，我一直把给学生上课、上好课作为自己的天职。不管遇到什么困难，从未耽误上课，2002年因腰腿疼痛，走动困难时，仍坚持上完一学期的课。在每次上课时，总是提前10分钟到达教室，和学生很随意地聊聊家常，了解学生既有的知识积累，以便上课时能有的放矢、繁简相宜。

由于平日课程和社会工作比较繁忙，周末和假期便成为自己看书、搞科研、更新知识的最好时机，因此，每周的星期六、日，我几乎全部是在办公室度过的。每年大年初二，早早就来到办公室，继续看大年三十上午未看完的博士生毕业论文，下午离开时，值班的楼管无限感慨，说："王先生，今天整个英东楼就咱俩人。"老伴也总是半是嗔怪地对我的学生们讲："你们王老师是以办公室为家。"我总认为，给本科生上课，必须了解青年人在想什么，在关注什么，我经常上网浏览信息，使自己知识不断更新，学生们对我居然会用"郁闷、冲浪"等词、知道"粉丝、玉米、偷菜"等词语很是吃惊。

我坚信"给学生一杯水，老师要有一桶水"，这一句话体现在高校教学中，即注重科学研究是提高教学质量的基础。多年来，我完成了多项科研成果，并及时将最新科研成果转化为教学，使每一堂课都保持高水平的学术含量。主编的《简明中国教育史》是全国使用最广的中国教育史教材之一，另外两部通史，即《中国教育思想通史》（八卷本）、《中国教育制度通史》（八卷本）是目前中国教育史教学与科研的主要参考文献。从1965年留校任教至今，我对《中国教育史》的教学、科研一直没有太多的间断，对中国教育史的基本知识可以说是信手拈来，烂熟于心，但每次上课前总是在网上查阅新的资料、研究成果，补充到既有的教育内容体系中来。有学生曾不解地问："王老师，这些课您都讲了几十年了，这教材也是您编写的，为什么还要如此认真备课呢？"我告诉他：因为新的研究成果不断出现，就必须掌握大量的素材。我一直认为，人们对一个事物的认识总是由不知到知，由知之不多到知之甚多，教育史研究也是如此，通过不断更新和调整教育内容，可以让学生了解最新的学术动态，进而引发他们对教育史的兴趣。

我认为，历史研究是为今天的实践服务的，不能为教历史而历史，学生通过对《中国教育史》的学习，不仅仅是掌握一些知识性的内容，更重要的是培养一种宽厚的历史素养和辩证唯物主义和历史唯物主义正确的价值观和科学方法论。本着这种目的，我在教学中采取了"教师教授为主、学生课堂讨论为辅"的方法，按照学生爱好组成几个专题兴趣小组，如科举专题、书院专题、教育改革专题等，指导他们课外作业，注重学生主观能动性的培养。在教学手段上，合理借用多媒体手段，但不迷信这种凭借物。

我之所以对年轻教师强调注意多媒体的使用局限，不是不重视多媒体的作用，相反，对于新的教学手段，我是一直很关注的，早在20世纪90年代末，就积极策划和组织人员编制了中国教育史多媒体教材包，将传统的教育史教学内容与现代教育技术手段结合起来。

学生们对我的课堂有很好的反馈。2004学年第一学期，我为"4+2"研究生上课，该班有学生54人，教务处便安排在教二楼的一个60人的教室里。谁知第一次上课时学生拥挤不堪，水泄不通，甚至讲台上、走廊里都站满了学生，这个架势惊动了楼管员，他跑过来，以为是明星来学校和学生"面对面"，却发现是个老头在上课，很是纳闷儿。面对如此众多的"旁听生"，教务处不得不调能容纳100人的教室，但学生拥挤现象没有得到根本改善，不得不进行第三次调教室，最终得以在艺术楼的能容纳150人的大阶梯教室内讲完了这学期课程。

教学工作要靠集体的努力，建立和谐奋进、富有朝气的团队是改进和提高教学水平的关键，增强团队意识，增强集体荣誉感，减少以至消除内耗是每个教师的义务，也只有如此，教师个人的成长和发展才有可靠的保证和广阔的空间。"中外教育史专题讲座"是我们一直坚持的课程，2006年12月，以我为申报人，"中外教育史专题"被列为硕士研究生基础课程建设项目，实际上，该课程是教育历史与文化研究所一直开设的课程，在大家的共同努力下，《中国教育史专题研究》作为"21世纪高等学校研究生教材"中"教育学专业系列教材"由北师大出版社2009年7月出版，该书分为四编21个专题，是大家通力合作的成果，也是科研和教学结合的一个典范。

从2004年开始，我担任了两年学校的本科生督导组组长的工作，每周深入到本科生课堂去听课三节，和其他督导团交流，大家都感觉本科生课堂教学中还存在着不少问题，其中，一些教师对待教学的态度值得重视，存在着"重科研、轻教学"倾向，当然这也和高校目前的考评制度有关。我认为，对于大学来讲，本科生的教学质量更值得关注。

我一直认为，科研是为教学服务的，是要围绕教学进行，要和教学能相得益彰的，而不是为科研而科研，和教学是"两张皮"。教师应当坚持教学和科研并重，科研成果用于教学质量的提高，使教学具有较高的科研含量。多年来，我坚持将学术研究和教学结合起来，在教学中延展学术研究，感觉效果不错。

可能和我自己做教育史学科研究有关，在教育史中涉及好多从古到今好多有名的教育家，我觉得能够成为有名的教育家的那些人，他们都有一个共同的特点，就是他非常尊重学生，跟学生能够打成一片，你看孔子，比如说他让每个学生讲一讲志向，每个学生都讲了自己将来要干什么，讲孔子赞成的，就是他提倡的东西，孔子就给这个学生肯定，就说我也像你这样，我也向你学习，和你要有一样的志向；这样讲多好，师生关系很融洽。教师必须热爱学生，尊重学生，平等地与学生交流，认真虚心地向学生学习，敢于严格要求，又充分考虑学生的实际。真正成为学生的良师益友。平常布置的作业，我总是很认真地逐篇批改，将错别字一一改正，写下评语，并把作业还给学生。不少学生面对密密麻麻批改过的作业，感慨万千，有同学甚至将此作业珍藏起来，作为本科学习阶段的重要纪念。

在坚持为本科生、研究生上课之余，我喜欢到各地去，为课程班、培训班亲自授课，甚至一些吃苦受累、连青年教师都不愿承担的教学工作，只要学院有安排，从不挑肥拣瘦，曾先后到西藏、新疆、内蒙古、青海、甘肃等条件艰苦地方，我常常和他们开玩笑，"我是招之即来，来而能战，至于战而能不能胜就不敢说了"，我很认真地去完成教学任务。

曾有人专门问我，出去上课又苦又累，又没有多少报酬，您可以选择不去，为什么不特殊照顾自己一点呢，我总是笑笑。实际上，我是一个从农村出来的农家孩子，当我在冀县中学第一次见到从大城市来的大学毕业生时的那种感觉，印象很深，震撼很大，因为，那些老师，代表的不仅仅是新鲜的知识，更多的是为自己将来的梦想打开了一扇窗。所以，特别能理解那些边远、偏僻地区教师们对知识的渴望，对外面世界的好奇，我愿意把我的知识、人生感悟和他们分享，而每次出去上课，我也收获不小，我把它当做一个"接地气"的最佳机会，学员们总是在课间围着我，讲他们的学校、教学，讲新课改，讲他们遇到的困惑和难题，讲他们自己的人生体悟，这些，让我对基层基础教育阶段有

上课时的照片

着更真实的了解，避免了在"象牙塔"中"闭门造车"的倾向。有时候和地方教育部门的领导一起聊天，聊起一些实际问题，他们总是很吃惊，"这样的情况您也知道？"觉得不可思议。

到外地上课，常常会遇到不可预料的事情，比如2005年暑假到赤峰市某旗上课，就遇到一些困难。当时去赤峰的火车票特别难买，最后买了"黄牛"票才到了赤峰。要去上课的地点离赤峰市还有3个多小时的汽车车程，公路很崎岖不平，颠簸了3个多小时后，到了旗上的车站，距离上课的那个中心校还需要坐一段"麻木"（当地电动三轮车的俗称）。因为是暑假，没有人接站，一路打听到了学校，到传达室等了好久，中午两点左右，一个负责接待的副校长才露了面，在学校对面的一个小餐馆里吃了饭，领我们到了住处，在学校最后面的大操场旁边的学生宿舍，上下铺，学生们放假回家了，当天最要命的是停水停电，给我和随行的弟子放下了两瓶矿泉水客气两句便离去了，据说晚上有旗上的领导过来，要参加明天的开班仪式，必须先去做准备。

我以前上课从来都是自己出去，这次路程比较远，而且我打的是头阵，院里领导不放心，就派了我的一个学生跟从，以便能有所照应。学生从来没有看到过这样的简陋条件，不知道该怎么办才好，我笑着讲，没事，一路上尘土飞扬，我们先看怎么能把这两瓶水最优化利用，这是一次体验"上甘岭"的好机会，也是一次体验农村生活的好机会。我们很快从街上买了拖鞋等日用品，居然还弄回来一个西瓜、10多瓶矿泉水，解决了暂时的用水困难。第二天上课的教室，是在学校的大会议室里，气温很高，学生又多，大家都是汗流浃背。在旗里领导的重视下，下午开始加装空调，第三天完工，却因为电压不稳，空调难以正常运转。为了上课方便，我给学校建议，不用每顿到校门口去吃小菜馆，如果学校有食堂的话就在学校吃吧。从内心讲，我比较不喜欢每顿饭都有三四人专门陪客、吃饭，加上那么热的天，每天从校门口走到宿舍，来回差不多需要40多分钟，才换的衣服马上就湿透了。从第二天开始，我们就在学校食堂里吃饭，做饭的老头人很好，食堂门口种有一垄垄青菜，还有黄瓜和西红柿，每顿菜都是现摘现做，很是新鲜。第三天，讲下一门课"外国教育史"的刘传德教授来了，他的运气有点不济，一到这里就开始上吐下泻，很是糟糕。学校刚给我收拾出来一个小席梦思的单人床，我一看刘老师这种状况，便决定继续待在上下铺的宿舍中，让他住得舒服一点。

我常常讲，到外地上函授课，由于条件所限，可能会遇到各种情况，要多理解当地的学校或单位，他们肯定是尽可能为前去授课的教师提供方便。我是一名教师，只要能给我提供讲课的场所，看到前来的学员听到你的课，受到或多或少的启发，有了一点收获，这是做一名老师最愿意看到的，孔子"厄于陈"，后有追兵，又面临断炊之虞，他依然能"诵读如常"、"弦歌如旧"，我们做教师的，应该有这样的气度。

组织上对我做的这些工作给予了肯定性评价，2006年我荣获了北京师范大学第二届教学名师奖、北京市第二届高校教学名师奖。我认为这些工作都是我应该做的，在下一步的教学科研中，我认为，应加强社会教育史、地方教育史的研究，加强现代教育史研究力度，对中华人民共和国50年教育进行总结、反思，加以研究，进一步推动和完善励耘试验班、本科生导师制、"4+2"研究生培养模式的试验，我将继续尽绵薄之力。2009年6月份，我被评为"北京师范大学教师十佳共产党员"。学校组织部录制的纪录片中，我再一次表明自己的心声，我深深热爱我的教书岗位、育人事业，"工作对我来说已经成为一种习惯，它融入我的生命中，成为我前进的动力。我想，我还能为党再工作十年！"

教学相长

作为一个高校教师，最本职的工作还是教学育人，我对孟子将"得天下英才而育之"视为天下一大乐事，我常常想，我最大的愿望便是做一个合格的教师，而我这一生当中最大的财富就是学生，看着他们逐渐成长起来，心里由衷的高兴。

做一名合格的教师，我认为孔子总结得特别好，他讲了三个意思，第一个意思是老师自己要学而不厌、诲人不倦。第二个意思就是说，老师对学生要"无私无隐"，就是没有私心私念，就是把你自己知道的统统教给学生，就是没有隐瞒，我常常有个说法，你们应该超过老师，你们超过老师，老师会高兴，反过来说，如果一个老师没有培养出超过自己的学生，这个老师没有尽到完全的义务。第三个意思就是强调的"身教重于言教"，不是天天讲那些道理，学生看你天天怎么做的，让他有更多的机会看到你是怎么做的，你是怎么想的，这样效果会更好一些。在带研究生的过程中，我始终如一地坚持发挥学生的主观能动性，注重学生独立科研能力的培养。每届新的博士生入学，我都会对他们说："我不会给你们博士论文题目，也不会替你们设定论文框架，你们自己根据自己爱好和特长选题，我只负责把关。"有个学生不理解，认为有的老师给了学生题目，设定了框架，师生都很轻松。但这名学生毕业后，曾数次很动情地说："我在写论文时，特别是毕业后，才意识到当时自己的想法是多么幼稚可笑，才明白王老师的苦心，才知道跟随王老师读书是一件多么幸福的事情。他总是在仔细听完我很幼稚甚至混乱的思路后，高屋建瓴，给我指明方向，使我茅塞顿开，让我在一种成就感中继续探索。实际上王老师让我们自己选题目，他的工作量无形中增加了许多，王老师要跟随我们来看资料、反复思考框架。这种'授人以渔'的方法，培养了我的独立科研能力，使我很快就适应了工作。"

我的学生都知道，我对细节要求很严格，我认为做历史研究工作来不得似是而非、想当然的东西。我常常给他们讲"100＝0"事情，在20世纪90年代中期出版一本书，出版社把三校的稿子送来，最后一次校对了，让我再看一遍，我有个习惯，看最后一遍的话我重点是看书里边引证的一些材料，重新核对一下它的出处，现在不记得当时忙什么事情了，出版社催得很紧，我又来不及看，便找了一个在读的学生，我说你去帮着我把这个书那些引文、注释找到原始材料，去核对一下，我担心有错，当时有120几条需要核对，这个学生也挺痛快的，拿去核对去了，大概过了差不多一个礼拜，他拿出来，对我说这120几条我核对了100条，没有发现错误，是不是不用再核对后面的了？因为当时没有电子辅助检索系统，查找、核对原始资料很花费精力。我一听便马上说，前100条没有发现错误，你怎么能证明后面20条也没有错误呢？就是说你既然100条都核对了，为什么这20条就不把它核对完呢？我说这不行，必须一条不落地核对完。结果刚好在后面这20几条里面，发现两处错误，所以这个学生一直记得，好多年见到我就说这个事情。实际上这些都是些小细节，注意这些细节，我更多的是从我们传统的教师责任感体会到一点，就是说你做人也好，做事也好，就是不要掺加一些虚假的东西，要实实在在地做。

在我近些年培养的博士生中，他们的选题跨度很大，既有做古代教育史的，又有做近现代的，其中又有制度史、思想史、佛教史、环境史、社会史，五花八门，不一而足，经常是同一届的选题跨度还有很大差异。我常做的便是跟从他们一起去看资料，去了解这个方面的研究进展，我常常讲，学生做论文的过程，对导师来讲绝对是一个"教学相长"的好过程。我认为：由学生自己去寻找题目，认真思考，会极大调动他们的积极性，在撰写论文的过程中，加强对他们的宏观指导，放手让他们自己去干，不作更多的干涉，这样，可能会更利于他们成才。当然，在这些选题中，也有我一直想做的题目，如米靖选的"两汉和经学教育"，或是我正在做的课题的深入，如汪光华、周慧梅选择民国时期的社会教育方面的内容，就是我正在主持的《中国社会教育通史》课题中的一部分。这些毕业生大多到高校从事教学科研工作，大多将博士学位论文方向作为自己科研工作领域。

有人讲，王炳照培养那么多的弟子，有当官的，有发了大财的，真正从事中国教育史专业的只有几个，感觉好像是浪费了，或是学生"何其杂也"[1]，我也听到过类似我未能把好学生就业之路的"弦外之音"。我总认为，攻读博士学位，或具体到教育史学科，诚然是一个严格系统的学术训练，博士还是最高的学位，我也希望我的学生们能"继吾志"，能将教育史学科发扬光大；但是，理想归理想，面对现实条件，每个人都会面临着不同的选择，好多时候由不得自己主观选择，我常给学生们讲的一句话，"哪里有那么多事情是你愿意干的啊，"民谚中不是也有"人生不如意十之八九"，我认为最重要的是他们学到扎实、系统的知识，然后利用这些知识，定好自己人生位置，有一个好的心态，尽可能地把能做的事情做好，为社会做点贡献，这就够了。

我的业余爱好

从青年学生时期开始，我就特别喜欢帮别人照相，选取合适的角度，把美丽的自然风光和人物合成一幅画，感觉是一件很美的事情。1962年，一次在西四旧货市场，看到了一个旧相机在出售，标价20元，不知道辗转几手，相机外部的漆都磨光了，但质量很好，我看后有点爱不释手，但价格对我来讲是个大挑战，往返数次，最后下定决心买了下来，我终于拥有了自己的相机。买了相机后，没有什么钱去买好相纸，也没钱去照相馆洗印，就自己配制药水，拿被子蒙住自制暗室，经过几次折腾，底片上的影子慢慢清晰起来，我至今记得那个相机是海鸥牌的，这个相机跟随我将近20年，记录下来很多美好的回忆。

这些年来，随着时代的发展，我的照相、摄影热情有增无减。每次出外开会或考察，有机会的话我都会带齐"家伙"，给大家义务拍照，大家的笑

---

[1] 我的学生中年龄大小不一，有应届毕业生考上来的，也有工作多年的高校教师、教育管理工作者；有汉族，还有少数民族的，吴霓获得博士学位时，《光明日报》等报刊还专门做了头版图片报道，说"布依族出了第一位教育学博士"；海外留学生也有几个，我觉得只要他们对教育史感兴趣，喜欢学习教育史，我都一视同仁，乐于教授。

声是我最大的享受。我还学会了用电脑转化录像带、刻录光盘、并插入旁白和音乐等"全套技术"，被家人和学生们称之为"时尚老头"。

家庭生活

几十年来，除去出外开会，我大部分时间都会待在办公室，一年四季，风雨无阻，每天都会骑着被学生戏称"破烂儿"的自行车穿行校园。实际上，我之所以能这么心无旁骛地到办公室工作，得益于老伴儿承担了一切的家务劳动。老伴原先工作在宣武区，离家远，事业心强，孩子小的时候我自然就照顾得多一点，老伴退休后，宣称要"偿还我30年做饭的债"，家里的所有家务便不再让我插手，看她对家务事一点点熟练起来并乐在其中，我也就不再过问。孩子们都长大了，建立了自己的小家庭，也都有了自己的

幸福的家庭生活

事业，大女儿北大毕业后留校任教，后到一家外资企业工作，大多会在周末回家聚一下。小女儿旅居美国二十余年，从高中念到了硕士学位，成绩一直是A+，她大学、研究生毕业时，都是成绩最优秀的毕业生，她特别希望我们也像其他同学的父母那样，能参加她的毕业典礼，见证和分享她的荣光和自豪，可惜当时因家里经济条件所限，她的心愿未能实现。等她工作、成家后安定下来，特别是外孙女丫丫出世后，她多次希望爸爸妈妈一起能到美国看看她，我也答应"会尽量找时间"，但每次都因工作忙碌，未能成行，她便把丫丫的照片发过来，还配上各种有趣的旁白，和我一起分享小孩子的乐趣，享受祖孙之乐。

现在家里增加了三个小家伙，大一点的丫丫不过6岁，小一点的宝颐、蹦蹦不过三岁多一点，小孩子们都很健康、活泼可爱，每次见面或电话中，总是争先恐后地喊着"姥爷"、"姥爷"，小宝颐人小鬼大，竟然修改了儿歌："姥爷姥爷我爱你，就像老鼠爱大米"，每次回来都会认真地表演，每当稚嫩的童声响起，总是把大人们逗得哈哈大笑。

我和地方史志办公室

由于种种原因，在教育史研究领域中，长期存在着重汉民族教育轻少数民族教育、重整体（中央）教育轻地方教育的研究倾向，特别是地方教育史，成果更少。有鉴于此，中国地方教育史志研究会牵头，在中央及各地教育行政部门大力支持下，以"中国地方教育史研究"为题申报了国家哲学社会科学"九五"规划国家级重点项目，由周玉良同志主持。

《中国地方教育史研究》设置了阵容庞大的编委会，聘请了何东昌、杨海波、邹时炎、陶西平等同志担任名誉顾问，潘懋元、江铭、我和田正平等被聘为顾问，主编为周玉良，副主编为汤世雄、宋恩荣，还组织包括各地教育行政主要官员、知名学者为主体的编委会。周玉良同志去世后，基本上是两位副主编在主持，我和俞启定作为专家评审组专家，参加了不少省份、地区教育史的评审会，我常和汤世雄（我称他为"老汤"）他们开玩笑，"我就是老汤和宋子的小催把，到处跟着你们跑。"多年下来，对地方教育史的编撰有着比较直接的感触。

对于地方教育史工作，各省市是非常积极的，大多由省教育厅牵头，一般情况下教育厅的党政领导都会作为主编，亲自来抓这件事，人力物力条件比较便利。而且各省市多年以来地方教育志、地方志研究的基础，还为地方教育史研究打下了不错的根基。到2008年为止，除去少数省份的地方教育史未出版，一部部各具特色的地方教育史研究成果的相继出版，为研究整个中国教育史提供了更加丰富的内容。地方教育史展现了更加多姿多彩的中国教育历史画卷，将进一步深化人们对中华民族文化的全貌和总体认识，同时对那些形形色色的历史虚无主义与民族虚无主义者的论调，应该也是一种有力的批判。

在评审各地方教育史过程中，也发现了不少问题，比如地方教育史编撰中的困难：队伍难以组织，搞不清楚地方教育史和中国教育史之间的关系，常常大段搬用教育通史中的内容，有一次在某个省份的教育史编审会上，我看到有很大一部分是直接从《中国教育思想通史》中复制下来的，就直接指了出来，"不好意思，你们撞枪口上了，抄的书恰好是我主编的，"执笔人当时也在场，是个30多岁的年轻人，还颇不以之为然，还在那里嘟囔是他们倒霉，别的省份、别的书大多都是"剪刀＋糨糊"完成的，现在更是从网上直接下载就行。我当时很生气，觉得抄书这个事情已经是坏事了，而这种无所谓的态度更为糟糕，不遵守学术规范不说，还认为提醒、提倡学术规范是没事找事，是小题大做。我讲了不少自己的看法，会场上很静，那个年轻人头渐渐低下了不少，我不知道他能听进多少，也不知道这样讲究竟能起多少作用，但我还是要讲，不吐不快。会后，我还和老汤、启定聊了很久，对这种情况很是担忧。还有一些地方当局觉得地方教育史是"官方修史"，总希望能"薄古厚今"，希望能多谈一些自己的政绩，有时会出现"不大像地方教育史"的模样。

作为中国教育史研究的延伸和加强，中国地方教育史研究应该具有明显的特点，不应该是中国教育史的简单诠释或地区性微缩，应有新的挖掘、创新。研究地方教育史，要在对中国教育史的总体发展脉络宏观把握的基础上，尽可能去充分展现出各地区教育发展的历史全过程和历史特点、地域特色，所谓"一方水土养一方人"，一定要凸显出它的地域性。作为地方教育史，其研究的对象、范畴与方法，与中国教育史研究相比，既有相同之处，又有相异之处。也就是说，它既要反映出中国教育历史发展的一般规律与共性，更要揭示地方教育史发展的特殊性与个性。从这个意义上来讲，地方特色是地方教育史的生命，从目前出版的地方教育史来看，有些省份或地区结合得比较好，有些比较勉强。

地方教育史研究要同时注重研究的空间和时间，从更准确的意义上讲，它应该属于"地域文化"的研究范畴，是一个介于教育学与历史地理学之间的交叉点，从客观上讲，能组织有这样交叉学科背景的人参与编写是最好不过，两个领域的人协同作战就稍逊一些，但在实际工作中，大多是各省教育科学研究所的同志们来承担，一些省份也采取直接将编写任务交给属地的大学教育系来承担。与地方教育志研究相比，地方教育史研究更多地体现出研究者的主体性因素，这就要求研究者既要坚持历史唯物主义的原则，同时也要注意借鉴实证史学的方法，注重逻辑，讲究严谨求实的学风，要不断加强对新知识新方法的学习、借鉴和运用。

我与《教育学报》

创办一个面向全国偏重教育理论探索的纯学术刊物，是我多年以来的一个设想。2004年前后，恰逢教育学院商议如何将原来的《学科教育》改版的事情，我这个创办有点"学院气"刊物的想法得到了大家的支持。我被任命为主编，具体来筹划这个刊物。办一个刊物谈何容易，且不说其他，单就刊名，就颇费了一番脑筋，我想找到一个既响亮又能体现特色的刊名，人文社科的刊物大多叫"××研究"，如"教育研究"、"历史研究"、"教师教育研究"、"比较教育研究"，而自然科学类的大多为"学报"，如"数学学报"、"物理学报"、"心理学报"等，我一直在思索一个合适的名字，"心理学报"给了我一个很大的启示，"教育学报"的名字由此诞生，大家都说很好，名字既响亮又明示着我们的学术追求，顾明远老师专门题写了几副刊名，供创刊时使用。

2005年1月，由国家教育部主管、北京师范大学主办的原全国中文核心期刊《学科教育》正式更名为《教育学报》，定位为综合性教育理论双月刊，以"拥有国际视野，关注本土教育；注重学术规范，提倡原创研究"为办刊原则，刊物不设固定栏目，每期根据论文主题和内容组成若干版块。为了确保办刊质量，《教育学报》有着阵容庞大的编委会作为后盾，编委会主任是

《教育学报》首发式

顾明远老师，副主任是阎金铎同志，编委会由（以姓氏笔画为序）陈明、陈平原、顾明远、靳希斌、劳凯声、李泽厚、闵维方、裴娣娜、庞丽娟、石中英、王炳照、王英杰、谢维和、肖非、阎金铎、叶澜、俞启定、袁振国、张斌贤、郑国民、周作宇、钟启泉、朱小蔓、Ellcen Condliffe Lagemann（哈佛大学教育研究生院院长）、Jeoff Whitty（伦敦大学教育学院院长）和Nicolai Nikandrow（俄罗斯教育科学学院院长）等人组成，李家永、于述胜和郭华3位中青年教师担任了学报的副主编，编辑部主任由唐英担任，她原本就是《学科教育》刊物的，人很踏实。

作为一个带点"学院气"的纯学术刊物，在我的设想中，封面应该是很干净，给人一种耳目一新的感觉，我建议选比较清淡的颜色，等刊物逐渐成熟后，再逐渐换厚重一点的颜色。经过反复对比，多次出小样，最终选择了淡淡的绿色作为封面。在创刊之初，我们商议封面上放的东西越简洁越好，但保留了一个小小的圆形图章的位置，先是以教育学院的院徽作为代替，在我们的设想中，经过几年努力，这个地方是要放"CSSCI"核心期刊的标志的，果然，经过3年的努力，我们美好的愿望变成了现实。

顾明远老师为《教育学报》创刊亲笔撰写的《创刊祝辞》，对《教育学报》的办刊定位、特色就作了明确的说明："第一，作为大学办的学报，要重视基础研究和学科建设，我把它称之为要有点'学院'气。大学以学科知识和理论为基础，以培养人才和创新知识为己任，因此它必须重视基础理论和学科的发展。第二，要关注教育改革和发展中的重大理论问题。第三，要鼓励学术争鸣，学术争鸣是学术繁荣的重要途径，教育是十分复杂的社会活动，我们对它的认识还很肤浅，只有在各种不同观点的争辩中才能有深入的全面的认识。……当然，这种争论是友好的，不掺杂任何个人的情绪，更不能使对方受到伤害。第四，要讲究学术规范，学术规范有利于学术繁荣，它像一把剪花的剪刀，修去枯枝烂叶，才能使鲜花盛开。"在创刊祝辞的最后，顾老师指出，《教育学报》虽由北京师范大学主办，但不能成为同仁杂志，而应向整个学术界开放，广泛吸纳国内外教育研究的优秀成果，成为教育科学研究的公共平台和理论宝库。

在办刊过程中，我们牢记顾老师对《教育学报》的"创刊祝辞"中的殷切期望，鼓励学术争鸣，但要注重学术论争的氛围，日趋开放而健康的学术争鸣，是教育史研究不断萌发新的意境和活力的重要条件。在创刊号上，我们刊登了王策三、刘硕撰写的《留下一点反思的历史记录——〈基础教育改革论〉前言》一文。当时，王策三先生给我讲，随着论战的升温，《基础教育改革论》这本书成了烫手的山芋，最后知识产权出版社胆子比较大，愿意出版此书。还有人给我讲，王策三教授的几个学生想写文章声援老师，王先生制止了他们，说他将单枪匹马，独力迎战，直至战死，不要学生来蹚这个浑水。我认识、熟悉王先生多年，我了解他的性格，也和王先生多次聊天，对这种围绕"新课改的论战"也有所了解，好多说法恐怕是"以讹传讹"而

和许嘉璐、顾明远合影

已。《教育学报》创刊号上刊登了王先生的文章，后来还陆续登了一些，有人讲："他们两王之间是很铁的关系，《教育学报》是一边倒的。"我对这种说法一笑置之。正如顾老师所讲，学术争鸣是学术繁荣的重要渠道，他把教育比如一块宝石，大家对教育的不同见解就如同在打磨宝石的镜面，打磨的镜面越多，宝石越光彩夺目，我们对宝石的认识也越深刻，因此要允许不同意见的争论。实际上，我早在北师大文科学报工作时，白寿彝主编多次给我讲陈垣校长撰写的《发刊词》，多次强调我们做学报要牢记陈先生的教诲："我们要充分利用学报这一园地，在学术研究上热烈地争鸣，成'家'的可以鸣，不成'家'的也可以鸣；年老的教授可以鸣，年轻的教师也可以鸣；大题可以鸣，小题也可以鸣。洋洋大观，一得之见，都无不可；只要是持之有故，言之成理，都有争鸣的权利。但是那些不用思考，信口开河，空洞武断，冗长无物，或者生硬地引文不加阐释，或者盲从附会不加分析等类文章，不属于学术研究，与'学报'精神不符，则避免刊载。"在办刊的过程中，我希望《教育学报》一直本着这个目标来努力。

《教育学报》刚创刊时，由于不是CSSCI来源期刊，有质量、有深度的稿源不足。做杂志的都知道稿件的来源、质量是刊物的生命，对于一个新创刊的学术杂志尤其如此，编辑部各位同仁发动各种关系约稿。我给老友故旧纷纷发了函，请他们百忙中赐稿，给予支持。很快，他们优秀的大作陆续惠赐，给《教育学报》增添了不少色彩。许嘉璐同志《教育五惑（上）》寄来得最快，他是北师大中文系毕业的，我们本科时是同一届，我到他们系蹭过不少课，我们读大学时就非常熟悉，他在文章开篇写道："《教育学报》创刊，主编王炳照兄来函命我撰文以助新刊之庆。我不是教育学家，只是有时以一个教育工作者和立法机构成员的身份对教育工作有所思考，有时发表些看法罢了。就事论事还可以，如果在教育研究的权威刊物上论述什么，则吾岂敢。盛情难却，就把我对当年学校管理工作的一点疑惑之处，分上、下两个部分来谈，前者为大学教育三惑，后者为基础教育二惑，以就教于学界专家"。这篇文章发表在《教育学报》的创刊号上，读者反响不错。

本着稿件质量第一的原则，不因为作者身份进行筛选，如我们曾经发表过本科生的论文，不少在读的研究生的优秀习作也纷纷发表。编辑部的同志们偶尔向我抱怨，本来约好的稿子，却被《教育研究》等核心刊物率先拿走了。我安慰他们，这不能怨人家，现有的高校评价体系在那里限制着呢，必须每年在何种级别刊物上发表多少篇文章，都有明确的规定，我们能做的，就是尽力把《教育学报》办好，争取早日进入CSSCI核心期刊中，不就行了吗。每期稿子大家都很认真，采取三审，我负责终审，几个副主编都很不错，能各撑起一片天。为了能更好把好《教育学报》的质量关，我们还专门请来了我在学报的老同事、资深编辑潘国琪高级编审前来助阵，他有着30年做学报的经验，给我们提供了很大的帮助。在大家的共同努力下，2008年开始《教育学报》成为CSSCI期刊方阵中的一员。

我常常讲，我这个主编就是一个"打杂"的，说好听点的是"事必躬亲"，不仅要考虑刊名，刊物封面的图案、颜色也一选再选，把握办刊方向、约稿的事情本是分内事，自然是不容推托。对我来讲，北师大有着长期的教师教育和教育科学优势传统，在教育科学的研究和发展中有着不可推卸的责任，应该为我国教育科学的繁荣努力，繁荣学术就应该有一个园地，就应该有一个带点"学院气"的理论性学术刊物，《教育学报》就是这样一个园地，当然会为实现这个目标而进行不懈的努力。

主编师大百年校史

近些年来，随着"校庆热"的浪潮，校史研究也随即被不少高校列上重要日程，有校友会承担的，有已退休的学校老领导发挥余热的，也有档案馆、校史馆等专门团体来承担，当然，搞教育史的、近代史的教师，大多被动员参与其中。大家更多的是当做政治任务来完成，实际上，撰写校史、学校史志从性质上来讲是一项学术研究，是教育史研究的一个类别，也是学术史的一个组成部分。中国地方教育史志会在这个方面做了很多工作，召开了数次校史研究的工作会议，以期能推动校史研究者的专业化水平。

1998年全国范围内的校史研讨会合影

从2005年3月开始，我被学校委任为《北京师范大学百年校史》的主编，由王明泽、孙邦华、李敏辞、徐勇任副主编，周慧梅担任我的助手，师大百年校史编撰工作正式启动。这项工作，实际上在2002年师大百年校庆前就积极酝酿过，党委书记陈文博同志、副校长郑师渠同志还专门找我，希望我能组织力量承担这个任务。在新的世纪之交，在北师大百年华诞之际，回顾一个世纪来走过的历史轨迹，总结发展过程中取得的经验教训，可以为今天的发展提供借鉴；而北师大作为国内最早建立的第一所高等师范教育机构，唯一一所历史从未间断的百年老校，且其自身发展历史早已超越了校史的意义，已是中国高等师范教育史的一个缩影，编辑出版百年校史意义重大。对于在此学习、工作了近40多年的我来讲，能发挥自己的专业特长，为母校的百年华诞做些事情，当然是"欣然向之"的，但校史不同于一般的课题研究，也不仅仅是长期在师大工作、对其发展熟悉的人就能胜任的，有很多的题外之事。而且以往大家对校史关注得不多，力量不易组织，便因此搁置下来。2005年，樊秀萍同志负责抓此项工作，她有很大的决心，学校也为百年校史的编写配备了一定的条件，我也只好硬着头皮，勉力上阵。

我们对既有的成果进行了清理，1982年曾出版过一本《北京师范大学校史（1902—1982）》，在国内影响不错。但1982年版的校史只有20余万字的篇幅，而且当时处于20世纪80年代初期，一些事件的历史评价不可避免地会受到时代色彩影响，需要重新用更客观、历史的眼光去审视。北师大作为百年老校，校史资料浩如烟海，但这些资料却极为散乱，没有经过系统的梳理。相对那些进行了系列的史料整理的高校来讲，如北京大学出了不同时期的校史资料，清华大学出了"校志"，我们的前期准备力量很不足。按照计划，我们用3年左右拿出初稿，然后征求意见，集体统稿，用1～2年时间完成修改工作，争取在2008年年底送交编委会，审定出版。除去王明泽、李敏辞两位校史研究室的专职研究人员外，其他参与者还承担着各自的教学科研任务。时间紧、任务重，重新补上资料选编这个工作已来不及，我们便只好一边收集、甄选资料，一边动手写作，其中的难度可想而知。

师大百年校史从2005年开始动工，我应邀参加了不少与校史相关的学术会议，有人开始称呼我为"校史专家"。2007年9月中旬，"中国地方教育史志校史工作暨校史与学校发展研讨会"在青岛大学召开，我应邀作了大会发言。在会上，结合自己主编师大校史的亲身体会，提出了几点自己的想法。我觉得，校史首先是个历史，要有一定的时间沉淀，目前这个阶段要集中做一些名校的历史，它们的历史相对悠久，也积累下不少值得学习的经验、引以为戒的教训，在做校史的过程中，要防止"一哄而上"、"一哄而起"的局面。其次，任何事物都不能脱离大的社会环境而存在，要写学校发展的历史时，要注意处理好学校史和教育史之间的关系，不能将学校历史写成整个专业发展的历史，比如北师大校史就不能写成高等师范教育发展史；但同时，两者又不能脱离，北师大百年发展历史本身就是高等师范教育发展史的一个重要组成部分、一个缩影。再次，我觉得写校史要实事求是，本着一种科学态度、科学精神来撰写，既要充分肯定、挖掘学校办学的成功经验，凸显成功的办学理念、精神，教学管理的有效措施，名师、学生，校风、学风，从各个层面上突出办学特色，总结经验；同时对存在的问题不能回避，不能避重就轻，实际上，总结教训也是校史研究的一个重要方面，我不赞成把校史做成学校的一个广告。

我觉得，在写到学校发展成就的时候，对于那些"全国第一"、"首创"、"全国前列"的字样，要尽量慎重使用，要有充分依据，不仅要根据自己学校的材料，还要和其他兄弟院系作一个真正的比较。在写校史过程中，我希望多写一些教师、名师，本来嘛，"大学之大者，非大楼之谓也，乃大师之谓也，"固然重点写学校的书记、校长啊，放一些课程表啊、规章条文啊，这些是必要的，但我觉得一线的教师，特别是名师，他们生动的活动、感人的事迹更需要我们关注、重视。

在编纂校史过程中，要非常注意史料运用问题，对于历史比较悠久的名校来讲，大多有卷帙浩繁的档案材料，还有政府颁布的各种公报中也会涉及，除去运用这些官方材料，还要注意一些校友的回忆录、书信、日记等非官方材料，两者要相互印证，对一些问题作必要的说明，增强可信度的同时，也增加了可读性。对一些建校历史比较短、新近发展的学校，可能能利用的历史资料较少，但没有必要千方百计地来拉长历史，去贴靠一个历史悠久的老学校，把自身发展的历史写好就行，慢慢积累就好。

2007年12月，近100万字的初稿初步完成，还算如期。初稿出来后，我们一边召集编写组集中讨论，让大家熟悉彼此的内容，因为是4个人分段主笔，必须要把握全书大概，统一体例，做到心中有数；一边将初稿分送给编委会成员，分别听取他们的意见，大家都很热心，黄济先生、顾明远先生、李仲来同志、郑师渠同志等专门给我打来电话，王晓明同志、周慧梅专门上门征求了何兹全先生、刘家和、周之良、王梓坤、龚书铎等同志的意见，并先后召开了两次不同范围的意见征求会，大家的基本评价是，这个工作很不易，成绩是肯定的，还存在很多问题，有待进一步修改、完善。

校史撰写原则虽是"专家撰稿"，但就本身性质来讲，却是"官方修史"，不得不考虑一些学术之外的问题。对待同一历史事件有不同看法，甚至会出现针锋相对的两种论断。比如"伪师大"这一段，我认为孙邦华写得相当不错，对旨在奴化青年学子的课程、教学、管理条分缕析，说清了伪师大的性质，对伪师大和北师大的关系也说得很清楚。在我们看来，"伪师大"原本是一个历史存在，理应在百万字的校史中有所体现，这个想法得到大多数人的支持，何兹全先生最具代表性，他的说法也很幽默有趣，他讲："伪"是相对于"正统"来讲的，是一个政治范畴，可以有"伪政府"、"伪官员"，"伪学校"也还勉强讲得过去，出资人是伪政府嘛，但出现"伪学生"就很奇怪了，因为沦陷区的学生也要读书学习啊，如果按照所在政府的性质划定，那没有转移的农民、工人、商人，是否就相应成为"伪农

北京师范大学校史编写组合影

民"、"伪工人"、"伪商人"呢？但在征求意见的过程中，一些跟随师大西迁的老校友情绪激烈，有一种很强的"情结"，认为跟从学校西迁的是光荣的、革命的，而在师大原址上又成立的师大是"伪师大"，培养的是"伪学生"，和北师大正统没有任何关系。认为我们应该不提或采取1982年版那样一笔带过"伪师大"，如若不然，便是给师大"自寻晦气"，"自取其辱"，会成为师大的"罪人"。原本一个简单的学术问题、历史存在，却因为某种情结在其中作怪，便成了征求意见中的最大难题。我很少发火，但在这次意见征求会上却破了例，我希望用一种开放、豁达的态度来编撰师大的百年校史，"伪师大"被国民政府接收后，编为第7班，经过对教员、学生的政治甄选，大部分进入复校后的北师大，这是一个历史存在，为什么要抹杀、要无视它存在呢？我常常想，趁现在一些老人还健在，对这些史料进行收集、整理，也算是抢救史料，为后来研究者提供一点线索吧。校史编写是一个系统工程，人们对历史的认识也是不断发展的，1982年版的校史写得不错，新时期需要我们开始北师大百年校史的编写，我可以肯定地说，这次校史也是一个阶段结果，随着时代的发展，对一些问题的重新认识，肯定会有新的校史编写。何必拘泥一种思路、模式呢？

辅仁大学的部分也面临了同样的压力，但相对来讲，阻力小了很多。因为孙邦华的博士后出站报告是专门研究辅仁大学的，自然对辅仁大学历史延展到师大校史中来，经过多方征求意见，我考虑将辅仁大学自身的历史沿革放在附录部分处理。对于1902年至"高师改大"之间的这一段，还需要进一步丰富史料，对京师大学堂师范馆、女高师等内容要继续充实。

在征求意见的基础上，编写组先后三次集中统稿，就各自负责的章节逐章修改。整体感觉新中国成立前的这两个部分还算比较完整，较多的问题集中在新中国成立后的两个部分，需要修改的力度很大。1949年至1976年，还有1976到2002年这两时段，前一部分因涉及过多的政治运动，特别是"文革"，把握起来相当不易，有点大事记的味道，当然这涉及校史的不同写法问题，条分缕析按照时间排序比较清晰，但各个事件之间的联系却相对薄弱，和"史"的要求有一定的差异；后一个部分是改革开放以来的北师大，下限到2002年的百年校庆，距离当今最近，随着教育体制的数次变革学校发展很大，内容较多，不好把握。从目前来看，这两个部分要加大力度修改。

从2009年3月份开始，我开始看校史修改稿（第四稿），已经统了3/4，原准备暑假再集中一次，修改后就上交给编委会了。可惜顽症来势汹汹，我只好放下手边正在看的《百年校史》（下卷），住进医院。我要求周慧梅将剩余的稿子带到医院来，就一些问题对她做些交代，希望他们能尽快向前推进。

后记

后记

帮王老师整理口述史的动议很早，2005年《国家教育行政学院学报》"教育学人"约稿，我和克灿师兄一起承担了这个任务，完成了约1.6万字的《敬业勤学，乐观豁达——王炳照先生的学术人生》，发表之后反响不错，早年毕业的弟子们纷纷动议在此基础上做老师的口述史，也有出版社来约稿。但王老师态度很坚决，说"我就是个普通的教育工作者，没有什么可以立传的"，"你们有精力去干点儿有意义的事情吧"。

实际上，老师一直注重和提倡教育史研究方法创新，他是非常支持"口述亲历"这种记录史料的形式。我当时正在跟随老师攻读博士学位，也是教育学院给老师配备的助教，在协助他做"北师大百年校史"过程中，他多次给我讲要抢救史料，有意识地指导我去访谈潘欢怀先生（陈景磐先生的夫人）、程舜英先生、蔡春先生、何兹全先生、龚书铎先生、王世强先生，等等，叮嘱我要录好音、做好笔记，说这些都是不可复制、不可多得的珍贵史料，他从来没有想过自己，一直以为自己还不够老，应该把时间挪给这些老先生。几位师兄要我平时留心，为老师的80寿辰出一本口述史早作准备。几年来，日常也积累下来不少材料，但是东鳞西爪，不成体系，我以为还有好多时间可以慢点做，岁月悠长，有的是时间啊！

2008年年底，北京师范大学校报拟在《讲述》专栏连载王老师的口述历史，希望我能帮助整理，我觉得这是个好机会，就"先斩后奏"，然后用"这是宣传部的任务"来"软磨硬泡"老师，之所以敢如此放肆，是我知道他一向遵从"组织安排"，老师果然"中招"。年后不久，北师大出版社约稿，建议在这个基础上作"王炳照口述史"，"毕其功于一役"，老师也就不再反对，我们列下了一个简要的计划和整理原则。那段时间我借调到校办，白天工作忙碌，查漏补缺的记述只能放在下班后，而整理工作大部分是在晚上完成。为了能按时在2009年6月底拿出初稿，我又恢复到读书期间的习惯，整理完一部分，就用电子邮件发给老师，他打印下来，逐句审核，等周末集中时间，他再一一指给我看，逐一修改。

老师的博闻强记是出了名的，他经历的好多事情都能详细地讲出个来龙去脉。老师1957年进入北京师范大学教育系学习，1961年服从分配进入第一届中国教育史研究班继续深造，担任班长，受邱椿、邵鹤亭、瞿菊农、毛礼锐、陈景磐、陈元晖等业师指教颇多。1965年毕业留校工作至今，始终没有离开过教育史教学科研第一线。老师特有的豁达、幽默，还有对新中国60年曲折历史的亲历，自然形成了他口述历史的独特风格。我知道，他的故事本身就是一部新中国60年教育史学科发展的历史，其中包含着忆旧的温馨，峥嵘岁月的坎坷，包含着对20世纪80年代以来思想解放后的教育史学科发展的激动，还有对学科将来发展的展望。在整理的过程中，我能真切感觉到他对新中国教育事业的感情，对他已经学习、工作50多年的北京师范大学的热爱，更有对为之奋斗了50余年的中国教育史学科的深深眷恋。他喜欢讲故事，喜欢笑，喜欢在轻松幽默中说明自己的一些想法。在整理口述史之初，他便和我明确了体例，他希望能将这种风格在口述史中体现出来。

与口述史整理者合影

记述故事的过程是轻松的。随着老师的讲述，我仿佛穿行在历史故事的隧道中，在这里，既有20世纪30年代的冀东农村人民生活的窘迫，也有农民对私塾教育和新式教育的真实心态，既有贫瘠童年生活中的些许快乐，也有农家子弟求学路上的种种艰辛和偶然；在这里，背影日益模糊的研究班导师群体慢慢清晰起来，独特的精神风貌卓尔不群，消逝在岁月中的青春也随着那火热的年代逐渐鲜活、青葱，仿佛就在眼前；在这里，我原本熟悉或不大熟悉的教育学院的老先生们，卢乐山、黄济、顾明远、吴式颖、王策三、厉以贤、孙喜亭……较王老师年岁稍小的王善迈、靳希斌、林崇德、王英杰、劳凯声，还有多年谊如师友的俞启定……王老师研究班的老同学，苗春德、雷克啸、陈德安、苏渭昌、宋元强、邱瑾、何晓夏……还有河北大学的滕大春先生、阎国华先生，华东师大的瞿葆奎先生、李国钧、孙培青、江铭、张惠芬和郑登云"五虎上将"，厦门大学的潘懋元先生，浙江大学的田正平，还有周洪宇、杜成宪、刘海峰、刘虹、阎广芬等教育史的中青年学者……老师如数家珍，津津有味地讲着他们之间的交往，他们之间发生的逸闻趣事。这些原本不在我们计划之中，老师讲得兴起，我也听得耳热，常常不知不觉，已是万家灯火，夜幕降临。这时候，师母催回家吃饭的电话会适时响起，我便自然而然到家里蹭饭。晚饭后继续开谈，有时候师母也会加入进来，饶有兴趣地回忆他们共度的峥嵘岁月、苦乐人生。我常常产生一种错觉，我不是在整理老师的学术人生，而是在做一部浩大的中国教育学百年史，他们的故事在口述史中得以延展。

整理口述史的过程是艰辛的。口述史虽是以讲故事的形式呈现，虽然前期已有一定的积累，整理成文的进展还算顺利。但成文后史料的核对和确认，老师一丝不苟，是以一种史学家的严肃态度来对待的。有时候为了核实一个资料，常常要查阅大量的文献，我印象最为深刻的是他的本科阶段和研究班，他说时日久远，记忆难免会有出入，特别是研究班，说当年全校共招收研究生39名，他们班占20人，该年正式实行导师个别指导制，有很多开创性的做法，这段历史值得后人研究，不可马虎。他要求我抽时间到学校档案馆核查1960—1965年之间教务处、校长办公室和党办的相关卷册，我多次往来档案馆，还请学生帮忙复印。起初我对这个做法有点不解，嘟囔"这哪里是在作口述史，就是在作论文啊"；"口述史不就是有个人色彩较浓、不大容易客观的特色吗！"老师笑笑，说"从我们这里尝试着做点改进吧"。这个尝试背后，我体会到的是一个老教育史工作者对新的研究方式、教育史学科发展的执著追求。

看到我协助老师整理出来的口述史，真的很惶恐，因能力和时间所限，老师博大、深邃的人生感悟、学术追求难以企及完整风貌。我跟从王老师读书五年，常自惭是"蹲班生"，他不仅指导了我的博士学业，在历史学院做博士后期间，老师实际上依然承担着指导我的责任。老师的宽容放纵了我的任性，在老师的众多弟子中，我是少数几个敢和老师"没大没小"的，老师也常常笑着感叹带我是"费心费力"，也许正因为顽劣不堪，老师才将我留在身边工作，以便进一步教导教化。在整理口述史过程中，当我多次因加班迟缓到7点左右到办公室，老师仍然等在那里，有时还给我准备了饼干、饮料，还常常打电话让师母特意为我准备好吃的。每当我为一些事情苦恼、抱怨时，老师总是笑着安慰我"向前看"，"尽力就好"，告诉我怎样处理工作和专业的关系，保持乐观的平常心。可以说，口述史整理又是我一个很重要的学习历程。

实际上，口述史的最后定稿是克灿师兄和我一起完成的，当我提出共同署名时，他坚辞不就，谦称"无功不受禄"，还将我发给他的稿子上的名字特意删去。他跟随老师多年，始终以长兄之责扶持、关爱着我，这次更是"拔刀相助"；田正平老师、俞启定老师、潘国祺老师、刘东敏老师，刘虹老师，还有王老师的老同学朱开云、雷克啸、何晓夏、苏渭昌老师等为口述史提供了珍贵的史料照片，教育学部的领导周作宇、顾定倩老师给予了大力支持，郑国民师兄为该书的出版费心不少，本书的策划编辑郭兴举博士花费了很大精力，在此一并表示感谢。因时间仓促和能力关系，文中有什么不适合的地方，那肯定是我整理得不够细致，请大家批评指正，我非常希望这只是个开端，我愿意继续将老师"充满故事的教育史"深入下去。

周慧梅

2009年9月20日谨识

附录

王炳照年谱

1934年12月15日

生于河北景县前双庙村一个农民家庭

1941年（7岁）

9月，进本村小学读书，前两年启蒙是半私塾式的小学，老师是原来村里的私塾先生，读"赵钱孙李"百家姓，描红，第三年县里派来了师范生，开始新式教育

1947年（13岁）

9月，到邻村读高小，离村里五六里，每天徒步往返

1949年（15岁）

9月，到临县冀县中学读初中，这是一所保留老解放区传统的寄宿制不完全中学，免学费，享受每月60斤小米待遇，发了两套夏天校服、一套冬天校服

1952年（18岁）

9月，考入河北省建设学院财经部会计专业，这是一所中级技工学校，学制两年半，免学费、食宿费，每月尚有少许生活补助费

1955年（21岁）

2月，分配到石家庄国棉四厂，担任出纳工作，每月工资35元，自己留下10元，余下全寄给母亲，开始承担养家的责任

9月，考入北京俄语专修学校四年制俄语师范系读书，免学费、食宿费

1957年（23岁）

9月，转学到北京师范大学教育系学校教育专业，跟从一年级新生重新开始大学生活

1961年（27岁）

10月，服从分配进入到北师大第一届教育史研究班学习，担任班长。最初师从邵鹤亭先生，方向是先秦时期教育史，1962年文科教材编写会议后，分到了陈元晖先生名下，研究现代中国教育史

1965年（31岁）

8月，研究班毕业留校工作，到临汾分校搞建设，毕业论文题目是《陶行知生活教育批判》

1966年（32岁）

10月，"文革"开始后，从临汾分校奉命撤回，回到教育系工作

1971年（37岁）

以"莫须有"的罪名被关了两年

1976年（42岁）

10月，"文革"刚结束，被"组织安排"到北师大文科学报工作，做了17年编辑

1978年（44岁）

8月，在《北京师范大学学报》（社会科学版）发表了第一篇文章，《"四人帮"批"智育第一"是对德育智育的全面破坏》，奉命之作，政治色彩很浓

1980年（46岁）

4月，论文《论"学而优则仕"》，发表在《北京师范大学学报》（社会科学版）第2期，这是正式发表第一篇学术文章

6月，和陈元晖先生合写的《书院制度简论》，在《北京师范大学学报》（社会科学版）第3期发表

12月，参加了中国教育学会教育史专业委员会在武汉召开的中国教育史小年会，围绕"中国教育史学科体系"进行了专题讨论

1981年（47岁）

9月，参加中国教育学会教育史专业委员会第二届学术年会，会议由陕西师范大学承办，主题是"老革命根据地教育史"，陈学恂先生担任理事长，江铭同志担任秘书长

10月，《中国古代书院制度》出版，第三作者

12月，论文《试谈孔子教育思想的阶级属性》，发表在《北京师范大学学报》（社会科学版）第6期

1982年（48岁）

《中国教育通史》启动，毛礼锐和沈灌群先生担任主编，作为主编毛礼锐先生的助手，和李国钧（沈灌群先生助手）一起，协助全书的统稿工作

1983年（49岁）

参加中国教育学会教育史专业委员会第三届学术年会，会议由厦门大学承办

1984年（50岁）

2月，担任中国古代教育文献丛书编辑委员会主任委员，前任为陈景磐先生，该委员会编辑出版了大型丛书《中国古代教育论著丛书》（10卷14册）[《中国古代教育制度文献集成》（计划800万字）已交人民教育出版社待出版]

暑假，奉毛礼锐先生之命，完成了对"吕氏春秋"教育思想的挖掘，后成为《中国教育通史》第一卷第三章"春秋战国的教育"中第十三节，正式与读者见了面，毛先生评价："为研究秦汉之后中国教育制度和教育思想的发展变化找到了一条重要线索。"

1985年（51岁）

4月，《中国教育通史》第一卷出版，启功先生题写了书名。该卷出版后受到国家教委和教育史学界的好评，全书正式列入了"七五"期间"高等学校教育类专业教材编写计划"

1986年（52岁）

5月，参加中国教育学会教育史专业委员会第四届学术年会，会议由华中师范大学承办

11月，晋升为副教授

1987年（53岁）

2月，正式招收研究生

1988年（54岁）

先后在上海、安徽黄山召开过教育史专题会议，集中讨论教育史的学科性质

1989年（55岁）

6月，晋升为教授，同年评为博士生导师

10月，《中国教育通史》第六卷出版，历时四年，全书出齐，该书先后获得第二届吴玉章奖金一等奖（1992年）、全国高等学校人文社会科学研究优秀成果奖一等奖（1995年）等荣誉，得到学术界很高的评价，被认为是"前无古人的拓荒巨著"

12月，当选为第三届国务院学科评议组成员

1990年（56岁）

1月，担任《高等师范教育研究》（后改名为《教师教育研究》，副主编至今，负责稿子终审工作

8月，《中国教育思想通史》（八卷本）启动，与阎国华同志担任主编

1991年（57岁）

10月，以"中国教育思想通史"为题，获得全国教育科学"八五"规划中华社会科学基金研究课题

12月，担任《教育史研究》副主编至今，负责稿子终审工作

1993年（59岁）

从学报调回教育系教育史教研室，开始"有名有实"做中国教育史的教

学科研工作

　　1994年（60岁）

　　3月，主编的《中国近代教育史》繁体字版在台湾出版，五南图书出版公司

　　6月，《中国教育思想通史》（八卷本）由湖南教育出版社出版，先后获得了教育部人文社会科学一等奖、国家首届社会科学基金项目（教育学科）二等奖、北京市第四届哲学社会科学优秀成果一等奖等

　　8月，论文《克服对待传统文化的冷热病》，发表在《北京师范大学学报》（社会科学版）第4期

　　1995年（61岁）

　　6月，《中国私学和近代私立学校研究》由山东教育出版社出版，获得北京市第五届哲学社会科学优秀成果一等奖

　　10月，论文《二重性·两点论·双重任务——略论中国传统教育与现代化》，发表在《北京师范大学学报》（社会科学版）第5期

　　11月，被任命为教育与心理科学学院院长，成为"五无院长"

　　12月，作为课题组召集人，开始了北京师范大学与日本学艺大学的合作课题"西学东渐背景下的中日教育比较"正式启动，每年和对方进行互访

　　1996年（62岁）

　　9月，访问考察西欧各国教育概况

　　12月，参加中国教育学会教育史专业委员会第五届学术年会，会议由广西师范大学承办，结束了"十年无会"的困境，当选为副理事长

　　1997年（63岁）

　　《中国教育制度通史》（八卷本）启动，和李国钧同志担任主编

　　5月，当选第四届国务院学科评议组成员

　　12月，论文《中国师资培养与师范教育——纪念中国师范教育100周年》发表在《高等师范教育研究》第6期

1998年（64岁）

1月，应邀到香港中文大学交流

11月，《中国古代书院》专著由商务印书馆出版，该书属于中国文化史知识丛书，任继愈担任丛书主编

11月，作为北京师范大学代表之一，到以色列考察高等教育体制

2000年（66岁）

4月，发表文章《五十年来的中国近代史研究——教育史》，曾业英主编《五十年来的中国近代史研究》，上海书店出版

《中国教育制度通史》（八卷本）由山东教育出版社出版，全书331万余字，被称为"新中国成立以来卷帙最大的教育制度通史"，先后获得了第四届吴玉章人文社会科学一等奖、第五届国家图书奖等

6月，担任全国教育科学规划组（教育基本理论和教育史研究学科规划组）副组长

12月，参加中国教育学会教育史学术委员会第六届学术年会，会议由华南师范大学承办

2001年（67岁）

7月，到西藏拉萨北京师范大学函授站上课，同行的年轻教师高原反应强烈，便主动要求将课调到后面，以67岁的"超高龄"在拉萨坚持了12天。

2002年（68岁）

参加中国教育学会教育史分会第七届学术年会，会议由云南师范大学承办

8月，主编的《中国科举制度研究》由河北人民出版社出版

9月，出席北京师范大学百年校庆的部分活动。

10月，应邀参加英国伦敦大学教育学院的百年华诞

11月，担任《中国教育大百科全书·教育史卷》的主编

2003年（69岁）

"211项目"一期重点项目《中国社会教育通史》正式启动，计划为6卷本

2004年（70岁）

2月，《教育学报》正式创刊，担任主编

9月，担任北京师范大学本科生督导组组长

9月，参加第一届"科举制与科举学"国际学术座谈会，会议由厦门大学承办

10月，担任北京师范大学老教授协会会长

11月，参加中国教育学会教育史分会第八届学术年会，会议由福建师范大学承办

2005年（71岁）

2月，论文《应该开展教育思想论争史的研究》发表在《河北师范大学学报》（教育科学版）第1期

3月，担任《北京师范大学百年校史》主编

6月，获得北京师范大学"优秀党员"称号

9月，获得第二届北京市教学名师奖

11月，中国教育学会教育史分会在浙江师范大学召开中国教育史年会，会议主题是"教育论争史研究"

2006年（72岁）

9月，获得宝钢奖优秀教师奖

10月，参加中国教育学会教育史分会第九届年会，会议由陕西师范大学承办

10月，主持申报国家社会科学基金"十一五"规划（教育学科）2006年度国家重点课题"中国优秀教育传统和创新研究"

11月，参加"科举制与科举学"第二届国际学术研讨会，会议由上海嘉

定科举博物馆承办

2007年（73岁）

5月，参加由湖南大学承办的"东亚书院研究"国际研讨会

6月，参加"科举制与科举学"第三届国际研讨会，会议由黑龙江大学承办

9月，论文《书院精神的传承与创新》发表在《华东师范大学学报》（教育科学版）第3期

10月，《中国社会教育通史》被列入人民教育出版社"十一五"重点规划出版图书

12月，《教育学报》被列入中国核心期刊方阵，CSSCI来源期刊

2008年（74岁）

9月，《中国教育改革30年 基础教育卷》由北京师范大学出版社出版，担任主编

10月，参加"科举制与科举学"第四届国际研讨会，会议由天津考试研究院承办

11月，参加中国教育学会教育史分会第十届学术年会，会议由河北大学承办

2009年（75岁）

3月，论文《传承与创新：从新民主主义教育方针到社会主义教育方针》，发表在《北京大学教育评论》第1期

4月，接受《语文建设》记者李节的采访，采访稿以"语文教育的中国传统"为题目发表在《语文建设》第5期

5月，接受中央电视台教育频道"教育人生"栏目采访

5月，赴广东省揭阳县为北师大继续教育学院研究生课程班集中授课3天

6月，获得"北京师范大学十佳党员"称号

12月，获得"北京师范大学资深教授"终身荣誉